经典战史回眸·空战系列

目标！
普洛耶什蒂！

杨合龙　著

1943年8月1日
美国陆航"浪潮"行动全纪实

WUHAN UNIVERSITY PRESS
武汉大学出版社

图书在版编目(CIP)数据

目标！普洛耶什蒂！:1943年8月1日美国陆航"浪潮"行动全纪实/杨合龙著.—武汉：武汉大学出版社,2022.6

经典战史回眸.空战系列

ISBN 978-7-307-22970-9

Ⅰ.目… Ⅱ.杨… Ⅲ.第二次世界大战—史料—1943 Ⅳ.K152

中国版本图书馆CIP数据核字(2022)第045346号

责任编辑:蒋培卓 　　 责任校对:李孟潇 　　 版式设计:马　佳

出版发行：**武汉大学出版社** 　(430072 　武昌　珞珈山)
　　　　　(电子邮箱: cbs22@whu.edu.cn 　网址: www.wdp.com.cn)

印刷:武汉中科兴业印务有限公司

开本:787×1092 　1/16 　印张:15.25 　字数:375千字

版次:2022年6月第1版 　 2022年6月第1次印刷

ISBN 978-7-307-22970-9 　 定价:45.00元

前　言

石油是现代工业的血液，也是支撑一个国家工业体系的能源命脉，现代军事工业和武装力量更是无法摆脱石油。第二次世界大战期间，由于纳粹德国石油储备量较低且本国没有大型油田，只能依靠以煤炭作为原料转化的合成燃料，但这也只能满足德国大约三分之一的需求，剩余燃料缺口只能依靠进口来填补。

整个1941年夏天，纳粹德国主要从国外进口燃油，包括从占领区缴获以及从苏联购得。考虑到德国即将入侵苏联，如果还想获得石油，则必须找到其他途径。1941年世界主要产油国家分别为美国、苏联、委内瑞拉、伊朗和罗马尼亚，前四个国家就别想了，因此德国将目光投向罗马尼亚。通过外交和军事压力，罗马尼亚逐渐与德国走在一起，前者国内85%的石油产自首都布加勒斯特以北普拉霍瓦山谷附近的普洛耶什蒂，作为德国最主要的石油来源产区，毫无疑问，这里一定会成为盟军重点打击的目标，摧毁或占领普洛耶什蒂只是时间问题。

1943年8月1日，美国陆航针对普洛耶什蒂发起了低空轰炸行动，行动代号"浪潮"（Operation Tidal Wave），此次行动是第二次世界大战中最惨烈的一次低空轰炸行动。美国陆航第九航空队麾下五个轰炸机大队从北非地区的利比亚班加西出动178架B-24轰炸机远程奔袭普洛耶什蒂，整个行动共损失54架B-24，另有55架受损严重，第九航空队共损失516名陆航队员，普洛耶什蒂附近的炼油厂停产大约一个月。高昂的代价使得美国陆航第十五航空队直到1944年春天才重返普洛耶什蒂上空。

早在2016年8月下旬，好友高智来杭州游玩散心时，我就曾向他透露过想写一本关于美国陆航轰炸普洛耶什蒂的战史类书籍，不过当时由于正在撰写《雷击先锋——B-25轰炸机全史》，因此关于如何撰写美国陆航轰炸普洛耶什蒂也仅仅是一个念头。在此后几年中，我开始有意无意地收集美国陆航各轰炸机大队的战史资料，直到今年年初，我再次翻阅关于美国陆航轰炸普洛耶什蒂的资料时，惊奇地发现参加1943年8月1日"浪潮"行动的五个轰炸机大队——第376、第93、第98、第44和第389轰炸机大队战史资料已经集齐，另外手头也有几本关于介绍"浪潮"行动的最新英文资料，我想是时候动笔了。

本书共分为十四章，详细介绍了整个"浪潮"行动的前情背景，前期准备工作，行动当天各个轰炸机大队大部分轰炸机的激战过程以及撤离途中的故事。本书引用了当时部分参战人员的回忆录，让读者在阅读时能深刻体会到当天轰炸机编队在超低空轰炸普洛耶什蒂时，机组成员在面对德军恐怖且绵密的对空火力时的那种绝望，其实战争并不是一串串冰冷的数字，而是一幅幅有血有肉的画面。因为珍爱和平，所以我们回首战争。

本书献给我已经出生的孩子，希望他在今后的日子里，可以快乐健康地成长，平平淡淡地生活。

杨合龙

2021年8月1日于杭州

目　　录

第一章　普洛耶什蒂

1943年，已经加入轴心国一方的罗马尼亚成为轴心国最重要的石油产地，而罗马尼亚的普洛耶什蒂更是该国重要的石油供给中心，纳粹德国三分之一以上的石油来自普洛耶什蒂，可以这样说，正是由于普洛耶什蒂向德国不停地输送着"黑色血液"，"日耳曼战车"和"斯图卡"俯冲轰炸机才能在广袤的欧洲战场肆无忌惮，一旦离开普洛耶什蒂，纳粹德国的战争机器就会慢慢停止运转。

普洛耶什蒂位于罗马尼亚首都布加勒斯特以北56公里，地处瓦拉几亚平原（Wallachia Plain）普拉霍瓦山谷南部。普洛耶什蒂历史上被称为"多雨之城"，因为地处平原，因此这里的气候湿润多雨。普洛耶什蒂以北是南喀尔巴阡山脉（Translyvanian Alps），高度在2000至2500米的山峰之间坐落着布朗城堡，这座城堡又被称为德古拉城堡（Dracula Castle），19世纪末爱尔兰作家斯托克撰写的一部著名小说《德古拉》正是以德古拉城堡为背景，主人公正是吸血鬼德古拉伯爵，因此这里又被称为"吸血鬼故乡"。罗马尼亚横跨瓦拉几亚平原的土地是欧洲最好的小麦和玉米产区，与二战中欧洲其他国家相比，罗马尼亚可以说食物种类丰富且充足。凭借着强大的农业和石油生产能力，普洛耶什蒂成为当时罗马尼亚最大的城市之一。

1857年，人们在普洛耶什蒂首次发现石油，随后陆陆续续有人在普洛耶什蒂周围建立炼油厂。美国人直到1859年才在宾夕法尼亚州泰特斯维尔发现油田，不过当时美国政府正在忙于废除奴隶制以及南方各州是否脱离联邦，最后爆发了美国南北战争，所以在炼油方面，罗马尼亚人甚至走在美国人前面。

煤炭和石油作为当时世界主要的矿石能源，日益被各列强所重视，当时世界各强国已经逐渐完成第二次工业革命，对于煤炭和石油的需求量暴增。第一次世界大战期间，普洛耶什蒂就曾被标注为重要的工业中心，这里的命运就是要么被占领，要么被摧毁。1916年，德军入侵罗马尼亚时就曾试图夺取这个重要的石油产区，不过就在德军行动之前，英国人听到了风声，破坏了普洛耶什蒂地区的炼油厂。随着炼油能力的终止，德军在巴尔干半岛的军事行动也自然戛然而止。

第一次世界大战结束后，普洛耶什蒂地区的炼油厂由于受到战争摧残暂时失去炼油能力，但石油就在地下，只需修复这些炼油厂，普洛耶什蒂依旧能成为欧洲重要的产油中心，但罗马尼亚没有能力修复这些炼油厂，因此西方各强国以及各石油公司巨头开始向罗马尼亚输出技术并进行投资，希望未来能在普洛耶什蒂地区建立自己的炼油厂，伺机分得一杯羹。

普洛耶什蒂在当时是罗马尼亚以及整个欧洲的石油重镇，产油量最高峰时一度占到罗马尼亚全国的85%，图片中是普洛耶什蒂炼油厂一角，大量的油罐车在等待加油。

几年之后，普洛耶什蒂地区的炼油厂就被修复一新，石油产量更是连年飙升，黑色的石油源源不断从井中向外喷出。美国、法国和英国的石油公司将采出的石油纷纷运回本国。得益于普洛耶什蒂的石油，这里的生活水平和经济能力远好于其他饱经战争摧残的地区和国家，几乎没有罗马尼亚人关心一战后欧洲局势以及纳粹德国的崛起。

希特勒掌握德国大权后，经过一系列经济刺激以及改革，德国经济回到甚至超过了一战前水平，但德国人民也付出了相当大的代价。德意志民族社会主义工人党（纳粹党）掌握着德国国内的一切，个人自由不复存在，所有公民都获得了个人身份证件，去任何地方都要出示证件，秘密警察无时无刻监视着德国人民的一举一动。纳粹德国一直在地下工厂生产着各式各样的武器装备，囤积着大量的军事物资，不断派出军事人员前往瑞士、挪威和苏联进行军事训练。德国人民被希特勒的政治演说蛊惑了，被其许下的统治世界的承诺迷惑了。

随着德国吞并奥地利以及捷克斯洛伐克的苏台德地区，战争阴云开始笼罩欧洲上空，英法的绥靖政策养虎为患，1939年9月1日德国闪击波兰标志着第二次世界大战爆发。纳粹德国高层深知，石油是重要的战争资源，如果没有石油，德军的战争机器只能趴窝，再加上德国本身产油量极小，因此更需要找到一个能稳定为德军输出石油的来源，他们再次将目标投向巴尔干半岛，特别是普洛耶什蒂。

德国此时面临一个难题，一方面自身需要普洛耶什蒂的石油，另一方面德国没有把握能在极短的时间内迅速占领罗马尼亚，万一后者将普洛耶什蒂的炼油厂炸毁，那一切岂不是要成为泡影。德国必须确保普洛耶什蒂及其炼油厂完好无损，可以拿过来直接让自己使用。对于如何间接掌握罗马尼亚军政大权，希特勒决定在罗马尼亚国内扶植亲德势力，就好像当年西班牙内战一样，罗马尼亚亲德势力头子是扬·安东内斯库，他自称是罗马尼亚基督教和种族复兴大天使米迦勒军团的将军，在罗马尼亚内部他们被称为铁卫团。

随着铁卫团对罗马尼亚政府的渗透，英法开始有所行动，后者和罗马尼亚国王卡罗尔二世谈判并签订了特别条约，以保证罗马尼亚

阿斯特拉·罗马纳炼油厂西南角照片，照片中能看到数量众多的储油罐，照片拍摄于 1935 年。

在战时成为英法的帮手，条约中有一项秘密条款，条款中规定如果德国纳粹党占领罗马尼亚，罗马尼亚方面将会及时摧毁普洛耶什蒂的炼油厂。

虽然计划较为完美，但1940年6月，一列载满德军的军列从巴黎出发前往罗马尼亚，军列上的德军专门用于保护普洛耶什蒂炼油厂。为了配合德军行动，铁卫团也开始行动，他们的方法非常简单，在普洛耶什蒂炼油厂周围挨家挨户敲门，只要在炼油厂工作属于技术工种的，全部扣起来，另外扬·安东内斯库也和纳粹德国唱起双簧，理由是为了保卫罗马尼亚人民和油田，扬·安东内斯库希望希特勒提供军事和经济援助。希特勒非常愿意帮助扬·安东内斯库为首的傀儡政权并商定后者要驱逐罗马尼亚境内所有同盟国人员。随后，扬·安东内斯库将罗马尼亚境内所有炼油厂全部收为国有，政府直接进行监督和控制，为了使收购合法化，纳粹德国还在罗马尼亚境内成立一家石油公司。为了保护油田，德军更是直接进驻普洛耶什蒂，占领普洛耶什蒂周围地区，至此纳粹德国终于有了稳定可靠且强有力的石油供给来源。

德国驻罗马尼亚最高指挥官为阿尔弗雷德·格斯滕贝格将军，他曾担任德国驻布加勒斯特大使馆的空军武官，当德军开进罗马尼亚时，阿尔弗雷德·格斯滕贝格将军自然而然成为德军驻罗马尼亚最高指挥官。到了1941年6月，德军保卫普洛耶什蒂的兵力已达到七万五千人，其中包括250架战斗机。

早在美国陆航空袭普洛耶什蒂之前，英国和法国在1940年就曾计划空袭普洛耶什蒂，不过当时的计划是破坏炼油厂或堵塞多瑙河上运油船的航线。英国海军情报部门计划在1940年3月至4月封锁多瑙河上的几个关键地点，阻止运

阿斯特拉·罗马纳炼油厂东南角照片。

阿斯特拉·罗马纳炼油厂西北角照片。

普洛耶什蒂附近某个炼油厂厂区照片。

油船通行，甚至可以直接击沉运油船堵塞航道，但这些计划最终并未实施。1940年11月，丘吉尔希望英国皇家空军可以从空中直接轰炸普洛耶什蒂，西里尔·纽沃尔爵士制订了一项计划，派出5个轰炸机中队，四个月内每月向普洛耶什蒂投下258吨炸弹，至少能摧毁普洛耶什蒂周围25%至30%的炼油厂，但1940年4月德国占领希腊之后，这项计划直接流产，因为从其他地方起飞的英国轰炸机根本够不到普洛耶什蒂。

1941年夏天德国入侵苏联后，苏联空军立即派出轰炸机航空兵部队对普洛耶什蒂进行轰炸，这也是后者遭受的第一次空袭。1941年6月26日，苏联空军派出17架TB-3远程轰炸机奔袭普洛耶什蒂，大约只有一半轰炸机飞抵普洛耶什蒂上空，空袭造成的损伤微不足道。7月9日，苏联总参谋部命令空军和海军航空兵联合对普洛耶什蒂进行空袭，黑海舰队计划从克里米亚半岛起飞轰炸机对普洛耶什蒂进行空袭。

由于德国空军和罗马尼亚空军的威胁，苏联空袭普洛耶什蒂主要在夜间进行。7月3日至22日，苏联共出动13次，派出海军装备的DB-3F轰炸机对普洛耶什蒂进行轰炸，根据当时机组成员的说法，空袭造成普洛耶什蒂燃起大火，实际上苏联轰炸机投下的炸弹绝大部分命中的是德国人

扬·安东内斯库（1882 年 6 月 14 日—1946 年 6 月 1 日），罗马尼亚法西斯独裁者，生于罗马尼亚南部皮特耶什蒂，青年时代曾就读于法国的军事学院，1907 年，参与镇压农民起义。第一次世界大战期间服兵役。1919 年参加对匈牙利革命的军事干涉。一战后，曾任罗驻法、英使馆武官。1934 年任参谋总长。1937 年 12 月任军事大臣。他利用苏联 1940 年 6 月出兵比萨拉比亚和北布科维纳一事，煽动反苏，鼓吹亲德。9 月 4 日任罗马尼亚首相。9 月 6 日宣布自己成为国家领袖。10 月，允许 50 多万德军进驻罗马尼亚。11 月 23 日，签署加入德、意、日三国同盟的议定书。12 月 4 日，与德国签订为期十年的罗—德经济合作协定，使罗马尼亚经济完全适应纳粹德国的需求。1941 年 6 月 22 日参加侵苏战争，充当希特勒的仆从和帮凶，1944 年 8 月 23 日，安东内斯库在接见国王时被捕。1946 年 5 月 17 日被布加勒斯特人民法庭判处死刑，同年 6 月 1 日被执行死刑，时年 64 岁。

设置的假目标。

苏联方面对普洛耶什蒂空袭最成功的一次发生在 1941 年 7 月 13 日，当时黑海舰队轰炸机航空兵第 40 团第 5 大队的 6 架佩-2 轰炸机在亚历山大·P. 苏塔米（Aleksandr P Tsurtsumiy）上尉的指挥下从摩尔多瓦起飞直扑普洛耶什蒂。根据苏联方面的说法，此次空袭摧毁了 202 个汽油储油罐、46 个润滑油储油罐、2 个仓库和 22 万吨原油，但根据德国方面披露的材料，此次空袭共炸毁 5 个大型储油罐、6 个小型储油罐、17 节油罐车皮，炸伤 29 节油罐车皮，大约两万吨燃油被点燃，大火烧了两天两夜，费尼克斯·奥利昂炼油厂停工数月之久，损失超过 2 亿雷亚尔。

事实证明，轰炸普洛耶什蒂附近炼油厂是无效的，因此苏联方面开始将注意力转移到跟石油工业相关的运输线上。对普洛耶什蒂的空袭一直持续到 1941 年 11 月，由于德国陆军向东推进，苏联空军针对罗马尼亚的空袭急剧减少。根据苏联方面的披露，在 1941 年 6 月至 11 月的空袭中，苏联空军和海军航空兵对罗马尼亚进行了 92 次空袭，投掷 11425 枚炸弹，投弹量约 753 吨。德国方面则记载苏联针对普洛耶什蒂共进行了 32 次空袭，投下了 542 枚炸弹，击落了 81 架苏联轰炸机。1941 年 8 月，德军快速占领克里米亚半岛，其中一个原因就是拔除威胁普洛耶什蒂的一颗"钉子"。

同盟国面临的难题是如何将普洛耶什蒂从希特勒手中夺回来，日本偷袭珍珠港一个月后，美国驻开罗的军事武官邦纳·F. 费勒斯（Bonner F Fellers）上校就曾指出，如果希特勒失去普洛耶什蒂，那德国的战争机器将很快停止运转，大约在同一时间，美国总统罗斯福的几名幕僚也在询问摧毁普洛耶什蒂的可能性，不过当时盟军还有更重要的事情要做——如何解救英吉利海峡对岸的英伦三岛以及如何应对日本在太平洋上的扩张。

对于盟军来说，摧毁普洛耶什蒂的炼油厂势在必行，但问题是现在并没有足够的轰炸机来执行轰炸任务，并且轰炸机应该部署在什么地方，这些问题都有待解决。盟军现在需要做的就是选择一处合适的航空兵基地并调拨足够的轰炸机来执行轰炸任务。

1942 年 5 月，美国陆航 23 架 B-24 重型轰炸机在哈里·H. 哈尔巴逊（Harry H Halverson）上校的带领下千里迢迢从佛罗里达起飞，经过几次转场来到苏丹喀土穆，原本计划直接飞往远东加入美国陆航第十航空队，执行对日特别是轰炸东京的任务，此次秘密行动代号为"哈尔巴逊计划"（Halverson Project）。

1941 年 6 月 26 日，苏联首次派出 17 架 TB-3 型轰炸机轰炸了普洛耶什蒂，该型轰炸机是苏联空军在卫国战争初期列装的主力重型轰炸机。

伊尔 -4 轰炸机是 20 世纪 30 年代末期苏联研制装备的一种双发中型轰炸机。伊尔 -4 轰炸机由 DB-3 轰炸机发展而来，最初的型号是 DB-3M（M 代表 M-87/M-88 发动机），生产不久后即改为 DB-3F。1942 年正式改名为伊尔 -4。伊尔 -4 轰炸机是苏联在二战时的主力中型轰炸机。图中这架伊尔 -4 轰炸机隶属于二战芬兰空军，机身编号为 DF-25，二战中芬兰从德国购买了四架缴获的伊尔 -4，因此图中这架伊尔 -4 机身上有纳粹标志并不奇怪。战后，DF-25 号伊尔 -4 轰炸机在暴风雪中失踪，飞机的大部分残骸后来被人找到并存放到一个仓库中，这张照片拍摄于 1944 年 3 月 31 日。

佩-2轻型轰炸机是第二次大战时期苏联最著名的轻型轰炸机。1938年，佩特利亚科夫在Pe-8重型轰炸机研制成功后，立即着手开发一种双发双座高空重型战斗机，后又修改为三座水平轻型轰炸机，安装一个俯冲制动器后可兼用作俯冲轰炸机，1940年试飞成功型号定为Pe-2。

B-24D"第一开膛手"号，生产编号为41-11614，该机是"哈尔巴逊计划"23架B-24中的一架，后加入第376轰炸机大队第515中队，但该机并未参加1943年8月1日轰炸普洛耶什蒂的作战行动。

B-24D "黑色的玛利亚 II"号全体机组成员合影，飞机生产编号为41-11593，照片中手持地图的是机长约翰·W.基德中尉，该机是"哈尔巴逊计划"23架B-24中的一架，后加入第376轰炸机大队第513中队。1942年10月29日，"黑色的玛利亚 II"号在希腊克里特岛附近执行夜间任务时失踪。

B-24D "弗洛伦·乔·乔"号（FLORINE JO JO），该机是"哈尔巴逊计划"23架B-24中的一架，后来更名为"蓝色线条"号。该机共执行110多次任务，后来安全返回美国本土。

这23架轰炸机的机组成员从本土飞越南大西洋，在等待下一步明确命令的同时正摩拳擦掌。美陆航希望此次行动能振奋珍珠港事件后美国国内人民的士气，而"哈尔巴逊计划"特遣队的成员们自己也是这么想的。既然杜利特能率领16架B-25B轰炸日本本土，那他们也同样

可以做得到。

"哈尔巴逊计划"特遣队从埃及飞抵中东时几乎没有大张旗鼓地宣传，对于"哈尔巴逊计划"，美国方面自然是寄予厚望，但中国战场的局势瞬息万变，以前为"哈尔巴逊计划"准备的机场已经被日军占领，B-24轰炸机航程无法与后来部署在印度或成都的B-29"超级空中堡垒"相比，因此即使这23架B-24部署在中国，其作战半径也无法囊括日本本土，所以"哈尔巴逊计划"只好作罢。既然特遣队已经来到中东，那就继续留在中东，在这里发光发热吧。

"哈尔巴逊计划"特遣队抵达埃及和中东的时间点非常好，当时北非的局势已经非常紧张，德意志非洲军团在隆美尔元帅的指挥下在北非占据主动，盟军必须做点什么让隆美尔的坦克停下来，如果轰炸普洛耶什蒂炼油厂能够顺利实施，那对德国来说无疑是一记重创。

哈尔巴逊上校也在喀土穆收到了来自美国陆航司令亨利·H.阿诺德（Henry H Arnold）将军的电报，阿诺德告诉哈尔巴逊，美国将于6月5日对罗马尼亚和保加利亚宣战，因此特遣队不用去揍日本人了，而是改从埃及出发，直接轰炸普洛耶什蒂的炼油厂。

华盛顿之所以在这时改变主意，一则可以使英国人如愿，缓解北非局势，二则可以间接影响东线作战的德军，美国人正急于向盟国

B-24D "蓝色线条"号全体机组成员合影。

表明自己的坚定立场。虽然英、苏两国可能从此次行动中受益，但两国的反应完全不同，英国开始尽可能地为这次行动提供情报和物资支持，而苏联对于美国提出的允许飞机在空袭后降落到苏联机场的要求却迟迟不予同意。

1942年6月12日凌晨，特遣队13架B-24轰炸机从埃及法伊德（Fayid）起飞，长途跋涉4200公里飞往罗马尼亚轰炸普洛耶什蒂。13架B-24中，一架B-24轰炸了罗马尼亚康斯坦察（Constanta），另外12架B-24在3000至4200米高度轰炸了普洛耶什蒂，共投下24吨炸弹，由于云层遮挡和导航问题，此次轰炸精度差强人意，只有6枚炸弹投在普洛耶什蒂周围，炸毁三间民房，3名平民死亡，3名平民受伤。康斯坦察被11枚炸弹命中，若干房屋被毁。罗马尼亚空军和德国空军均出动战斗机进行拦截，其中

弗雷德里克·内斯比特（Frederick Nesbitt）中尉驾驶的B-24D在行动中受损，但最后安全降落在土耳其。13架轰炸机中，4架降落在哈巴尼亚（Habbaniyah），5架降落在伊拉克和叙利亚，4架降落在土耳其。此次任务意义重大，这是美国陆航第一次轰炸欧洲境内德国占领区目标，也是当时飞行距离最远的轰炸任务。

此次轰炸任务结束之后，哈里·H.哈尔巴逊率领特遣队飞往中东执行其他任务。此次行动无疑打草惊蛇，至少提醒了德国：1.普洛耶什蒂炼油厂已经被盟军盯上了，说不定什么时候就会再次对普洛耶什蒂进行轰炸；2.普洛耶什蒂地区的防空能力急需加强。

1943年1月，战争形势开始逐渐对轴心国不利，蒙哥马利率领的英国第八集团军在北非开始占据主动，英国首相丘吉尔在卡萨布兰卡会

B-24D"洛林"号（Lorraine），该机是"哈尔巴逊计划"23 架 B-24 中的一架，生产编号为 41-11591，机长为威廉·齐默尔曼。"洛林"号后来加入第 376 轰炸机大队第 513 中队，绰号改为"蜂王"号，该机后来参加了轰炸普洛耶什蒂行动。照片拍摄于北非班加西附近的美国陆航基地。

见了美国总统罗斯福，讨论如何逆转战局，苏联领导人斯大林则要求英美尽快开辟第二战场以缓解东线战场上的压力，丘吉尔则反对跨越海峡，理由是英美还未做好准备，但丘吉尔提出出兵占领巴尔干半岛各国，力图从德国手中夺回巴尔干地区和扩大英国在地中海的势力范围，与将要进入这个地区的苏联红军相对抗。罗斯福认为在多山地带的巴尔干半岛登陆，不利于美军展开兵力去抢先占领欧洲，所以倾向从法国北部直接打入欧洲。

1943 年 1 月 23 日，在卡萨布兰卡最后一次全体会议上，罗斯福与丘吉尔决定了三件大事。第一件事，确定了 1943 年英美盟军的进攻方向。罗斯福接受了丘吉尔竭力兜售的计划——"利剑刺软腹"，攻占欧洲的软腹西西里岛，确保地中海航行安全，迫使意大利投降，然后从巴尔干半岛切入欧洲大陆的腹地。第二件事，美英两国把各自支持的法国政治首脑吉罗德和戴高乐硬拉到一起，结成"强迫婚姻"。第三件事，盟军第一次明确了战争的最终目的是迫使轴心国无条件投降。

1943 年 1 月 24 日，罗斯福在记者招待会上宣布："总统和首相在考虑了世界大战的局势之后，比以往更加确信：只有彻底摧毁德国和日本的战争潜力，世界才能恢复和平。战争的目的非常简单：德国、日本和意大利必须无条件投降。"卡萨布兰卡会议上讨论的另一个小议题是尽快摧毁纳粹德国的石油补给，英美双方很快同意由美国陆航制定并实施一项作战行动，尽快摧毁普洛耶什蒂油田附近的炼油厂。

卡萨布兰卡会议结束后，美国人立即制订了一项空袭普洛耶什蒂油田的计划。1942 年 6 月空袭普洛耶什蒂后不久，美国陆航继续研究，希望能找出彻底摧毁普洛耶什蒂油田的方法，这项研究是由新成立的第九航空队情报部具体实施的，该情报部由惠特尼上校领导。1943 年 1 月，他将情报部的研究报告和计划提交给布里列顿上将，这项计划被命名为"R"计划。"R"计划的核心内容是打算从叙利亚阿勒颇起飞 48 架重型轰炸机，采用高空轰炸的方式对普洛耶什蒂地区选定的几个目标进行精确轰炸。虽然这个计划在轰炸机使用规模上较为有限，但确实为未来轰炸普洛耶什蒂提供了具体思路，不过当时英国在北非战场需要美国轰炸机支援，因此"R"计划最后并未实施。

二战爆发的头几个月里，英国人也曾计划从希腊起飞轰炸机轰炸普洛耶什蒂，但最后由于德国入侵希腊且对英发动"海狮"计划而破产。利用这段宝贵的时间，格斯滕贝格将军开始加强普洛耶什蒂周围的防空力量，调拨了几个战斗机中队来保卫普洛耶什蒂，同时扩充了高炮部队。1941年6月，苏联空军派出轰炸机对普洛耶什蒂油田进行了几次规模不大的轰炸，虽然损失微乎其微，但从侧面印证了普洛耶什蒂确实被盟军盯上了，德国人更加坚定了加强普洛耶什蒂防卫力量的决心。

摧毁普洛耶什蒂的任务交给了美国陆航阿诺德上将，雅各布·斯玛特（Jacob Smart）上校负责制订具体作战计划。1943年3月，斯玛特上校开始着手制订计划，但当时只进行最基础的调研，主要是为了确定需要多少架轰炸机。经过一番研究，斯玛特上校发现如果采用高空轰炸，至少需要1370架轰炸机才能有90%的概率命中普洛耶什蒂油田。斯玛特上校经过进一步验算，发现以120架轰炸机为一个大编队，共需要九个这样的大编队，耗费4到6周时间，很显然这样的结果是无法接受的，再说1943年盟军也无法一次集中这么多轰炸机来执行高空轰炸任务。

斯玛特上校在佛罗里达州埃格林航空基地访问期间，无意中看到一群A-20攻击机正在练习低空投弹，A-20机群展现出的极高命中精度给斯玛特上校留下了极为深刻的印象，他突然想到，能否将这种低空轰炸方式应用在轰炸普洛耶什蒂油田上，于是他将想法快速记在纸上，标注为"肥皂泡"（SOAPSUDS）后塞进公文包内，立即赶往华盛顿参加1943年5月21日举行的美英高层第三次华盛顿会议。

这次会议绝大部分时间在讨论西西里岛作战的具体事宜，对于轰炸普洛耶什蒂计划仅仅讨论了调拨轰炸机的问题，北非调拨两个B-24轰炸机大队，准备派往英国的一个B-24轰炸机

吉林斯绘制的导航图中关于炼油厂重点厂房的草图，机组成员看到这张草图就明白应该将炸弹投在哪里。

左侧为斯玛特上校，他主要负责制订具体作战计划，右侧为美国陆航阿诺德上将。

大队也更改目的地直接派往北非。第九航空队需要完成两件事:1.为轰炸普洛耶什蒂提供轰炸机在内的物资准备;2.为西西里岛作战提供必要的空中支援。

由于盟军在不久的将来会对普洛耶什蒂油田进行轰炸,因此斯玛特上校立即将作战计划交给北非战区总司令德怀特·D.埃森豪威尔审阅,埃森豪威尔非常欣赏这个计划,并在1943年6月3日签字批准。开弓没有回头箭,作战计划得到埃森豪威尔的批准后,斯玛特上校立即前往英国进行最后的准备。

吉林斯绘制的导航图中关于在远方眺望阿斯特拉·罗马纳炼油厂的草图,对于从未见过该炼油厂的陆航队员来说,这份草图可提供的细节十分丰富。

在英国,斯玛特上校得到了莱斯利·福斯特(Lesley Forster)中校的帮助,后者曾在普洛耶什蒂油田工作过几年。福斯特中校指出,普洛耶什蒂油田的炼油厂并不是建立在某一个指定的区域内,也不是建在城市中,而是围绕普洛耶什蒂这座城市,建立在城市周围的郊区里。福斯特中校还指出,投掷的炸弹只需要命中炼油厂即可,投到其他任何地方都是浪费,这样也可以避免误伤平民。由于石油本身容易挥发,当初在普洛耶什蒂周围兴建炼油厂时,为了生产安全,这些炼油厂彼此分散,即使有几

处厂房被彻底摧毁也不会对整个炼油厂造成太大影响,就好像八爪鱼,即使斩掉几根触角,八爪鱼也能继续存活和恢复。

福斯特中校还建议,为了保证轰炸效果,轰炸机应该重点轰炸几个关键区域,包括工厂的蒸馏装置、裂解塔和锅炉房,其中锅炉房是重中之重,因为炼油的整个过程,甚至包括救火都需要锅炉房。

为了摧毁炼油厂内特定目标,高空轰炸显然无法满足要求。对于如何提高投弹精度,斯玛特上校又想起了他在佛罗里达州埃格林基地看到的A-20低空投弹情景。为了保证轰炸机尽量靠近目标,唯一的办法就是降低投弹高度,也就是采用低空轰炸方式。非常规的目标就需要非常规投弹方式,如果机组成员能接受特殊的低空投弹训练,那他们一定能从低空对普洛耶什蒂炼油厂进行毁灭性打击。

斯玛特上校自己也曾对低空轰炸这种作战方式产生怀疑,毕竟此前重型轰炸机并未执行过低空轰炸。飞机挂满炸弹,从埃及起飞飞越地中海前往罗马尼亚投弹,再折返回埃及,美陆航当时现役重型轰炸机中只有B-24"解放者"和B-17"空中堡垒"能够胜任,后者已经大批量被派驻英国,因此能执行轰炸普洛耶什蒂任务的只有B-24。B-24狭长的机身以及细长的戴维斯机翼似乎让她看起来不像是一架重型轰炸机,但只有驾驶过她的人知道,B-24是一款令人生畏的"炸弹卡车"。

斯玛特上校还思考了另一个问题,就是关于德军防御普洛耶什蒂的高炮部队和战斗机部队。按照斯玛特上校的推断,B-24轰炸机机

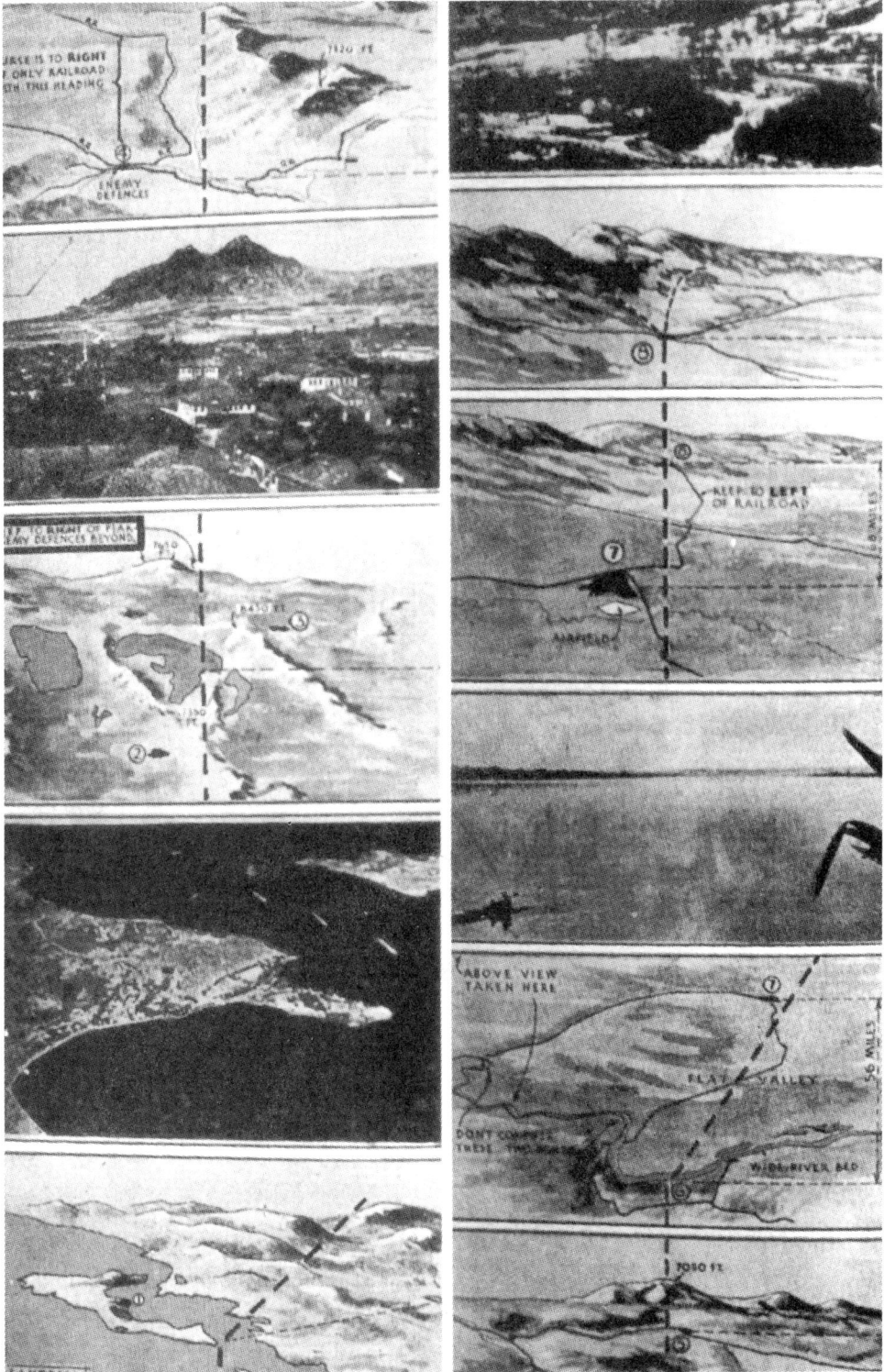

吉林斯绘制的导航图，领航员查看这份详细的导航图时应该遵循左下至左上，然后右下至右上的顺序。

群以低空高速进入普洛耶什蒂上空，德军高炮部队根本来不及反应，即使反应过来也难以使用大口径高炮追踪 B-24 机群，而起飞拦截的德军战斗机也因为轰炸机飞行高度过低而难以拦截，至少德国空军战斗机在俯冲拦截轰炸机时难度大大增加。另外德军还在普洛耶什蒂周围部署了雷达，低空接近目标由于地球曲率的影响，德军雷达发现轰炸机编队时，很可能编队距离普洛耶什蒂已经非常近，留给德军的反应时间也很短，斯玛特上校还推断，即使轰炸机机群遭到德军地面高炮拦截，轰炸机机群也能以自卫机枪进行还击，将高炮造成的损失降到最低，这么看来，似乎低空轰炸比高空轰炸更有前途。最令人担心的是，一旦轰炸机被击中，由于是低空轰炸，留给机组成员跳伞的时间几乎没有，不过如果还能控制飞机，飞行员可以驾驶飞机在开阔地迫降。

斯玛特上校脑海里询问着自己以上每一个问题，直到自己能说服自己，每一个问题都有了合乎逻辑且合理的答案。除了考虑作战战术，还需要考虑如何达成战术的突然性，如果低空突袭，无疑会给德军一个出其不意的打击，重型轰炸机的轰鸣声夹杂着炸弹的呼啸声一定会震慑德国守军。

想通这些基本问题后，斯玛特上校得出结论：如果想在规定时间内完成任务并取得满意的结果，唯一的办法就是采用低空轰炸，现在所需要的就是得到高层的批准并制定出极为详细的作战细节。就在斯玛特上校逗留英国期间，他有机会与英国首相丘吉尔见面会谈，斯玛特上校将轰炸普洛耶什蒂油田的计划摆在丘吉尔桌上，丘吉

尔很欣赏这份计划，并提出可以从皇家空军中调拨两支"兰开斯特"轰炸机大队前去助战，但斯玛特上校婉言谢绝了，因为"兰开斯特"轰炸机与 B-24 轰炸机具体性能参数不同，作战时彼此混合编排可能会出现问题，不过丘吉尔认为这次作战任务对美国陆航是一次绝佳的表现机会，因此批准了这次行动。

斯玛特上校在英国还见到了第 93 轰炸机大队前指挥官泰德·汀布莱克（Ted Timberlake）上校，泰德·汀布莱克上校和他的大队曾经在英国和北非驾驶轰炸机轰炸轴心国目标，所以泰德·汀布莱克上校和第 93 轰炸机大队在北非战场

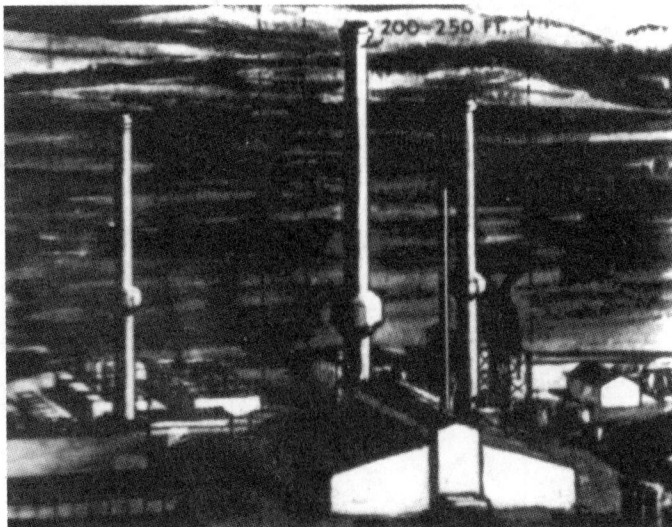

吉林斯绘制的导航图中关于斯泰瓦·罗曼纳炼油厂（代号：红色）的细节图，图中甚至详细到标注了烟囱的高度。

是经验最丰富的轰炸机大队。泰德·汀布莱克上校推荐大队里以约翰·杰斯塔德（John Jerstad）少校为首的工作小组制定空袭普洛耶什蒂油田的计划细节。

杰斯塔德少校得到了大队领航员利安德·施密特（Leander Schmid）上尉的帮助，施密特上尉帮助设计航线。杰斯塔德少校还从英国皇家空军招募两名志愿者刘易斯（Lewis）上尉和斯迈斯（Smythe）中校，刘易斯上尉是战斗机方

面专家，曾在普洛耶什蒂附近的炼油厂担任经理，说到低空轰炸，斯迈斯中校则是这方面的专家，他们几个人挑灯夜战，研究地图，寻找进出普洛耶什蒂油田的最佳路线。

经过计算，斯玛特上校团队发现从普洛耶什蒂油田南边飞入的路线最短，但德国人应该也知道，所以可能部署了大量防空火力，考虑到这一点，斯玛特上校团队决定反其道而行之，从北边进入以避开密集的高炮阵地。通过对现有地图的研究发现，编队紧靠特兰西瓦尼亚（Transylvanian）山麓从北边进入普洛耶什蒂油田应该会避开德军高炮阵地。

到第二个检查点塔哥维斯特，随后找到弗洛耶什蒂，最后沿着铁路飞入普洛耶什蒂。以B-24轰炸机的飞行速度，编队共三分钟时间展开成攻击编队并寻找目标，随后像咆哮的巨浪冲向炼油厂，发起猛烈的轰炸。

航线制定好之后，斯玛特上校团队开始选择具体的轰炸目标。普洛耶什蒂周围炼油厂的年炼油能力占到了罗马尼亚全国的85%，也就是说每年1070万吨的燃油中，普洛耶什蒂就占到880万吨。普洛耶什蒂每年的精炼燃油为430万吨，而罗马尼亚全国每年的精炼燃油也就480万吨。

普洛耶什蒂周围主要炼油厂

	目标代号	炼油能力	1941 年上半年原油加工能力
阿斯特拉·罗马纳炼油厂	白色 IV	200 万吨	56.7 万吨
康科迪亚·维加炼油厂	白色 II	147 万吨	34.2 万吨
罗美标准石油公司炼油厂	白色 I	140 万吨	33.4 万吨
斯泰瓦·罗曼纳炼油厂	红色	124 万吨	20.4 万吨
费尼克斯·奥利昂炼油厂	白色 IV	72 万吨	18.43 万吨
哥伦比亚·阿奎拉炼油厂	白色 V	54 万吨	14.03 万吨
克莱迪图·米尼尔炼油厂	蓝色	54 万吨	16.45 万吨
标准石油开采公司炼油厂	白色 III	50.4 万吨	20.83 万吨
乌尼雷亚·斯佩兰扎炼油厂	白色 III	44.1 万吨	5.28 万吨
总共		885.5 万吨	219.67 万吨

斯玛特上校团队还观察到，普洛耶什蒂以北21公里外有一个名叫弗洛耶什蒂（Floresti）的小镇，该小镇由一条铁路直通普洛耶什蒂，看来这条铁路是一个很好的参照物，轰炸机编队沿着铁路飞，一定能找到炼油厂。那如何找到弗洛耶什蒂小镇呢？斯玛特上校团队找到了另外两个名叫皮特耶什蒂（Pitesti）和塔哥维斯特（Targoviste）的小镇作为检查点，轰炸机编队只需找到第一个检查点皮特耶什蒂，然后找

普洛耶什蒂周围共有9座炼油厂，斯玛特上校为这9座炼油厂赋予了代号，避免各个轰炸机大队混淆，轰炸机大队只需要记住代号，也不用管炼油厂真正的工厂名字。基斯·K.康普顿（Keith K Compton）上校领导的第376轰炸机大队（大队绰号为"解放者们"）负责轰炸普洛耶什蒂东南的罗美标准石油公司炼油厂厂区，该厂代号为"白色I"。艾德森·贝克（Addison Baker）上校领导的第93轰炸机大队（大队绰

号为"巡回马戏团"）负责轰炸三座炼油厂，分别为战前由法国和比利时共同拥有的康科迪亚·维加（Concordia Vega）炼油厂，该厂代号为"白色II"和标准石油开采公司（Standard Petrol Block）炼油厂厂区以及乌尼雷亚·斯佩兰扎（Unirea Sperantza）炼油厂厂区，这两座炼油厂代号为"白色III"。约翰·R.凯恩（John R Kane）上校领导的第98轰炸机大队（大队绰号为"金字塔"）负责轰炸整个欧洲最大的炼油厂，也是本次任务最重要的目标——阿斯特拉·罗马纳（Astra Romana）炼油厂，该厂代号为"白色IV"以及该厂紧密相连的费尼克斯·奥利昂炼油厂。利昂·约翰逊（Leon Johnson）上校领导的第44轰炸机大队（大队绰号为"飞行的8号球"）负责轰炸战前归法国所有的哥伦比亚·阿奎拉（Columbia Aquila）炼油厂，该厂代号为"白色V"以及位于普洛耶什蒂西南8公里布拉齐（Brazi）村的克莱迪图·米尼尔（Creditul Minier）炼油厂厂区，该厂代号为"蓝色"。杰克·伍德（Jack Wood）上校领导的第389轰炸机大队（大队绰号为"天空蝎子"）负责轰炸普洛耶什蒂以北29公里坎皮纳（Campina）村的斯泰瓦·罗曼纳（Steaua Romana）炼油厂，该厂代号为"红色"，斯泰瓦·罗曼纳炼油厂在当时是欧洲第三大炼油厂，石油年产量达124万吨。阿斯特拉·罗马纳炼油厂、康科迪亚·维加炼油厂和罗美标准石油公司炼油厂的石油年产量都超过150万吨，其中阿斯特拉·罗马纳炼油厂更是达到200万吨。

对于北非战场来说，第389轰炸机大队是初来乍到。斯玛特上校团队制订轰炸普洛耶什蒂油田计划时，第389轰炸机大队还在赶往英国的途中，之所以派遣第389轰炸机大队前往北非执行轰炸普洛耶什蒂油田任务并不像某些传言说他们是新兵蛋子，而是该大队列装了当时最先进的B-24D轰炸机，该型轰炸机在外翼段安装了机翼内油箱，航程得以延长，B-24D从埃及起飞甚至能直接飞到坎皮纳。

低空飞行如何导航也是一个问题，当轰炸机在5500米高空飞行时，地面景象会像白云一样缓缓向后飘过，但当轰炸机在60米高度飞行时，地面景象会快速向后闪过，非常模糊，不少人担心低空飞行时领航机找不到检查点。斯玛特上校团队很快找到了解决问题的方法，他

吉林斯绘制的导航图中关于哥伦比亚·阿奎拉炼油厂的远眺草图。

各轰炸机大队目标分配表

目标	炼油厂	轰炸机大队	主要目标个数	轰炸机个数	大队绰号	大队指挥官
白色 I	罗美标准石油公司炼油厂	第376轰炸机大队	6	28	"解放者们"	基斯·K.康普顿
白色 II	康科迪亚·维加炼油厂	第93轰炸机大队	6	13	"巡回马戏团"	艾德森·贝克
白色 III	标准石油开采公司炼油厂 乌尼雷亚·斯佩兰扎炼油厂	第93轰炸机大队	3	24		
白色 IV	阿斯特拉·罗马纳炼油厂 费尼克斯·奥利昂炼油厂	第98轰炸机大队	10	48	"金字塔"	约翰·R.凯恩
白色 V	哥伦比亚·阿奎拉炼油厂	第44轰炸机大队	6	16	"飞行的8号球"	利昂·约翰逊
蓝色	克莱迪图·米尼尔炼油厂	第44轰炸机大队	3	20		
红色	斯泰瓦·罗曼纳炼油厂	第389轰炸机大队	7	29	"天空蝎子"	杰克·伍德
总数			41	178		

们找来一位名叫杰拉尔德·K.吉林斯（Gerald K Geerlings）的建筑师来解决这个棘手的问题，吉林斯去了几个图书馆寻找巴尔干半岛的地形地貌资料，试图通过地图和照片绘制一张从两侧低空斜向下俯视的航线地图，有点像今天手机导航用到的3D地图。

在英国海军部图书馆，吉林斯找到了自己需要的资料，由于轰炸普洛耶什蒂油田计划处于保密中，因此吉林斯并没有大张旗鼓地找资料，反而很低调，他在海军部图书馆找到一份夜间看火的工作（夜间巡查，防止图书馆失火），夜深人静后开始查找资料，白天则充分休息，一连工作了14天之后，他收集好自己需要的资料后辞掉工作，整个图书馆所有人都不知道他身负使命，只是把他当作一般的工作人员。

吉林斯在短时间内就为此次任务绘制了一张大地图，这张地图由六张地图粘合在一起折叠起来，领航员不需要一张一张翻起来看个没完。地图打开后，左侧有11个检查点，每个检查点旁边绘制了7张立体图和4张地形照片，一

目了然。轰炸机编队飞行时，领航员需要从下往上使用地图，通过立体图、照片对照检查点计算和修正航线，地图最上方就是此次各个大队负责轰炸的目标。为了帮助飞行员精确找到自己目标，吉林斯还为各个轰炸机大队绘制了从120米高度，距离400米远的视角观看各个炼油厂的素描图，这份素描图对后来的行动帮助很大。

吉林斯后来还对地图进行了更为详细的绘制，将单个目标的锅炉房、裂解塔和蒸馏装置全部画出来，方便飞行员和投弹手在轰炸厂房时知道要将炸弹投到什么位置。有了这份地图的加持，斯玛特上校团队相信只要进行几周的特殊训练，飞行员即使闭着眼睛也能轻松飞到目标上空。

轰炸普洛耶什蒂的计划看起来进展顺利，实则不然，美国陆航驻扎在英国的第八航空队指挥官艾勒·埃克（Ira Eaker）将军就不喜欢这份计划，因为他要派出两个轰炸机大队前往北非，另外从美国本土调来的第389轰炸机大队也要被派往北非，第八航空队一下子少了三个轰

为了更好地完成轰炸任务，当时部署在英国的第44轰炸机大队正在练习编队飞行。

炸机大队，埃克将军能不着急吗？现在高层一下子要拿走三个大队，派驻到北非那个鸟不拉屎的沙漠里，埃克将军将自己的想法和反对意见告知给马歇尔将军以及艾森豪威尔将军。但埃克将军被告知，现阶段轰炸普洛耶什蒂油田的作战计划优先级最高，其他任何计划都要让路，并指出早在卡萨布兰卡会议的时候就已经提到要开辟第二战场，要求摧毁普洛耶什蒂油田，另外埃克将军还被告知，普洛耶什蒂油田生产的大部分石油都被用在东线，因此来自苏联方面的压力非常大，最后埃克将军只能同意整个作战计划，并愿意给予全面支持。

第二章　计划与训练

1943年5月29日，隶属于第八航空队的第44轰炸机大队和第93轰炸机大队在执行完轰炸法国西部拉罗歇尔港口任务之后立即退出第八航空队序列，但是第八航空队出于保密原因并未将原因告知下面的部队，没过多久，第八航空队内部开始流传小道消息，绝大部分B-17轰炸机大队都说第八航空队司令部（代号"松树"）终于意识到B-24不适合执行对德国本土以及占领区的轰炸任务，所以将他们撤走了。这些兄弟大队也替第44和第93轰炸机大队惋惜，毕竟在一起浴血拼杀了几年，现在要独自与德国空军血战了。

为了更好地完成轰炸任务，英国皇家空军模型制作者制作了1:50000高精度的普洛耶什蒂整体模型，图片中从1至5代表此次轰炸任务中的5座炼油厂，代号从"白色I"至"白色V"，而第389轰炸机大队负责轰炸的目标不在此模型内。

两个轰炸机大队脱离第八航空队没几天，这两个大队基地的地勤人员就开始忙活了。由于没有作战任务，地勤人员把所有飞机收拾得干干净净，并对飞机进行必要的改装，有些B-24在机鼻加装了两挺12.7毫米口径机枪，在当时机鼻加装大口径机枪已经成为潮流，可以应对敌机的迎头攻击。地勤人员还将原来的"诺顿"高空轰炸瞄准具拆除，换上了一种型号为N-6的投弹瞄准具，该型瞄准具实际上是枪炮射击瞄准具和轰炸瞄准具的结合体，进行低空轰炸的A-20攻击机上也安装了同型号瞄准具，另外有些B-24还在外翼段加装了额外的翼内油箱以扩大航程。

两个轰炸机大队的B-24完成改装之后，机组成员开始进行训练，只不过现在的训练与之前在第八航空队的训练没什么区别，只是从高空飞行改为低空飞行，轰炸普洛耶什蒂油田计划被分成几个科目进行训练，首先机组成员要掌握的是如何在低空以3架B-24为一个小队进行编队飞行，随后编队慢慢扩大，最后整个大队可以组成大编队低空飞过英国乡村上空。

轰炸机大队从高空飞行训练转变成低空飞行训练，大队内部开始流言四起，不知道这样做的目的是什么，低空飞行产生的噪音同样引起英国平民的投诉和抱怨。不少飞行员对低空飞行训练兴趣很大，但同时他们产生疑问，从15米高度投弹，是想轰炸什么目标？难道是去法国海边轰炸德国海军潜艇基地？也有说法是为了执行秘密任务，采用低空突进的方式轰炸希特勒藏身之所。

空军司令部决定利用这个机会，官方散布了一个谣言，泰德·汀布莱克上校领导的情报办公室军官米切尔·菲普斯（Micheal Phipps）散布一个消息说这两个轰炸机大队练习低空飞行主要是为轰炸德国海军"提尔匹兹"号战列舰做准备，虽然当时"提尔匹兹"号战列舰停泊在

第44轰炸机大队B-24机群正在英国乡村上空进行编队飞行训练。

挪威,超出英国皇家空军重型轰炸机的作战半径,但为了使消息更令人信服,菲普斯甚至请到了几名挪威海军军官在这一带传话。

英国平民看到这帮美国人练习超低空飞行,纷纷指着天空说"这帮扬基佬疯了"。有几位英国女性声称,她们挂在室外晾晒的裙子被飞机卷起的大风刮飞了,掉在附近池塘里和马路上,有几位农场主声称,编队低空训练产生的巨大噪音使农场里的奶牛和母鸡受到惊吓,已经不再产奶和下蛋了,要求美国陆航赔偿,但后者以"战争正在进行,战争中需要大家做出一定牺牲"为理由打发了。

轰炸机大队在英国乡间训练时,斯玛特上校团队依旧在苦苦思索,如何才能更加完善作战计划,吉林斯提出了另一个新想法来配合他绘制的低空导航地图,他的理由是,如果飞行员在飞往普洛耶什蒂途中不能及时识别检查点,即使地图画得再详细也没有用,低空飞行时,哪怕一个机翼宽度的误差也会让整个编队偏离目标。考虑到这一点,吉林斯得到了英国皇家空军模型制作者们的帮助,这些工匠极富效率地用铅笔、纸、硬纸板、胶水和沙子制作了两份精度极高的模型。

一份模型比例为1:500000,另一份模型比例为1:50000,整个模型涵盖了从普洛耶什蒂油田沿航线一直延伸到多瑙河铁门(Iron Gate)这一片区域。另有三个模型制作比例为1:5000,主要为白色、蓝色和红色各个目标的模型。这些模型是如此得精确和详细,以至于曾在普洛耶什蒂居住过的英国居民在模型上一眼就认出了自己曾居住过的社区和家,整个模型分辨率为2.4米×4.2米,现实中物体只要面积大于2.4米×4.2米,模型中应该都有显示。由于时间紧任务重,吉林斯要求模型必须在一周内制作完毕,这些模型制作者加班加点,在规定时间内完美交付模型。

模型完成第二天,第八航空队摄影部门负责人约翰·R.麦克雷(John R McCrary)和亚瑟·帕特里克·黑斯廷斯(Arthur Patrick Hastings)勋爵乘着吉普车,带着照相机、照明灯、录音设备、三轮车等器材来到模型旁边,他们将自己锁在房间中进行紧张的拍摄。三周之后,麦克雷将拍摄的素材合成为一段45分钟的有声影片,他们将摄像机架在三轮车上向模型缓缓靠近拍摄,模拟轰炸机低空接近普洛耶什蒂油田飞行员看到的情景,这种模拟仿真在当时颇为新颖,机组成员通过观看影片就会大致了解自己在执行任务时座舱前方景象。麦克雷还为每个目标单独拍摄了几部无声影片,模拟飞机快速靠近目标时的场景。

麦克雷在不同距离和高度为模型拍摄了大量照片,这些照片显示,轰炸机在距离普洛耶什蒂油田较远时,即使距离和高度不同,飞行员观察目标时场景并没有多大区别。只有在距离目标730米,高度120米时,飞行员才会明显感觉前方看到的目标景象在显著变化。麦克雷在这个距离上对模型各个角度拍摄了大量照片,这些照片提供给飞行员和投弹手,用于帮助他们熟悉目标,通过计算,麦克雷还发现当轰炸机编队距离目标为730米时,轰炸机编队只有6秒钟时间作最后的修正。

1943年6月5日,用于后备的两个机组来到第93轰炸机大队,这两个机组分别由米尔顿·特尔策(Milton Teltser)中尉和沃西·朗(Worthy Long)中尉率领,他们的到来受到了第93轰炸机大队官兵的热烈欢迎。6月6日,特尔策和朗就开始带领机组进行低空飞行训练,在45米高度投下炸弹后,他们向上级汇报,怎么在这里练习的投弹方法和在美国本土学到的不一样呢?

陆航官兵正在沙漠中享用午餐，又是斯帕姆午餐肉和煮土豆。

陆航官兵正在汽油桶内清洗餐具。

到了6月10日，英国的"解放者"们已经形成了一种规律，每天早晨起来，机组先进行低空飞行训练，然后在机库听取专家教授低空飞行技巧，通常实际飞行很有趣，而课上内容比较无聊，课堂上大家窃窃私语，讨论着他们究竟要去什么地方执行何种任务。晚上没有什么娱乐活动，大队会组织大家看电影，当时上映的是鲍勃·霍普（Bob Hope）主演的最新电影《通往摩洛哥之路》，再过几周，他们就要真的上路开赴北非战场了。

杰克·伍德上校和第389轰炸机大队先遣队于6月11日抵达英国，而大队物资、飞机和其他人员还在横渡大西洋的货轮上，北大西洋布满德军潜艇，第389轰炸机大队其余人员抵达英国还要晚几天。第389轰炸机大队基本上都是新手飞行员，在美国本土已经完成了第3阶段飞行训练。该大队列装的是最新型B-24D，机腹安装了球形炮塔，航程比B-24更远。

第44和第93轰炸机大队的老兵油子用贪婪的眼光色眯眯地盯着这些崭新的B-24D，这些飞机可比他们打满补丁的B-24要强多了。6月16日清晨，英国东部的平民再次被"扬基佬"吵醒，第93轰炸机大队的24架轰炸机在英国皇家空军位于哈威克（Harwick）的机场上空练习低空轰炸投弹，为了让训练更加逼真，皇家空军拖了几门高炮对空射击。轰炸机编队从哈威克机场西边冲了过来，不过可惜的是，按照英国皇家空军的说法，美国人的轰炸机编队阵型非常粗糙，如果这是实战，美国人将会损失很多B-24。

大队指挥官最担心的就是轰炸机编队低空飞行时，飞机之间的螺旋桨会相互干扰，可能

正午时分的沙漠，炎热的气温仿佛要把大地烤化。

官兵正聚在一张桌子前分食午餐。

会引起飞机相撞。6月25日，第389轰炸机大队的两架B-24D在进行低空飞行训练时发生碰撞。厄尔·齐默尔曼（Earl Zimmerman）中士回忆了此次事故：

我们编队在距离地面450米高度飞行，编队在进行转弯时，我们的飞机与旁边的一架B-24D撞在一起。3号和4号发动机螺旋桨叶片直接砍进另一架B-24D腰部，一个叶片从机枪射手两腿之间砍过，他很幸运，只是受了轻伤，几片铝片崩进他大腿里。我们的飞机螺旋桨差点将那架飞机砍成两段，最后那架飞机挣扎着返回基地降落。我们的飞行员詹姆斯选择了一条还在修建的跑道准备降落，在最后时刻，詹姆斯发现跑道上还有工人和车辆，所以只能在跑道左侧草地中迫降。飞机一直向前冲，机身卷起了泥土和草皮，机舱内死一般的安静，我当时

怕极了，被困在机背炮塔中，我以为自己要死了，外面的人大喊"着火了！"飞机受损严重，飞行员从驾驶室直接跳到地面上，我被地勤人员从飞机残骸中拉出来，投弹手伤势过重阵亡，领航员则在医院躺了整整一年。

此次事故另一架飞机由爱德华·福布尔（Edward Fowble）中尉负责驾驶，他缓缓控制住飞机，飞行很长一段时间之后慢慢靠近跑道，最后着陆成功，飞机在着陆滑行中机尾有很明显的摆动。此次事故齐默尔曼的飞机螺旋桨将福布尔座机左侧垂尾几乎全部削掉，仅通过一条铝线挂在机尾上。福布尔的座机能安全返回基地一方面证明了B-24家族机身坚固，另一方面也说明福布尔飞行技术高超。

6月25日，第44和第93轰炸机大队准备撤离英国，命令下达后，官兵们开始将物资、床

左上图为棕榈屋，是官兵们在沙漠中搭建的一种特色小屋；左下图为第376轰炸机大队官兵在埃及金字塔和狮身人面像前和当地人合影；右图为陆航官兵在沙漠中休息的帐篷。

铺和行李进行打包，放在指定地方，有传言他们将去轰炸德国海军军舰，也就是说他们将要向北走，纬度越高，天气越凉，不少人甚至带上了保暖衣物。当天晚上，打包工作完成，但这些打包的物资开始向英国南部波特雷斯（Portreath）转移。

第二天，也就是 6 月 26 日，第 44 和第 93 轰炸机大队的机组成员驾驶轰炸机向英国南部海岸线飞行，直到飞到陆地尽头进入比斯开湾。官兵们才恍然意识到，原来是向英国以南撤离，并不是向北方进发。第 389 轰炸机大队抵达英国刚安顿好就要继续打包准备撤离，他们于 6 月 30 日撤离英国。

当轰炸机编队“嗡嗡”地向南飞行时，英吉利海峡对岸的德国空军并未起飞拦截，飞机上塞满了各种各样的配件、行李和大队官兵，为了打发时间，机舱里的大队成员要么呼呼睡觉，要么和领航员聊天，长时间的水上飞行，机舱外全是大海，未免让人觉得无聊。当飞机飞过礁石时，几个人透过舷窗说这礁石好像在保诚保险公司的宣传单上见过。

17 时 45 分（格林尼治时间），第 44 和第 93 轰炸机大队所有轰炸机全部在突尼斯（Tunisia）奥兰（Oran）郊外的一个机场内降落。虽然这里不是摩洛哥，但距离前一段时间看的电影中提到的地点已经不远了。官兵们按

照先到先得的原则住进一个法国旧军营里，那些晚到的人只能在机舱内或机翼下面对付一宿。

第二天天刚亮，两个大队的官兵驾驶轰炸机再次起飞，航向东南飞越地中海，当天晚些时候，编队在利比亚班加西（Benghazi）降落，这是他们此行的最后一站。第 93 轰炸机大队以前曾到过北非，帮助第九航空队轰炸隆美尔的德意志北非军团，所以大队里面的官兵曾体验过在沙漠中生活的艰辛，现在他们还要再体验一次。第 93 轰炸机大队的几名机组成员在班加西找到了他们中队前指挥官基斯·K. 康普顿，当时美国陆航以哈尔巴逊特遣队为基础组建了第 376 轰炸机大队，康普顿后来离开第 93 轰炸机大队，成为第 376 轰炸机大队指挥官，指挥 B-24 在北非对德作战，大家欢乐地聚在一起，就像老朋友一样聊着天，打发着时间。虽然基地周围环境有所变化，大家脸上也略带疲倦，但不变的只有周围的沙漠，除了战争留下的残骸和滚滚黑烟，一望无际的沙漠在数千年时间里并没有什么改变。

第九航空队指挥官为乌扎尔·恩特（Uzal Ent）准将，从西点军校毕业以来，他一直是一位多才多艺的人，他也是一名经验丰富的热气球驾驶员、飞行员、指挥官和路德教牧师，虽然身材矮小却脾气火爆，自从轰炸普洛耶什

官兵们躲在阴凉下，光着膀子享用午餐。

第 415 轰炸机中队的烘焙房，厨师正在烤制面包。

蒂油田的任务交到第九航空队手中后，他一直参与其中。恩特准将对低空轰炸方式持反对态度，他觉得轰炸普洛耶什蒂必须高空轰炸、反复轰炸多次才能将普洛耶什蒂周围炼油厂全部摧毁，而且五个轰炸机大队是远远不够的，即使自己有更多的轰炸机，摧毁普洛耶什蒂所花费的时间也要比规定时间要长。既然布里列顿上将已经下达命令，不管恩特准将喜不喜欢，他都会严格按照命令来执行，但是伤亡比例可能比预想的要高。

1943年3月29日，诺曼·阿波尔德（Norman Appold）少校率领第九航空队轰炸机编队采用高空轰炸方式空袭了隆美尔位于西西里岛墨西拿（Messina）的一处大型补给仓库，当时轰炸机编队从马耳他起飞，沿着西西里岛北部飞行，最后对仓库进行轰炸，该仓库采用混凝土加固，经过战后评估，发现投下的炸弹连仓库的皮毛都没伤到，但第376轰炸机大队通过低空轰炸一举端了这座仓库。3月30日，布兰恩·福莱威尔（Brain Flavelle）中尉率领四架轰炸机再次轰炸墨西拿，他们在日落时飞抵墨西拿上空，贴着目标投下炸弹，当他们呼啸而去时，目标已经被炸成一大堆砖块。第九航空队通过实战，发现低空轰炸确实可以有效摧毁目标，原因就是精度高，但两个战例依旧无法消除恩特准将对低空轰炸的怀疑。

来自英国的三个轰炸机大队就这样驻扎在北非，第98和第376轰炸机大队则一直驻扎在这里，后两个大队的官兵已经熟悉和了解了在沙漠如何生活。第一课就是了解沙漠，了解不断变化的沙子，它们无处不在，吃的、喝的和穿的都离不开沙子。第44轰炸

机大队指挥官利昂·约翰逊上校在多年后回忆："沙漠每天都在移动，到处都是沙子，战争结束几年之后，我甚至还能在内衣缝里发现撒哈拉沙漠那种独有的红色沙子。"如果大队官兵咬咬牙还能克服沙子，那些精密机械可不管这些，这些微小绵密的沙子涌进发动机以及气缸内，堵住滤芯和过滤器，普惠公司生产的发动机使用寿命原本有300小时，但到了这里，运气好的话寿命可能会减至60小时，运气不好的话，60小时都达不到。沙子还会影响自卫炮塔的转动以及供弹链的输送，沙漠刮起的大风有时甚至能把轰炸机前风挡吹破，扬起沙尘暴时漫天黄沙，前方什么都看不见，人站在外面就好像是站在喷砂枪前。

除了沙子之外，另一个让人感到绝望的就是高温。即使是在阴凉处，一天平均温度也能达到52℃，即使这样，大队的官兵们依然想办法待在阴凉下，太阳则肆无忌惮地炙烤着大地，烤的人后背直冒油。太阳升起后不久，帐篷内就不适合人待了，任何金属物品摸起来都很烫手，飞机机舱就是一个大烤炉，有传言说官兵吃的不少面包就是在B-24机舱内烤制的。只有两种方法能躲避高温，一种是一头扎进地

沙漠中地勤人员正在维护飞机，图中为第98轰炸机大队B-24"玛吉"号，该机在8月1日的战斗中被德军地面炮火击落。

中海碧蓝的海水中，另一种就是爬进飞机升空，毕竟"高处不胜寒"。

一天中官兵最喜欢的时间就是吃饭时间，不过在沙漠里后勤条件比其他地方稍微差一点，但总体来说还算不错，好的时候，菜单中能有鸡蛋粉、牛肉干以及斯帕姆午餐肉，有时候也能有脱水卷心菜、土豆粉和枣，午餐通常是花生酱三明治，饮品是咖啡和柠檬粉冲的柠檬水，喝的水则是用氯气消毒的饮用水，非常难喝。战争结束后，绝大部分官兵回忆起当时的甜品基本都是一种被称为"沙漠黄油"的东西，这种黄油其实是一种人造奶油，北非那么高的温度，这种人造黄油都不会融化，想想吃到嘴里是多么的油腻！无论端上来什么，里面总是有沙子，以至于大队官兵将炸牛肉烤土司称为"铺在卵石上的沙子"。沙漠中还有各种各样的野生动植物，它们的出现只会让官兵觉得生活更加悲惨，比如这里的苍蝇就特别多，而且个头特别大，每天周围都会有几百只大苍蝇在嗡嗡地飞，飞到脸上，飞到吃饭的盘子里。这些苍蝇的祖先在摩西时代就折磨过埃及法老，现在又来折磨美国人了。

当时利比亚班加西这一带刚好爆发了有史以来最严重的蝗灾，第389轰炸机大队的小乔治·梅金（George Makin Jr）曾回忆说，当他们飞抵目的地后爬下飞机时，一只相当大的蝗虫直接拍到他脸上，这是来自沙漠的"问候"。第44轰炸机大队的查尔斯·休斯（Charles Hughes）最厌恶就是沙漠里的虫子："到处都是蝗虫，爬进你的衣服里、床上和餐具盒里，发给我们的蚊帐主要是为了防止昆虫进入我们的床，但是无论你前一天晚上蚊帐和床铺塞得有多紧，早上一醒来，蚊帐里绝对会有几只蜘蛛在爬来爬去，有的还在织网。"

这里最有趣的动物就是沙鼠，这种夜间出现的生物人畜无害，而且相当可爱，它们总是喜欢钻进各种各样的物体或犄角旮旯里，并在那里筑窝。其中一个帐篷的人碰巧抓住几只，修建了一个小的赛马场，让这几只沙鼠在里面赛跑，天天有人把它们当成赛马下赌比赛。沙漠中最危险的生物应该就是蝎子了，不经意间用它们的毒刺给人来一下！每天早上官兵穿衣服和靴子时都要先抖一抖或者倒一下，看看里面有没有蝎子。不止一名官兵在寄给家里的明信片上画着一只正准备攻击卡车的蝎子，虽然有些夸张，但从侧面反映出这里的蝎子个头有多大！

官兵们在沙漠中解乏解暑的利器就是来上一杯清凉的啤酒，喝上一杯清凉的啤酒仿佛能洗掉一身的尘土，真是解暑佳酿！美国人的智

地勤人员正在沙漠中维护飞机发动机。

地勤人员正在维修战损的B-24机体。

慧此时又发挥得淋漓尽致，太平洋上的海军官兵用F4U"海盗"战斗机副油箱做冰淇淋，北非沙漠的陆航官兵则用B-24来冰镇啤酒，具体做法就是在B-24机舱内塞进足够多的啤酒，飞机立即起飞在高空飞行，一旦冰酒温度足够冰冷，飞机立即快速下降完成降落，打开舱门就可以售卖了，那些被太阳炙烤的，满身臭汗的基地官兵会争前恐后前来购买。

水在沙漠中一直是稀有商品，沙漠中陆航官兵的饮用水采用配给制，每天每人一壶水，不会多给，喝的水都不够，更何况洗衣服了。也不知道是谁想出的主意，把脏衣服往高辛烷值航空汽油桶里一丢，用木棍搅一搅，搭在绳子上滴干就行了。在沙漠中生活总结成一句话就是——这是一个原始的童子军营地。

1943年7月1日，不少人对轰炸普洛耶什蒂还存在分歧，斯玛特上校和第九航空队高层召开过几次会议，会议上除了恩特准将之外，还有不少人对这次计划心有顾虑，斯玛特上校在几次会议上试图说服大家，他指出虽然低空轰炸存在风险，但以第九航空队轰炸机的数量，想要完全摧毁普洛耶什蒂，只能采取低空轰炸的方法。7月1日凌晨，盟军高层将轰炸普洛耶什蒂油田计划的代号由"肥皂泡"行动改成"浪潮"行动。

7月2日，第九航空队派出轰炸机前往意大利上空执行任务，第44轰炸机大队罗伯特·莱恩豪森（Robert Lehnhausen）中尉的座机在执行任务时发生故障在地中海海面上迫降，机组成员后来被英国人救起后送往马耳他。

第389轰炸机大队第一次投入实战是1943年7月9日，当时是轰炸克里特岛的马莱迈（Maleme）。这是这群新兵首次接受战争的洗礼，德军派出战斗机进行拦截，交战中第389轰炸机大队一架B-24D被德国战斗机击落，这也是第389轰炸机大队首次实战损失，轰炸机编队返回基地后，这群新兵心里默念着："再执行24次任务就能返回美国了！"（二战中欧洲战场，尤其是对德战略轰炸期间，由于美国陆航轰炸机伤亡率较高，因此美军规定只要机组完成25次任务平安归来，整个机组就能返回美国。）

就在第389轰炸机大队执行第一次作战任务时，最后5架B-24从英伦三岛飞出，越过比斯开湾，向北非沙漠飞来。轰炸机编队领队机由休伊·罗珀（Hugh Roper）上尉驾驶，该机上载有一名重要乘员——杰拉尔德·K.吉林斯，他旁边放着一个不起眼的箱子里装有上文提到的影片以及轰炸普洛耶什蒂油田的任务简报，这份秘密货物只有吉林斯知道，编队其他人都不知道此次飞机运送的是什么。箱子中还放着铝热剂制成的燃烧弹，一旦飞机被德军战斗机击落，吉林斯可以第一时间使用燃烧弹烧毁箱子，防止计划内容泄密。编队在法国海岸发现了几架德军战斗机，但后者并未理睬编队，而是在拦截一架英国"桑德兰"水上飞机。

轰炸机编队在班加西降落后，飞机上的箱子立即被运到一幢绿色建筑内，门口有士兵荷枪实弹负责看守，这些士兵得到了命令，任何试图闯进大门的人员都会遭到射击。吉林斯和斯玛特上校团队在房子内从清晨一直工作到凌晨，将所有影片和资料一股脑倒在地上整理，为即将到来的轰炸普洛耶什蒂做准备。

1943年7月19日，5个轰炸机大队第一次联合执行作战任务，目标是历史名城罗马，当时意大利正在爆发政变，墨索里尼即将要被赶下台，执行此次任务的机组成员都是挑选过的，确保不会在天主教圣地梵蒂冈上空投下炸弹，机组成员中信奉天主教的人也被告知可以退出此次任务，全凭自愿。此次轰炸任务没有

第376轰炸机大队B-24编队正在进行低空编队训练，当时飞行高度只有15米，飞在最前面的是B-24"小理查德"号。

炸弹落在梵蒂冈城内，罗马城内的目标被完全摧毁。当这批规模庞大的轰炸机编队返回北非后，所有机组第一时间被告知要立刻进行一段时间的封闭式训练。

1943年7月20日，5个轰炸机大队的指挥官以及大队骨干来到第九航空队司令部，他们与恩特准将见了面，并获得允许进入了那幢绿色建筑内，在观看完影片以及悉知简报后，一些人对计划的可执行性表示怀疑，但恩特准将斩钉截铁地说，除非这个计划被上级取消，否则必须以低空轰炸方式进行。

轰炸普洛耶什蒂油田总体计划大部分已经完成，至于每个轰炸机大队的实际作战计划，由各个大队指挥官自己制订，他们详细研究了分配给自己大队的目标，制订了详细的作战计划，核心就是在尽可能短的时间内让最多的飞机出现在目标上空投弹。第98轰炸机大队指挥官凯恩上校在日记中写道："我们经过仔细的测量和研究，发现每次可以让10架轰炸机飞越目标上空投弹，这样既能保证轰炸机密度，也能保证飞机之间的间距足够

大。第一批次的10架轰炸机将炸弹投到炼油厂最远方，摧毁其中的裂解塔和蒸馏器，然后我们将会为余下的每一架轰炸机选定一个详细的目标。"

每个轰炸机大队都开始进行飞行测试，确定发动机在不同功率条件下和不同高度条件下的燃油消耗率。第44轰炸机大队的亨利·拉斯科（Henry Lasco）中尉参加了飞行测试："我们机组和另外5个机组一同执行测试任务，主要测试整个任务消耗的燃油量，按照飞机计划，我们在规定的高度、速度进行编队飞行，飞机挂载炸弹共飞行3057公里，当时我们还不知道轰炸目标是普洛耶什蒂。"此次飞行测试中，拉

第376轰炸机大队的B-24"让我们出发"号（LET'S GO）正在沙漠上空进行编队飞行训练。

斯科中尉机组成为冠军，他们的飞机燃油消耗率为每小时700升，一共飞行13.5小时，其他5个机组平均燃油消耗率为每小时764升，他们还测试了在不同高度下投弹，确定了炸弹自由落体轨迹。经过测试，陆航官兵发现在23米至76米高度投弹命中率非常高，一旦高度超过76米，炸弹就会偏离目标，所以最后定下的投弹高度是60米。

驻地此时变成了忙碌的车间，第98和第376轰炸机大队的地勤人员开始模仿英国来的战友，将两个1500升容积油箱安装在炸弹舱前方以扩大飞机航程，地勤人员还对飞机进行了检修，所有接近使用寿命的发动机全部更换为崭新的发动机，飞机上任何多余的零部件全部被拆除以节约飞机重量，飞行座椅用绳子牢牢绑在飞行甲板上，防止飞机迫降时飞行座椅与飞行甲板脱离。为了增强飞机的防护能力，地勤人员从德军飞机残骸上拆下了一些装甲钢板安装在飞机上。看到地勤人员在改装飞机，各个大队的官兵似乎意识到要准备执行什么重大任务了，营地里的谣言又像黄沙一样飞了起来。

从7月22日开始，各轰炸机大队的B-24轰炸机开始进行低空编队飞行训练，一开始是三架

第376轰炸机大队的B-24"8号球"号（8 BALL）等三架轰炸机正在进行编队飞行。

轰炸机组成小编队飞行，让飞行员熟悉这种新的飞行方式，对于英国来的三个轰炸机大队，这种编队飞行再熟悉不过，对德战略轰炸时，他们就是这样做的。随着时间的推移，越来越多的轰炸机开始加入编队训练，编队规模开始像滚雪球一样逐渐变大。对于飞行员来说，飞机在距离地面15米或更低的高度穿越沙漠，同时还要保持编队的完整性和自己的相对位置是非常不容易的，需要时刻留意高度和飞行速度，十分具有挑战性。飞行员一个小疏忽就可能造成机毁人亡，第93轰炸机大队的泰德·芬纳恩（Ted Finnarn）中士曾回忆："在一次编队飞行训练时，我们左侧的轰炸机从上方侧滑过来，我们的座机飞行员霍华德·弗里斯（Howard Freese）为了防止发生碰撞，只能选择在沙漠里滑行，飞机的机腹在沙漠里滑行了好长一段距离，扬起了一大片沙尘，但飞机并未停止，随后弗里斯加大油门，这架B-24最后又复飞成功并安全返回基地，只是机腹上的油漆全部被沙子刮掉了。"在另一次飞行训练中，第44轰炸机大队指挥官利昂·约翰逊上校乘坐的B-24轰炸机绰号为"无情"（RUTHLESS），他当时坐在飞行员弗兰克·斯劳（Frank Slough）中尉和副驾驶雷·拉孔布（Ray Lacombe）之间，当时"无情"号第4号发动机突然回火，发动机功率开始下降，右侧机翼由于升力不够开始向下倾斜，眼看着就要蹭到沙漠了，斯劳中尉手忙脚乱地捣鼓节流阀、方向盘、配平片，几秒钟之后机翼开始恢复平衡，机舱里所有人，包括约翰逊上校异口同声地说："干得不错，弗兰克！"

第98轰炸机大队的哈里·奥

普（Harry Opp）中士曾回忆任务中一些有意思的事："我们驾驶飞机驱赶羊群，追得它们在沙漠里四处乱跑。"第98轰炸机大队的比尔·伯根（Bill Bergan）中尉曾回忆："螺旋桨差点蹭到地面上，当我们着陆时，汗水已经浸湿了衣服，自己就像刚洗过澡一样。"

除了螺旋桨碰撞之外，低空编队飞行还有机身碰撞和撞击岩石的危险，第44轰炸机大队罗伯特·斯坦中尉还记得当时有一只秃鹰直接撞在了前风挡上："在一次飞行训练后，我们正返回基地。霍华德·克莱卡（Howard Klekar）和我坐在驾驶舱，突然一只秃鹰撞了过来，这只秃鹰直接撞破前风挡，穿过前机身砸在炸弹舱壁板上。我和霍华德都被玻璃碎片划伤，还好伤势很轻，不过以后最大的问题就是驾驶舱里总是有一股腥臭味！"汤姆·霍姆斯（Tom Holmes）上尉曾回忆他们的座机不仅座舱撞秃鹰，一台发动机螺旋桨叶片也曾撞过鸟。

第389轰炸机大队还在美国训练期间，约翰·麦克劳（John McGraw）中尉机组乘坐的出租车发生车祸，伤势痊愈之后该机组来到北非，重新回到第389轰炸机大队，但是他们没有自己的轰炸机。麦克劳机组渴望执行任务，渴望投入战斗，于是他们来到第98轰炸机大队，根据约翰·罗斯（John Ross）中士的回忆,他们找到第98轰炸机大队指挥官凯恩上校，希望凯恩能分给他们一架轰炸机，但凯恩看了看他们，然后耸了耸肩，走出帐篷外，用手指了指沙漠远处起飞线尽头的最后一架B-24说："那架就归你们吧。"这架B-24绰号为"公驴的毛线衫"（JERSEY JACKASS），该机已经执行了50次任务，机身旁边镶上了一块粉色的铝片表示纪念。全体机组成员得到自己的飞机后立即帮助地勤人员对飞机进行维护和修理，随后进行飞行训练，地勤人员也在飞机上。机组成员中爱德华·麦奎尔（Edward McGuire）是一名优秀的飞行员，机组完成飞行训练后，麦奎尔驾驶飞机着陆，但是他却回头对地勤人员说："飞机没有刹车！"之后飞机一直向前冲，最后冲出跑道一头扎进沙子里。

对于地面人员来说，看着训练后返航的轰炸机编队令人感到十分震撼，想象一下，数十架轰炸机组成的编队在15米的超低空飞行是何等的壮观。营地里到处是飞机的轰鸣声，轰炸机呼啸而过的尾流吹翻了不少帐篷，而且轰炸机飞过营地向地面晃动机翼致敬时，由于高度太低，尾流甚至能把地面上的人吹飞，很多人都曾中招。

7月24日，执行轰炸普洛耶什蒂油田任务的所有官兵都被告知了任务细节，这是关于"浪潮"行动的第一次任务简报。有几个人其实已经猜到了他们即将要去的地方，第93轰炸机大队的拉姆齐·波茨（Ramsey Potts）少校在离开英国之前就已经清楚了作战任务，他曾回忆说反正大家早晚都要知道，出于保密的考

第 376 轰炸机大队的 B-24 机群完成训练后正返回基地降落。

虑，自己也没必要提早告知大家。第98轰炸机大队领航员诺姆·惠伦（Norm Whalen）中尉在7月22日曾写道他们可能要去罗马尼亚执行作战任务，而第98轰炸机大队B-24"北极星"号（NORTHERN STAR）飞行员格伦·安德伍德（Glenn Underwood）中尉也曾在日记中写下了相同的想法。

第一次简报中首次播放了麦克雷等人制作的影片，为了吸引大家的注意，影片开场是一位裸体美女，引起了大家的阵阵嘘声和呐喊声，影片中出现了罗斯福总统写下的一条简短的文字，解释了他们即将执行的任务的重要性。影片开始播放时，放出的是麦克雷的配音，他讲述了任务从开始至结束的详细细节并说明："我们曾把这个任务搞砸过一次，所以这次我们必须成功。"麦克雷还特别强调了导航、地面检查点和航线上的时间。绝大多数官兵对这份细节极为详尽的影片印象深刻，称这是他们看过的最完整的简报。影片最后，罗斯福总统说："这是德国纳粹应得的，他们会得

到我们的问候！"观看影片时，几个人抱怨为什么没有黄油爆米花，好吧，有谁会喜欢涂满沙漠人造黄油的"黄米花"呀。

朱利安·达林顿（Julian Darlington）中尉曾回忆当时听取简报的场景：

指挥官把我们叫到一张桌子前，桌子上陈列着普洛耶什蒂以及周边地区的模型，包括主要建筑、街道、公路、铁路以及每一个炼油厂。指挥官指着炼油厂说，你们飞到1600公里外的普洛耶什蒂不是为了轰炸敌人的储油罐，如果是那样的话，德国人几天就能修好。你们的主要目标是摧毁炼油厂核心部件，让其停止生产。把炸弹投掷到这些建筑上，比如工厂的发电装置，如果把这些摧毁，炼油厂几个月都无法开工生产。问题是当你以321公里/每小时的速度超低空接近炼油厂，直到最后30秒才会发现目标，才会看到发电装置。目标位于航线东南方向，你们站在炼油厂模型西北方向，身子放低，慢慢靠近模型，想象一下假如你驾驶

B-24机群正准备降落。

飞机飞过去会看到怎样的景象，如果脑海中没有这样的景象，那就重复这个过程。挑选一些与你飞行高度差不多的目标，比如烟囱、裂解塔，牢牢记住这些目标。

7月24日当天，即将参加轰炸普洛耶什蒂的机组成员均被告知行动细节并听取了简报，有些人已经猜到了，有些人则是刚刚才听到，不少人耸耸肩膀说："真见鬼，我从没听说过这个地方。"不过8月1日执行完轰炸任务能活着返回基地的人，普洛耶什蒂这个名字将会深深地刻在他们的脑海里，他们一辈子也不会忘记。

7月25日，第九航空队的轰炸机大队需要进行更多的飞行训练，其实轰炸普洛耶什蒂原本定在7月25日，但考虑到当时正在进行西西里岛战役，已经消耗和占用了大量物资和飞机，因此轰炸普洛耶什蒂的时间只能向后拖，这样参战的机组成员也能有更多的时间进行训练。到目前为止，第835工程营已经在基地南部的沙漠中建造了全尺寸的普洛耶什蒂油田模型，起初这些模型只是勾勒了普洛耶什蒂的轮廓，但是当飞行员驾驶B-24进行训练时才发现模型不够逼真，因为轰炸机要在目标上空投弹，模型内部缺乏立体感，也不够饱满，近距离观看不够

逼真，所以工程兵又为模型加装了钢梁、油桶以及柱子，细节再完善一些，经过优化的模型看起来更加逼真，飞行员在进行投弹训练时仿佛身临其境。

7月27日，第九航空队以及各轰炸机大队高层收到两份重要情报，情报显示，一名名叫尼克莱·特奥多尔（Nickolai Teodor）的罗马尼亚空军飞行员驾驶一架Ju 88轰炸机从罗马尼亚叛逃，当时他驾驶Ju 88正在进行飞行测试，途中突然飞往塞浦路斯，盟军情报部门对其进行两次谈话，希望能获得一些有价值的情报，但涉及普洛耶什蒂的情报中，特奥多尔前后两次谈话相互矛盾，第一次谈话中他曾说普洛耶什蒂周围德军并未构筑强大的防御力量，但第二次谈话时，他却说普洛耶什蒂周围的防空火力和防御应该是整个欧洲最强的。他还告诉情报人员，在罗马尼亚空军飞行员眼里，应该没有人愿意去轰炸普洛耶什蒂，原因就是那里的防御很严密，贸然前去轰炸损失一定非常大。

现在已经没有时间让情报部门核实特奥多尔说的话是真是假，高层觉得既然两次谈话获得情报相互矛盾，那就说明特奥多尔的说法并不可信，另外特奥多尔从1943年4月后就再也没去过普洛耶什蒂，所以他对于现阶段的普洛耶什蒂周围德军防御水平估计也不清楚。第九航

B-24机群超低空飞过宿营地，图片中能看到铁丝网和帐篷。

空队递交了轰炸普洛耶什蒂的报告，并希望一切顺利。

夜幕缓缓降临，沙漠中的高温开始逐渐散去，沙鼠也从沙子里钻出来开始蹦蹦跳跳，大把的时间留给官兵们挥霍，他们分成几组，有些人聚在一起抽烟、闲聊和打扑克牌，有些人给家里写信或写日记，来自第98轰炸机大队的比尔·伯根回忆说："下次任务前我们还要进行一次训练，说实话我已经疲倦了，赶紧出发作战吧，我在沙漠里都快疯了。"

轰炸普洛耶什蒂最后一分钟是最关键的，有数百个细节需要解决。为了使B-24轰炸机发挥出最好的状态，地勤人员对所有飞机进行维护。为了让训练更接近于实战，每次训练前地勤人员都会为B-24挂上炸弹。由于生活环境较为恶劣，基地里爆发了传染病，官兵中不少人患上了疟疾，得了疟疾的人通常会打摆子，那种感觉就好像一会儿掉进冰窟窿，冷得打哆嗦，一会儿又好像被人架在火上烧，热得想脱个精光。得了疟疾的飞行员是不能驾机升空的，营地里不断有人感染疟疾。

行动前还有一点值得注意，就是当地以及目标地区的天气，众所周知，普洛耶什蒂是一座"多雨之城"，如果轰炸机编队抵达普洛耶什蒂上空刚好乌云密布且有大雨，搞不好任务会被搞砸。当时盟军情报机构已经能破译德军

B-24"让我们出发"号在最后一次训练中的掠影。

用来传递天气预报的密码，这种密码每个月都会更换，根据德军的天气预报显示，7月29日至30日，普洛耶什蒂上空有多云并伴有降雨，7月31日的天气预报显示8月1日普洛耶什蒂是好天气，用一个词形容就是"清晰"——从高空俯瞰普洛耶什蒂非常清晰。

7月29日，5个轰炸机大队指挥官来到第九航空队总司令部，与恩特准将在一起召开了行动前最后一次碰头会，各个大队指挥官向恩特准将汇报了近期训练进展，其中康普顿上校就行动细节问题和凯恩上校爆发了短时间的激烈争论。会议结束时，恩特准将拍板决定，7月31日（周六）5个轰炸机大队进行最后一次演练，除非普洛耶什蒂上空天气恶劣，否则行动将于8月1日（周日）正式执行。

之所以将轰炸日期定在8月1日（周日）有以下几点原因：1.周日是休息日，各个炼油厂上班的工人较少，这一天轰炸可以将厂区内平民伤亡率降到最低；2.德军可能认为盟军在周日出动的概率较低；3.8月1日是难得的好天气，后面连续都是阴雨天，不利于轰炸行动展开。

7月31日黎明来临后，基地上空天气晴朗，是适合飞行的一天。凌晨时，地勤人员已经为B-24挂满教练弹，为机枪弹药箱装满子弹。5个轰炸机大队将进行最后一次演练，所有轰炸机倾巢出动，这是最完整的一次训练，也是以实战要求进行的最后一次训练。训练第一部分是飞到地中海上空，海上几个小岛充当检查点。当轰炸机飞过时，飞机上机枪射手开始使用机枪对岛上模拟目标进行射击，这是整个训练中机枪射手唯一一次开火机会，随后轰炸机编队返回北非沙漠，使用教练弹对准营地附近的普洛耶什蒂模型

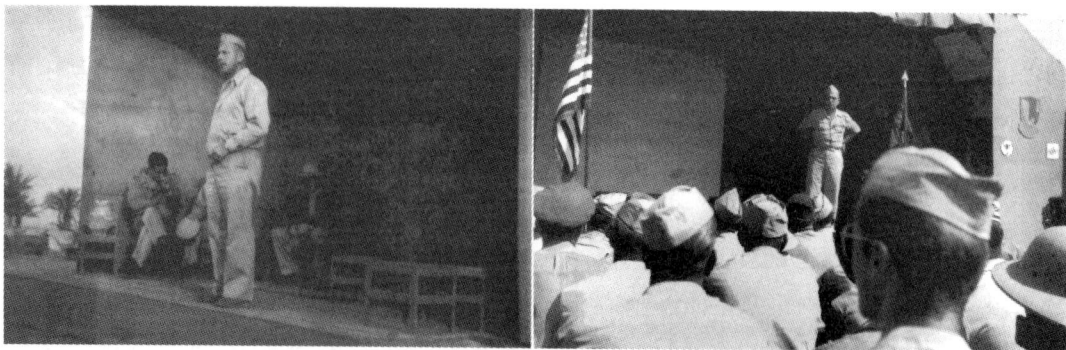

左图和右图分别为恩特准将和布里列顿将军正在为第 376 轰炸机大队官兵做战前演讲，说明此次轰炸任务的重要性和艰巨性。

进行投弹。

根据计算好的时间，第一波轰炸机编队分秒不差地飞过利比亚麦地那阿卜耶尔（Abyar）附近悬崖上的古堡，随后开始进行58°，半径4.8公里的转弯，转弯完成后组成作战队形，整个编队每秒转弯1°。对于地面上的人来说，这是一幅令人难以置信、极为震撼的画面，一波又一波的 B-24 编队低空掠过沙丘，"按时""精准"地将教练弹投到普洛耶什蒂模型里面，8公里宽的轰炸机编队仅用2分30秒就将模型全部"摧毁"，此次演练的成功令第九航空队高层喜出望外。如果明天奔赴普洛耶什蒂也能这么顺利的话，到时希特勒真的要为他的石油供给担心了。

此次训练中，第98轰炸机大队B-24"北极星"号差点坠毁，该机投弹手罗伯特·朱迪（Robert Judy）中士回忆说，就在飞机准备返航时，机身突然开始振动，飞行员格伦·安德伍德中尉拼尽全力操纵飞机，尽量维持飞机高度并缓慢爬升。就在朱迪以为他们要跳伞或迫降时，安德伍德驾驶飞机在基地安全降落，地勤人员经过检查发现，"北极星"号损坏一个配平片控制装置造成了机体共振。

此次训练完成后，恩特准将和布里列顿上将以及第一次世界大战王牌飞行员艾迪·瑞肯贝克尔（Eddie Rickenbacker）、英国皇家空军中将亚瑟·特德（Arthur Tedder）爵士共同视察了这5个轰炸机大队，令人鼓舞的讲话结束后，特德爵士告诉大队官兵："一定要把德国人揍个半死。"在第376轰炸机大队营地，布里列顿上将在演讲中告诉大家他们明天要去哪里以及为什么要去那里，他说："……没有石油和天然气，希特勒的飞机就飞不起来，坦克和装甲车也开不动。三个军要花几个月的时间才能完成的任务，你们1800人不到一个下午就能完成。由于你们在中东地区拥有丰富的作战经验和令人难以置信的战绩，因此由第376轰炸机大队担任此次行动的先头部队。上帝保佑你们，祝你们好运。"

小乔治·梅金曾回忆布里列顿上将在第376轰炸机大队的演讲："他给了我们一些鼓励，但是他只说到目标，而没谈及我们怎么回去，这可把我吓坏了。"第44轰炸机大队第二攻击波的威廉·卡梅伦（William Cameron）上尉曾回忆："如果普洛耶什蒂被摧毁，即使所有轰炸机全部被击落也是值得的。"

在第98轰炸机大队，布里列顿上将一行人也为大队官兵鼓劲。原本隶属于第389轰炸机大队的朱利安·达林顿此时分配给第98轰炸机大队，轰炸普洛耶什蒂是他人生中第一个

第44轰炸机大队官兵正在聆听最后一次任务简报。

作战任务，他的座机绰号为"女巫"（THE WITCH），这架B-24此前已经执行了56次任务，可谓久经沙场。达林顿记得当凯恩上校走到锉刀台前，所有人的注意力都集中在这位第98轰炸机大队指挥官身上，凯恩上校告诉大家，他们有一项非常重要的工作要做，这是大队成立以来将要执行的最重要的任务之一，他最后说："伙计们，跟我冲，让我们把炸弹投在目标上。"

第44轰炸机大队的罗伯特·莱恩豪森从马耳他回来后，他被告知想休息多久就休息多久。负责作战指挥的汤姆·霍姆斯上尉找到莱恩豪森询问他是否可以在不参加8月1日作战任务的情

况下参加7月31日最后训练，但是训练结束后，霍姆斯上尉告诉莱恩豪森，由于缺少飞行员，莱恩豪森的休假被取消，他也要参加8月1日的作战行动。莱恩豪森回忆说："我告诉他我这次不想飞，但如果得到命令，我会参加行动。"霍姆斯上尉告诉莱恩豪森，他将和雷金纳德·菲利普斯（Reginald Phillips）上尉或者尤尼斯·香农（Eunice Shannon）中尉一起执行任务，在8月1日早上检查任务细节。

其实莱恩豪森有充分的理由不参加这次任务，他的座机在地中海海面上迫降后，和其他6名机组成员被英国人接到马耳他一家医院里治疗，几名在医院里工作的美国人找到他们，一名中校在一个下午找到了莱恩豪森，问了几个关于北非沙漠出现大量轰炸机大队的问题，最后说了一句话："你们来北非，是不是准备轰炸普洛耶什蒂？"不过当时莱恩豪森自己也不清楚任务是什么，后来莱恩豪森仔细回味了这名中校的问题，既然几周之前在马耳他一所医院内的人都猜到了可能会轰炸普洛耶什蒂，那精明的德国人能不知道吗？

第98轰炸机大队任务简报室。

此次轰炸普洛耶什蒂任务使用的导航图。

威廉·卡梅伦上尉和几个好友在31日曾询问过基地周围负责防空的英国高炮炮兵，如果他们遇到轰炸机编队低空飞行，他们会最先瞄准哪一架飞机开火？这些英国人异口同声地回答，当然是飞得最高的那一架，因为最容易被击中，看来飞得越低越安全。

第44轰炸机大队的队员在思考大队指挥官约翰逊上校在简报中提到的内容，他说大队里已经执行过25次作战任务的机组成员，明天可以不用参加轰炸普洛耶什蒂的作战任务，他不想让内心感到恐惧的人参与这次行动，他说："只要你已经完成了25次作战任务，明天的行动可以不用参加，晚上来我帐篷和我谈谈，我保证不会在档案中写下对你不利的评价。"约翰逊上校也提到第二天的任务非常重要，也非常艰巨，他将会带领整个大队飞越普洛耶什蒂。多年以后，第44轰炸机大队官兵每当回忆起7月31日那一晚都感到骄傲与自豪，没有人走进约翰逊上校的帐篷，每个人都渴望参加这次战斗。

班加西附近的5个轰炸机大队基地在7月31日晚上异常忙碌，地勤人员通宵工作，为轰炸机第二天出动做准备。7月29日，几百箱新发动机运抵各基地，地勤人员将几百台旧发动机或状态较差的发动机全部换下，工作量和工作强度异常巨大。

7月31日下午，美国陆航总司令阿诺德上将下达了最终作战命令，此时一场沙尘暴降临班加西，华盛顿方面下达命令，禁止几名高级军官参加或执行此次任务。斯玛特上校从一开始制定任务就参与其中，不过在制订轰炸普洛耶什蒂计划时，他还并行制定盟军其他作战行动，因此决不能让他落在德军手里，他最终未能参加8月1日的战斗。命令还要求布里列顿上将、泰德·汀布莱克上校、利安德·施密特上尉也禁止参加8月1日的战斗。

恩特准将原计划和凯恩上校乘坐同一架B-24，而布里列顿上将乘坐第376轰炸机大队的B-24"泰姬·安"号（TEGGIE ANN），但根据阿诺德上将的命令，布里列顿上将禁止参加战斗，所以恩特准将换成B-24"泰姬·安"号，在空中指挥作战。

太阳慢慢消失在地面线时，各个大队官兵三三两两聚在一起，和平时不同，很多人回到帐篷内，为明天的任务做准备，不少人拿出信纸给家里写信，很多人意识到这次的家书很有

地勤人员正在为 B-24 挂装炸弹。

可能就是遗书了。第93轰炸机大队的投弹手杰西·弗兰克斯（Jesse Franks）中尉在家书中写道："这次任务非常重要，如果我出现什么意外，希望父亲不要责怪我。"第98轰炸机大队的梅尔·伯伦（Merle Bollen）中士已经为他第一次任务做好准备，不少人将肥皂、剃须刀、毛巾、备用制服和香烟打包，即使被击落跳伞落入德占区，这些物品也能支撑机组成员生活几天，但是根据伯伦

的回忆，他们机组成员没人干这事儿，因为他们相信自己能够平安回来，伯伦在回忆录中写道："我们一定能回来，我绝不认为我第一次出任务就回不来了！"

第98轰炸机大队的乔·纳吉（Joe Nagy）中尉想到了自己的美国故乡、家人和朋友，但是他也想到了自己的使命和任务，一整晚他都在读《圣经新约》，基地周围举行了几次祷告会，牧师们正忙于为即将出征的将士祷告。

沃尔特·斯图尔特（Walt Stewart）上尉和休伊·罗珀举行了一个简短的祈祷会，在这个特殊的夜晚，参加祷告的不仅有天主教徒，还有摩门教教徒。祈祷会结束之后，斯图尔特遇到了大队指挥官贝克上校，两者交谈一会后，贝克上校对斯图尔特说："明天的任务将会是我们执行的最艰巨的任务。斯图尔特上尉，你作为我的副领队，如果我被击落，你要带领大家完成任务。"

第389轰炸机大队的菲利普·阿德里（Phillip Ardery）曾回忆："当天晚上上床睡觉之前，我用胶带将半截锯条粘在右脚脚底下，万一被击落，说不定我能用这半截锯条越狱或逃命。说真的，我有一股强烈的感觉，我被击落的可能性超过50%。"

第98轰炸机大队飞行员安德伍德总结了大部分即将参加轰炸普洛耶什蒂飞行员的心声："我们大部分人都能控制住自己的想法，我们还年轻，因为年轻所以信念很少动摇，但也充斥着一种盲目性，认为自己无坚不摧。然而，也有一小部分人很焦虑，就好像热病一样折磨着他们，他们说的太多了，嘴里一直唠唠叨叨，把自己的想法和担心说给那些愿意听的人，好像永远不知疲倦一样。"

第44轰炸机大队B-24"老乌鸦"号（OLD CROW）机身中部机枪手马克·莫瑞斯（Mark Morris）中士记录了他战斗前的活动："为了缓解我内心的不安心情，我开始整理衣柜。机组成员最骄傲和最喜欢的就是飞行夹克，夹克由柔软的马皮制成。由于发给我时没有大尺码，因此我的夹克小了一码，我愿意在低空飞行时穿着它。轻质飞行套装穿在里面，我愿意头戴防弹头盔和穿着巴西皮靴，虽然尺码小了1/2码，但我把它们擦得锃亮。"

安德伍德完成最后的准备工作后，他抽了半包烟希望能睡一会，但辗转反侧几个小时发现怎么也睡不着，最后索性不睡了，穿上衣服走出帐外。黑夜中的沙漠温度较低，很多人试图入睡，但今晚估计很多人都睡不着了。

第九航空队的工作人员连夜开车，将即将要执行的第58号命令送达各大队，命令中规定了联络用的无线电频率、航线信息、导航检查点、高度、备用机场，这份文件相当于指导文件。

第44轰炸机大队领航机B-24"苏瑞Q步"号（SUZY Q）在常规发动机运行检查时发现2号发动机失灵，此时距离起飞仅有5个小时，地勤人员快速拆除发动机整流罩，没过多久，机械工程师找到了发动机失灵原因——主气缸上的火花塞坏了，地勤人员不得不把发动机拆下来更换火花塞，直到凌晨才维修好。

7月31日晚上睡觉前，第98轰炸机大队B-24"跟随者"号（TAGALONG）副驾驶员查尔斯·巴伯（Charles Barbour）中尉在日记中写道："今天下午布里列顿和恩特来到大队里进行讲话，明天我们就要开始执行任务了，不知为什么，我们总是在星期日执行任务，希望明天能一切顺利。"这是巴伯写下的最后一段话，在第二天的战斗中他和另外四名机组成员血洒长空。

第三章　铜墙铁壁

1941年夏季德国入侵苏联后，由于德国开始严重依赖罗马尼亚的石油，因此柏林方面开始关心起普洛耶什蒂炼油厂的防御问题。根据德国和罗马尼亚在1940年5月27日签订的"石油换武器"条约，罗马尼亚军队的武器开始更新，1940年9月，扬·安东内斯库夺取罗马尼亚国内政权后，德国开始对罗马尼亚进行军事援助，一个月后，德国空军直接进驻罗马尼亚以加强该国的防空。

罗马尼亚高炮防御力量

由于国防预算的限制，罗马尼亚军队在30年代开始缓慢地对高炮部队进行现代化改造。1930年7月1日，罗马尼亚防空司令部开始加速国内防空力量的建设与改造。到了30年代末，罗马尼亚共有18个高炮连，主要列装少量高炮和高射机枪，布加勒斯特周围仅部署了3个高炮连，装备的还是老旧的法制M1897型75毫米口径高炮，而布拉索夫和加拉茨周围各部署一个高炮连，装备的是斯柯达76毫米口径高炮。到了1940年4月，罗马尼亚在普拉霍瓦山谷包括普洛耶什蒂部署了7门高炮，10挺13.2毫米口径高射机枪、132门8毫米口径高射机枪以及一个探照灯连。为了重点包围普洛耶什蒂，罗马尼亚还部署了3个战斗机中队。

普洛耶什蒂的守军正在部署防空气球，1943年8月1日当天，美国陆航至少有4架轰炸机被防空气球阻拦，这种气球每次部署前至少要充进200立方米的氢气，1942年10月，德国人将部署防空气球的任务交给罗马尼亚第3气球营。

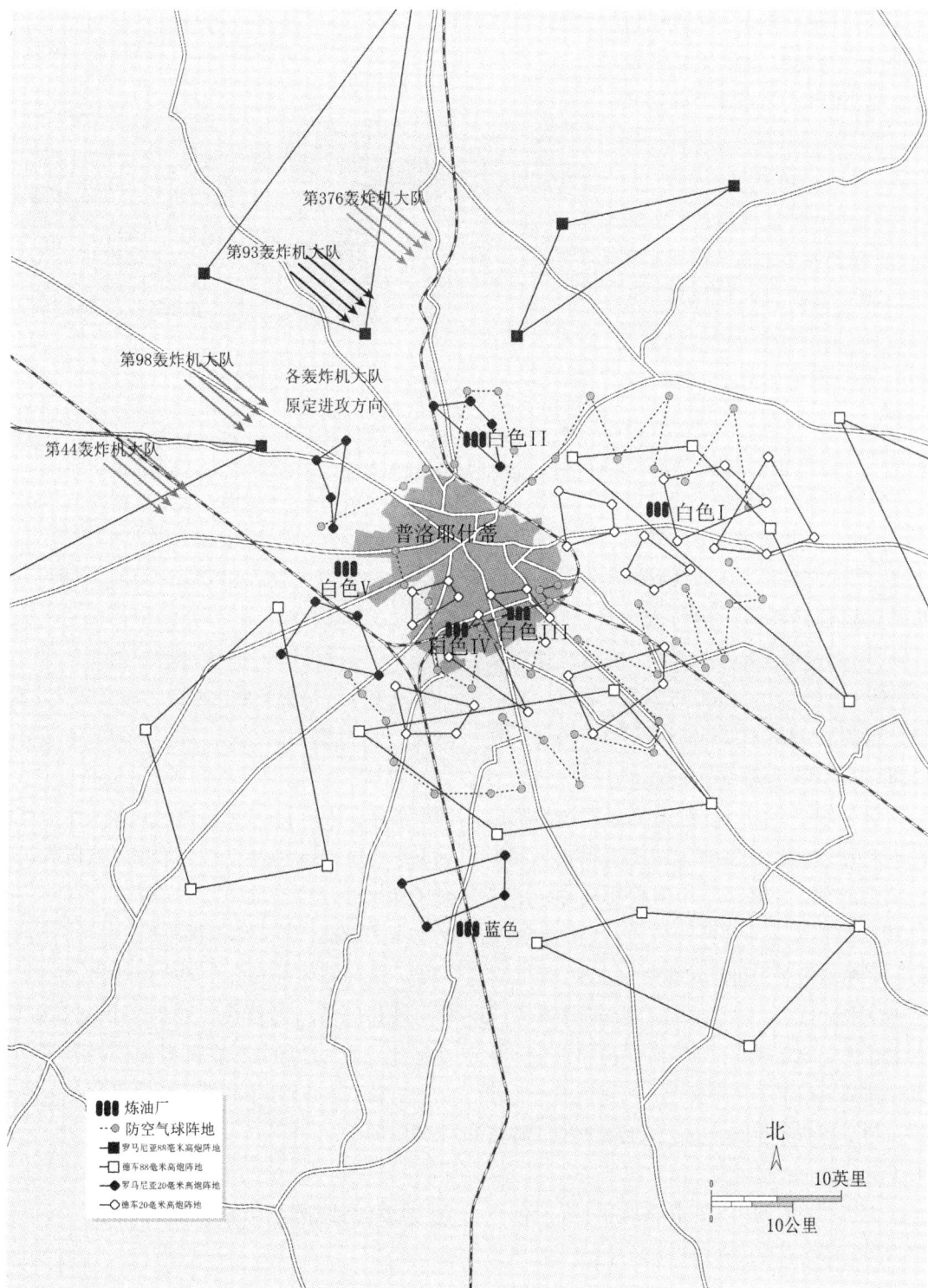

德军和罗马尼亚军队在普洛耶什蒂周围的布防图。①

① 该图援引自Steven J Zaloga. Ploesti 1943: The Great Raid on Hitler's Romanian Oil Refineries, Osprey Publishing, 2019：16.

1939年，罗马尼亚防空司令部进行重组，统一了高炮炮兵、战斗机中队以及指挥控制网络。整个罗马尼亚被分为三个防空区，第一空域为雅西，第二空域为克卢日-纳波卡，第三空域为布加勒斯特，显然普洛耶什蒂属于第三空域。1941年2月，德国高炮部队进驻罗马尼亚，双方在维蒂拉·戴维德斯库（Vintila Davidescu）将军的指挥下组建了石油地区军事联合司令部，统一管辖普洛耶什蒂地区的边境警察、宪兵、高炮部队和其他武装力量。普洛耶什蒂地区的高炮部队由阿道夫·格拉赫（Adolf Gerlach）指挥，他曾最初指挥高炮训练团，后来指挥第180高炮团。乔尔杰·图图里亚（Gheorghe Turtureanu）中校指挥的两个高炮营，包括7个75毫米口径高炮连和1个13毫米口径高射机枪连均归格拉赫指挥。

虽然普洛耶什蒂周围部署了大量的88毫米和20毫米口径高炮，不过作为补充，德国和罗马尼亚依旧部署了大量高射机枪，图中就是罗马尼亚军队列装的双联装7.9毫米口径水冷式高射机枪。

到了1941年夏天，罗马尼亚高炮部队已经扩大到9个团，约有691门高炮，其中一部分拨给野战军，组建了三个团级规模的高炮部队并按照驻扎地为部队命名——"布加勒斯特""摩尔多瓦"和"锡雷特"。1941年在对抗苏联轰炸机时，罗马尼亚高炮部队表现差强人意，由于缺乏现代化的火控系统和雷达，导致在作战中浪费了大量弹药。按照德国人的评估，到了1942年年底，罗马尼亚的防空装备依旧不足。

为了在短时间内增强普洛耶什蒂附近的防空力量，德国人直接在1942年1月向罗马尼亚提供军援，到了1942年夏季，普洛耶什蒂守卫的防空力量得到了极大增强，已经扩充到3个高射机枪连、12个20毫米口径高炮连、2个37毫米口径高炮连和2个75毫米口径高炮连、18个88毫米口径高炮连和两个探照灯连。到了1943年夏季，罗马尼亚国内共有66个重型高炮连，55个轻型高炮连，14个高射机枪连，10个探照灯连以及3个防空气球连。

1943年8月，罗马尼亚部署在普洛耶什蒂周围的防空力量为第5防空旅，该旅由伊昂·鲁迪亚努（Ion Rudeanu）上校指挥，包括第7防空团和第9防空团，这两个团都是用来补充德军高炮力量的。第7防空团部署在普洛耶什蒂周围，连同德军一起共有20个高炮连、4个探照灯连和1个防空气球连，第9防空团部署在普洛耶什蒂西北角的普拉霍瓦山谷，包括7个20毫米口径高炮连和6个88毫米口径高炮连以及2个探照灯连。

德军高炮防御力量

1940年10月，德国开始在罗马尼亚部署军队，用于保卫普洛耶什蒂以及其他要地，威廉·斯皮尔德（Wilhelm Spiedel）将军担任指挥，总部设在布加勒斯特郊区卢佩什齐（Lupeshtsi），最初是由高炮团、探照灯单位和战斗机单位组成。

1940年年底，第一支德军高炮部队进驻普洛耶什蒂——第180高炮团，该团一直到1944年都是保卫普洛耶什蒂的中坚力量。1941年年初，该团包括16个88毫米口径高炮阵地、7个20毫米口径高炮阵地和1个37毫米口径高炮阵地。

德国人来到普洛耶什蒂的第一件事就是在其东南方向30公里处制造了一个全尺寸假目标，该假目标专门用来对付夜间轰炸机。该目标规模与真实的普洛耶什蒂完全相同，不仅有街道，还有木头和帆布做的房屋模型，德国人甚至还安装了路灯。为了模拟普洛耶什蒂被击中时燃起的大火，德国人还挖了不少大坑，里面灌满燃油，可以远程点火燃烧。假目标周围还部署了探照灯，一旦敌机距离普洛耶什蒂120

公里时，德国人就会对普洛耶什蒂进行灯光管制，打开假目标的灯光，当敌机距离普洛耶什蒂60公里时，假目标周围探照灯就会打开，进行对空搜索。

这种假目标最初对付苏联空军的夜间轰炸很有效。1941年7月13日，苏联空军的轰炸机进行昼间轰炸时，编队从普洛耶什蒂东北方向闯入，而不是从东南方向飞越黑海，德军在7月底认为苏联已经得知了假目标的存在，所以在齐奥朗（Cioran）以西30公里处建造了第2个假目标。当苏联空军在8月开始轰炸普洛耶什蒂时，德国人开始使用第2个假目标。8月18日，苏联黑海舰队海军航空兵在轰炸普洛耶什蒂的过程中意外发现了第2个假目标，所以德国人在普洛耶什蒂以西7公里处修建了第3个假目标，3个假目标足以迷惑苏联飞行员，在整个夏季，苏联轰炸机对普洛耶什蒂的空袭效果并不好。

从1941年秋季开始，德军高炮部队开始进驻普洛耶什蒂，保卫这里的炼油厂。图中是德军一座40毫米口径高炮阵地，该阵地用于保卫罗马尼亚和保加利亚边境一座桥梁的安全，照片拍摄于1941年2月28日，地点在朱尔朱（Giurgiu）。

普洛耶什蒂附近的大型储油罐旁边的一座德军20毫米口径高炮阵地，1943年8月1日当天，普洛耶什蒂
附近众多的20毫米轻型高炮给美国陆航以极大杀伤。

1942年，德国空军开始在军列上部署105毫米口径和128毫米口径重型高炮，军列可以通过铁路在各个
目标之间快速机动，照片拍摄于1944年秋天，地点在普洛耶什蒂以北15公里的博尔代什蒂-斯克埃尼
（Boldesti-Scaeni）。

德国人预料到苏联未来可能对普洛耶什蒂发起空袭，1941年春天将守卫普洛耶什蒂的防空力量扩大到师一级水平，成立第10防空司令部，主要由约翰·西费特（Johann Siefert）将军指挥。该师由两个高炮部队组成——分别为普洛耶什蒂高炮部队和周边高炮部队（也称为伯伊科伊高炮部队），另有探照灯部队进行加强。普洛耶什蒂高炮部队主要负责普洛耶什蒂的防空，而周边高炮部队负责普拉霍瓦山谷通向普洛耶什蒂的西北侧空中走廊，主要集中在坎皮纳和伯伊科伊，每个高炮部队由多个高炮营组成，而1个高炮营则由5个高炮连组成，列装88毫米口径重型高炮的部队通常部署在距离普洛耶什蒂较远的地方，而列装20毫米或37毫米口径高炮的部队则部署在普洛耶什蒂周边，属于近距防空。

1941年夏季，德国将主力部署在普洛耶什蒂东侧和东南侧，主要是为了防范苏联轰炸机

的空袭，而罗马尼亚将主力部署在普洛耶什蒂西侧和西北侧。1941年9月1日，第10防空司令部改名为第10高炮师，由于东线战场战事吃紧并且苏联对普洛耶什蒂的威胁逐渐减弱，德国人便将第10高炮师拉到东线，而防守普洛耶什蒂的任务则交给罗马尼亚人，从1942年1月开始，德国陆陆续续将一些阵地和物资设备移交给罗马尼亚，1942年5月，第10高炮师并入南方集团军群，但还是留下180人在普洛耶什蒂。

按照罗马尼亚的说法，1942年6月12日的"哈尔巴逊"行动并没有对普洛耶什蒂造成什么损失，但却引起了布加勒斯特和柏林方面的恐慌，德国人立即开始对普洛耶什蒂周围的防空力量进行重组和加强。1942年2月，阿尔弗雷德·格斯滕贝格将军成为德军驻罗马尼亚最高指挥官，他认为虽然13架B-24D轰炸普洛耶什蒂不痛不痒，但却是未来大规模轰炸普洛耶什蒂的一次彩排，格斯滕贝格将军在第一次大战时期

普洛耶什蒂周围部署的重型高炮连使用的炮瞄雷达。

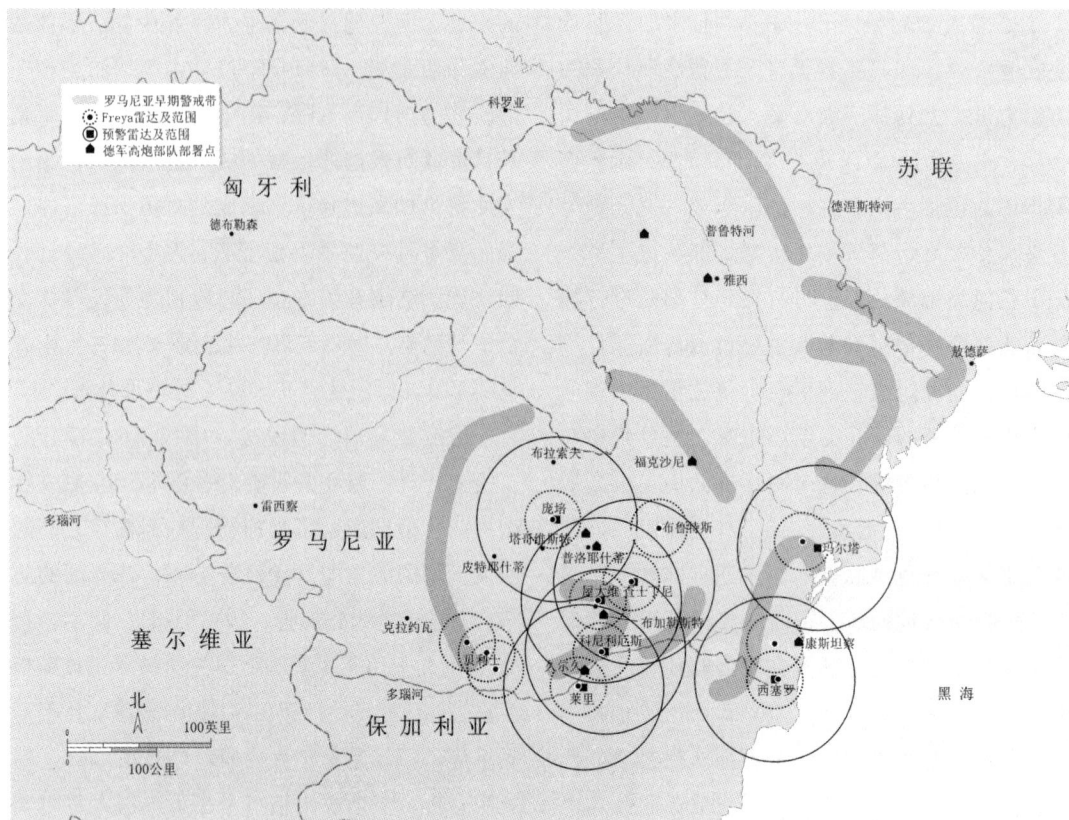

罗马尼亚主要经济与军事目标附近的防空力量布署图。①

与德国空军元帅赫尔曼·戈林是亲密的战友，因此他在德国军界有相当大的影响力，他让柏林和布加勒斯特相信，1943年盟军一定会对普洛耶什蒂进行大规模轰炸，如果想保全德国的石油命脉，普洛耶什蒂需要更复杂、更严密的防御，不仅需要额外的高炮和战斗机部队，而且需要现代化雷达的综合防空网络，此外普洛耶什蒂周围炼油厂增设防爆墙，尽量减小轰炸的破坏效果，各炼油厂增设了消防队，格斯滕贝格将军还建议将普洛耶什蒂的防御统一纳入德国空军的指挥之下。

1943年6月17日，罗马尼亚与德国签订协议，为了获取罗马尼亚的燃油经营特许权，德国方面承诺保卫普洛耶什蒂以及附近的普拉霍瓦山谷，罗马尼亚将控制权拱手让给德国人。经过讨价还价，希特勒决定加强德国空军在罗马尼亚的高炮部队力量，朱利斯·库德纳（Julius Kuderna）少将指挥的第5高炮师进驻普洛耶什蒂，使用的高炮阵地就是之前第10高炮师遗留下来的阵地。经过一段时间的建设，重型高炮炮台逐步配备了"维尔兹堡"火控雷达，可以在夜间直接引导探照灯对空搜索，也可以引导高炮对空射击。到了1943年夏天，德国人已经在普洛耶什蒂周围部署了9座"维尔兹堡"火控雷达站，后来又增加了6个监测站。

德国人为了增强普洛耶什蒂的防空力量，甚至在军列上加装了重型105毫米和128毫米口径高炮，这种高炮列车方便机动，可以通过

---

① 该图援引自Steven J Zaloga. Ploesti 1943: The Great Raid on Hitler's Romanian Oil Refineries, Osprey Publishing, 2019：22.

铁路机动部署，大部分时间停靠在普拉霍瓦山谷附近的火车站以及普洛耶什蒂西北侧的布达（Buda）。在1943年8月1日，B-24机群轰炸普洛耶什蒂时，第98轰炸机大队和第44轰炸机大队确实与这辆高炮列车展开了激战，后文会详述。

德国和罗马尼亚在普洛耶什蒂周边部署的被动防御设施包括防空气球和烟雾发生器，德国人使用的"空中飞人"-102型防空气球需要注入200立方米氢气，气球可上升到1800米至2500米高度，气球下方的钢索可拦截和切断敌机机体。1942年10月，德国人将部署防空气球的任务交给罗马尼亚第3气球营，罗马尼亚人一共在普洛耶什蒂周边部署了3道气球屏障，分别位于普洛耶什蒂北侧（1道）和南侧（2道），当时第3气球营手里共有58套气球，到了1943年

7月，由于设备保养问题，只有18至28个气球能投入使用，到了8月1日，共有41个气球投入使用。普洛耶什蒂周围共有4个烟雾发生器阵地，一旦启动可释放大量烟雾笼罩整个城市，干扰敌方轰炸机投弹。不过一旦烟雾发生器启动，己方的高炮阵地以及光学瞄准器材都会受到烟雾干扰。

1943年8月1日"浪潮"行动开始时，德国和罗马尼亚在普洛耶什蒂周围部署了36个重型高炮连，共有164门88毫米口径和105毫米口径高炮，16个轻型高炮连，共有210门20毫米口径和37毫米口径高炮，其中第5高炮师就包括了5个轻型高炮连（42个高炮阵地）、5个重型高炮连（32个高炮阵地）。有人声称普洛耶什蒂拥有当时欧洲最强大的防空系统，强度堪比柏林和鲁尔工业区。

罗马尼亚空军列装的 IAR 81 型战斗机，照片中这些战斗机隶属于罗马尼亚空军第 6 大队，该大队参与了 8 月 1 日拦截美国轰炸机编队的战斗并取得了一定战果。

1943 年 8 月 1 日德国/罗马尼亚高炮部队兵力和消耗弹药情况

	高炮连数量	高炮数量	消耗炮弹数量
罗马尼亚 20 毫米/37 毫米高炮	6 个	78 门	19471 发
德国 20 毫米/37 毫米高炮	10 个	132 门	36800 发
总数	16 个	210 门	56271 发
罗马尼亚 88 毫米高炮	15 个	68 门	1452 发
德国 88 毫米高炮	21 个	96 门	2100 发
总数	36 个	164 门	3552 发
共计	52 个	374 门	59823 发

普洛耶什蒂空中防御力量

普洛耶什蒂的空中防御力量主要是罗马尼亚皇家空军和德国空军，前者负责防御普洛耶什蒂西部的空域，而后者负责防御普洛耶什蒂东部空域。罗马尼亚皇家空军在普洛耶什蒂部署了 4 个昼间战斗机中队和 1 个夜间战斗机中队，包括隶属于第 4 战斗机大队的第 45 战斗机中队以及隶属于第 64 战斗机大队的第 61 和第 62 战斗机中队。罗马尼亚有两个中队列装了当时最先进的 Bf 109G-2 和 Bf 110 战斗机并与德国空军共享基地。不少德军飞行员看不上罗马尼亚人，认为他们都是纨绔子弟，飞机保养得特别差，每次拿到新飞机，还要让东正教牧师"开光"，而那些驾驶 IAR 80 型战斗机的罗马尼亚飞行员则被戏称为"吉普赛人"，他们被认为是富有侵略性和胆识的飞行员。

德国空军战斗机部队首次驻扎罗马尼亚是在 1941 年年初，当时是戈特哈德·汉德里克（Gotthard Handrick）少校指挥的第 52 战斗机联队三大队（III./JG 52），由于当时驻扎在普洛耶什蒂，因此该中队又被称为"石油守护中队"，该中队参与了 1941 年夏季拦截苏联轰炸机空袭普洛耶什蒂的作战行动。1941 年至 1943 年，德国空军不少战斗机单位在普洛耶什蒂进行轮换，有一些是在乌克兰经过血战后修整和重建的。到了 1943 年夏天，普洛耶什蒂周围已经拥有 3 个昼间战斗机中队和 2 个夜间战斗机中队。

昼间战斗机中队大部分列装的是 Bf 109G-2 战斗机，还列装了少量的 Bf 109G-6 战斗机，夜间战斗机中队列装的是 Bf 110E 和 Bf 110F 战

扬·安东内斯库和罗马尼亚空军司令埃尔米尔·乔治乌（Ermil Gheorghiu）正在视察战斗机部队飞行员，照片拍摄时间是 1943 年 7 月 2 日，照片中所有飞行员均在东线参加过战斗。

1943年8月1日罗马尼亚空军接到警报之后，一名飞行员坐在 IAR 80/81 战斗机座舱内等待起飞命令，随时准备拦截美国轰炸机编队。

斗机。格斯滕贝格将军认为盟军很有可能派出英国皇家空军轰炸机采用夜间轰炸的方式空袭普洛耶什蒂，因此他煞费苦心地建立了一支夜间战斗机部队，1943年夏天，赫尔曼·利特耶（Hermann Lutje）领导的第4夜间战斗机联队四大队（IV./NJG.4）部署至普洛耶什蒂。

根据罗马尼亚方面的记录，1943年8月1日，普洛耶什蒂周围共有108架战斗机，其中罗马尼亚57架，德国51架。陆航轰炸普洛耶什蒂时由于是周日，不少飞行员都已经休假离开了基地，因此德国和罗马尼亚共出动57架（罗马尼亚31架，德国26架）战斗机拦截美陆航轰炸机编队。

轰炸机编队在进出保加利亚领空时遭到了保加利亚空军的拦截，后者包括第6战斗机团，该团分为三个联队，每个联队包括三个中队，其中两个联队列装的是老旧的捷克斯洛伐克 B.534双翼战斗机，第3个联队正在换装先进的 Bf 109G-2战斗机。由于B.534双翼战斗机没有安装供氧系统，因此作战高度十分有限。

较为完整的防空指挥体系

驻扎在罗马尼亚的德国空军力量是德军在欧洲东南部军事网络的重要组成部分，并与周围的塞尔维亚、保加利亚和希腊的指挥系统紧

普洛耶什蒂周围的发烟装置，像这样的发烟装置在普洛耶什蒂周围共部署了几百个，不过一旦烟雾发生器启动，己方的高炮阵地以及光学瞄准器材也都会受到烟雾干扰。

密联系在一起。这个指挥网络，其最重要的作用是为德国提供早期空袭预警。德国人的无线电监听站负责监听盟军航空兵的无线电信息，这些监听站位于地中海东部区域，他们负责将监听到的信息报告给位于希腊雅典附近的无线电情报机构，该机构负责破译这些信息。位于克里特岛上的一个无线电监听站专门负责监听盟军位于北非的无线电频道，时刻监听第九航空队的无线电信息。

受困于当时的电子技术，当时的雷达可靠性并不高，德国人使用的预警雷达不是全天开机，只是在有需要的时候才会启动，所以保留了很多传统的预警方式，比如人工观察哨。当时第九航空队派出轰炸机机群轰炸普洛耶什蒂时，最先预警的正是德军无线电情报机构，通过监听和分析无线电，发觉盟军将有大规模军事行动。

整个1943年，为了应对来自北非的盟军

德军在萨福迪卡（Saftica）附近安装的FuMG.65型雷达，该雷达主要用于引导己方战斗机对轰炸机编队进行拦截。

轰炸机编队，德国人一直在巴尔干半岛部署远程雷达，扩大雷达搜索网络。1943年8月1日美国陆航轰炸普洛耶什蒂时，轰炸机编队刚刚飞离阿尔巴尼亚领空，部署在保加利亚的雷达站就发现了这支轰炸机编队。1942年6月"哈尔巴逊"行动之后，德国人在巴尔干半岛开始建立一个综合防空网络，通过使用雷达指挥战斗机部队和高炮部队，对盟军轰炸机编队进行拦截。此次轰炸普洛耶什蒂，美国陆航之所以付出如此惨重的代价，主要还是因为德国人及时发现轰炸机编队并进行了预警，普洛耶什蒂周围的高炮部队和战斗机部队早已经做好了战斗准备，美国人原本计划采用超低空轰炸的方式来一次突袭，但这一计划在德国人富有成效的防空网络前成为泡影。

德军在萨福迪卡附近安装的FuMG.65型雷达（左侧）和Freya-EGON雷达（右侧），前者主要用于追踪敌方飞机，后者主要用于追踪引导己方战机，这套雷达截击系统是在1944年引入的。

第四章　飞向目标

8月1日黎明到来之前，班加西附近的沙漠里突然显露出勃勃生机。在各个轰炸机大队基地里，凌晨两点钟的闹钟将地勤人员叫醒，他们穿好工作服，将飞机推了出来，各个机组被刺耳的吉普车喇叭声吵醒，很多机组成员昨晚压根就没睡着。2时15分，大家准时开始吃早饭，对于那些心理素质不错的人来说，这顿早饭还算丰盛，有鸡蛋和培根，而那些心理焦虑的人则认为这顿饭是他们最后的早餐。

起飞前最后几分钟，各个大队进行了最后一次简短的会议，大家在会议上听取了简报。贝克上校对第93轰炸机大队各机组说，这次任务是人类有史以来规模最大的空袭行动，也可能是最艰难的一次任务，但是他相信大家能圆满地完成此次作战行动。一名领航员说："如果你和耶尔克（Jerk）没把目标摧毁怎么办？"贝克上校回答："那不可能，如果我的座机被击落，你们也要帮我把目标摧毁。"

第44轰炸机大队第68轰炸机中队的小帕特里克·麦卡迪（Patrick McAtee Jr）中士是该中队B-24"飞行之翼与祈祷者"号（WING AND A PRAYER）上的机枪手，他在听取简报时穿上了礼服，而不是飞行夹克，大家问他为什么要这么做，他说这次任务可能会很艰难，万一自己的座机被击落了，德国人找到他的遗体时，身穿礼服的他要让德国人知道自己是一位美国陆航英雄。

罗伯特·莱恩豪森检查了机组分配名单，发现自己被分配到B-24"纳奇兹·贝尔"号（NACHEZ BELLE）上，该机驾驶员为尤尼斯·香农，该机组实战经验不足，副驾驶由于身患疟疾不能参加战斗，所以由莱恩豪森担任该机副驾驶员，莱恩豪森将会配合香农保持队形飞行并完成作战任务。汤姆·霍姆斯试图为另外一架B-24找到一名合适的飞行员，但大队里已经没有多余的人手了，为了完成任务，霍姆斯将自己的名字填到机组分配名单里，他的座机就是上文提到的B-24"飞行之翼与祈祷者"号。

1943年8月1日，北非沙漠中的日出。

几乎所有人都给家里写了信，信就压在自己的床铺下，即使自己回不来，基地的人也能帮他们寄出，有些人将身上的钱留给了牧师，用来支付教堂租金，有些人则将赌债赶紧还清，不少人都在考虑这个礼拜天会发生什么。第389轰炸机大队的理查德·布里特（Richard Britt）中尉说："有时候一旦有大事发生，年轻人的思想都会变得高尚起来，虽然我们可能战死，但确是为了一场伟大的胜利，我们的牺牲会拯救更多的生命，这就是我们的使命，我们相信我们不长的生命所实现的价值比其他人一生都要多！"

8月1日是第98轰炸机大队的罗伊·麦克拉肯（Roy McCracken）中士的生日，他想知道生日这一天上帝会带给他什么，他只希望好运气能一直陪着他，希望明年还能过23岁生日。沃尔特·斯图尔特这位坚定的天主教教徒认为他们都是上帝制订的庞大计划中的一部分，这个计划在人类诞生之前就开始了。

5个轰炸机大队共有1700余人，在沙漠中训练了将近两个月就为了这一天，他们为自由而战，为正义而战，一旦摧毁普洛耶什蒂周围的炼油厂，按照预期，战争进程将会缩短6个月。即将奔赴普洛耶什蒂的官兵们，他们每个人至少有那么一丝片刻时间在思索自己的内心与梦想，依靠自己的勇气、责任和对国家的忠诚来面对8月1日所发生的一切。一名领航员转过头看到一轮红日刺破地平线，缓缓升了起来，阳光穿过薄雾和沙尘照在他脸上，他想起了老一辈常说的一句话："清晨见红日，远航的水手就要小心了。"

卡车将机组成员从营地运往停机坪，第98轰炸机大队的沃伦·基德（Warren Kidder）中士是B-24"罗茜杀死他们"号（ROSIE

1943年8月1日凌晨，机组成员准备进入B-24机舱，迎接他们的将是一场恶战。

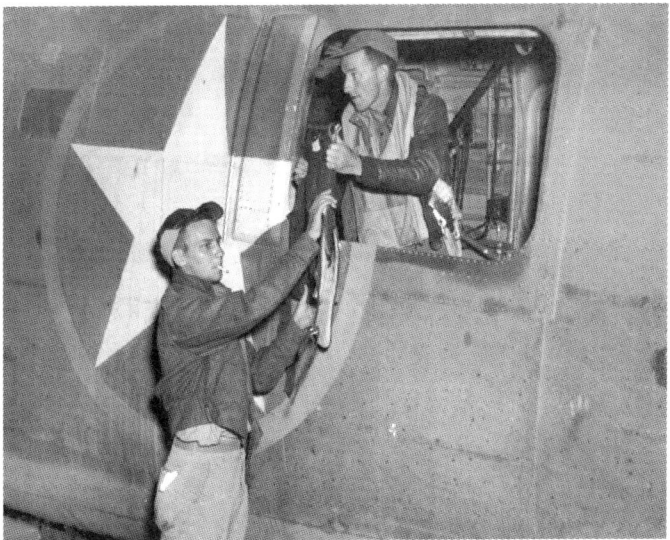

1943年8月1日凌晨，第376轰炸机大队第512轰炸机中队的B-24"探矿杖"号（DOOD LEBUG）机组成员正在补充自卫机枪子弹，飞机外面的是机枪手约瑟夫·塔穆莱维齐中士，机舱内是无线电操作员威廉·乔丹（William Jordan）中士。

WRECKED EM）机背顶部炮塔机枪手，他和第93轰炸机大队的乔治·劳尔（George Lawlor）中士坐在同一辆卡车上，劳尔是B-24"基卡普人"号的一名机组成员，两人跳下卡车，劳尔对基德说："嗨，哥们儿，今天我们可能要遇到点麻烦事了！"

机组成员还未钻进B-24轰炸机时，那些默默无闻、疲惫不堪的地勤人员依旧在忙碌着，整整一晚他们都没有休息，他们还在维护着飞机。地勤人员为飞机加满燃油，将重磅炸弹小心翼翼地挂装进B-24硕大的炸弹舱内，用抹布擦拭着自卫机枪的供弹链防止战斗时机枪卡壳，将几箱英国产的马克Ⅲ型燃烧弹搬进机舱，机枪手对地面射击时，从舷窗往外扔燃烧弹说不定能点燃炼油厂储油罐。

距离起飞的时间越来越近，地勤人员开始撤下B-24机身上的防水布，再擦拭一遍轰炸机的风挡，每一名地勤都在担心他们负责维护的飞机能否平安归来。虽然地勤不用直接面对德国人，但他们的工作直接关系到机组成员的生命安全以及任务能否顺利完成。轰炸机起飞后的几个小时内，飞机能否正常飞行，机上的设备能否正常运行都取决于地勤人员工作的好坏，他们必须保证飞机在战斗中能将自身性能完美地发挥出来。

各机组的副驾驶员开始为机组成员分发救生装备，救生包内包括一幅涂了油的巴尔干半岛丝绸地图、一个小指南针、罗马尼亚和希腊纸币、20美元、一块价值5美元的英国金币和一本罗马尼亚短语小册子。有些人希望自己能平安归来，用救生包里的钱和金币在开罗好好爽一把，也有些人怀里揣着自己购买的小指南

地勤人员正在擦拭B-24"探矿杖"号的座舱玻璃。

针，万一被击落跳伞，这玩意说不定能保命。菲利普·阿德里上尉看到机组成员装了这么多指南针说："……如果真被击落，唯一的出路就是向北走。"

机组成员开始进行飞行前的例行检查工作，他们检查了自卫机枪、发动机、仪表并与地勤人员交谈了一会。结束飞行前的检查工作

第376轰炸机大队领队机——B-24"泰姬·安"号机组成员乘坐卡车来到停机坪，机组人员准备登机。

B-24 "探矿杖" 号飞行员约翰·麦卡蒂（John McAtee）中尉正在穿着防弹背心。

嘴里叼着香烟的是"泰姬·安"号副驾驶员拉尔夫·汤普森（Ralph Tompson）上尉，他正在帮恩特准将穿着防弹背心，最右侧为第376轰炸机大队指挥官康普顿上校。

第376轰炸机大队的B-24 "啤酒厂货车" 号机组成员正等待登机。

后，地勤人员抓住螺旋桨转动了几圈，将废油从发动机油缸里排出来，一切工作结束后，地勤人员开始远离飞机，保持在安全距离之外，点燃一支烟，等待着最后的起飞，对于很多机组成员来说，这可能是他们最后一次见面了。

B-24 "锅炉制造者II" 号（BOILERMAKER II）全体机组在飞机上开了一个短会，该机飞行员为泰德·海林（Ted Helin）中尉，机上所有人将团结一致，完成任务，"人人为我，我为人人"。海林从驾驶舱探出头，瞥了一眼机舱下方的第44轰炸机大队艺术画——一只黑猫正弓着背坐在8号黑球上，希望他们的好运气能维持下去。

第376轰炸机大队的约翰·帕尔姆（John Palm）中尉由于自己的座机"啤酒厂货车"号正在修理，害怕不能驾驶座机参战的他心情非常不好，他朝自己的座机扔了一把沙子和碎石发泄心中的不满。盖伊·霍尔特（Guy Holt）正在B-24"乔伊的住宅区"号（JOEY UPTOWN）驾驶舱进行准备工作，一位朋友走进飞机祝他一路顺风，简单聊了几句之后，他交给霍尔特一包东西，霍尔特接过之后打开它，发现里面

是一面丝绸制成的小小的美国国旗，霍尔特小心翼翼将国旗叠好，放在自己的口袋，他要把这面国旗带到普洛耶什蒂上空。

凡是感染严重疟疾的官兵是无法参加这次战斗的，由于缺少人手，不少身染疟疾但症状较轻的官兵依旧要参加战斗。第389轰炸机大队的弗兰克·麦克劳克林（Frank McLaughlin）中尉回忆："我们大队的投弹手里奥·特拉维斯（Leo Travis）就感染了疟疾，但是他依旧想参加战斗，我没办法阻止他，所以他拿着几个空的机枪弹弹药箱上了飞机，那些铁质弹药箱在他拉肚子的时候可以充当马桶应急。"

第376轰炸机大队三架B-24，从左到右依次为"啤酒厂货车"号、"沙漠莉莉"号和"呦吼呦吼"号，其中"啤酒厂货车"号被击落，"沙漠莉莉"号放弃任务返航，而"呦吼呦吼"号则在地中海上空坠毁。

第376轰炸机大队第515中队的三架B-24，从左到右依次为"密友-V"号、"多佩·戈德堡"号和"乔伊的住宅区"号。

第93轰炸机大队的罗素·朗格内克（Russell Longnecker）中尉原本是B-24"闪电怪脸"号（THUNDERMUG）一名副驾驶员，但是由于飞行员感染疟疾病得很重，因此朗格内克中尉由副驾驶员变成飞行员，唐纳德·琼斯（Donald Jones）中尉也遇到了类似的情况，他也是一名副驾驶员，只参加过两次战斗，但现在却让他操纵飞机，底气明显不足。朗格内克和琼斯以前从没单独驾驶过起飞重量接近极限的B-24，不过他们依旧迎难而上，毅然决然钻进了驾驶舱。

第93轰炸机大队的乔治·瑞比齐（George Rebich）感染疟疾后病得很重，他无法驾驶轰炸机飞行13个小时或更长时间，不得不在基地内休息，由詹姆斯·比姆（James Beam）接替他驾驶飞机。第44轰炸机大队B-24"冒失鬼II"号（SAD SACK II）机组还未登机，因为他们正在等待无线电操作员，后者由于感染疟疾已经病得无法下床，汉克·拉斯科（Hank Lasco）当时很着急："我们的无线电操作员还没出现，我们都很着急，他昨晚因为腹泻严重而住院，机组需要一个替代者，否则整个机组便无法出发。突然间，一辆吉普车开了过来，一名替补无线电操作员跳下车，和我们钻进飞机，经过自我介绍，我们知道他叫小约瑟夫·斯皮维（Joseph Spivey Jr），我们关上舱门，准备出发。"

第44轰炸机大队B-24"老乌鸦"号机身中部机枪手马克·莫瑞斯看了看自己前不久刚在班加西买的一块手表，表盘显示时间是4时50分（格林尼治时间），启动发动机到起飞需要5分钟。他没有时间去考虑接下来发生什么，5分钟足够做一次简短的祷告了，真希望自己能安全返回基地。

沙漠另一头传来熟悉的命令："3号跑道已经清空！"各飞机开始启动增压泵，燃油通过增压泵注入发动机气缸，火花塞点火，发动机立即传来低沉的轰轰声，排气管喷出阵阵浓烟。712台普特拉-惠特尼发动机全部转动起来后，先是一阵低语，随后爆发出狂躁的咆哮声，发出阵阵声浪。恩斯特·福格尔（Ernest Fogel）关上舱窗，大吼一声："出发！"麦克弗森（McPherson）看了一眼飞机发动机，确定发动机运行状态完好，飞机准备起飞滑行前，麦克弗森上前与福格尔握手，对他说："祝你好运，我会为你们祷告，把我这架该死的B-24

第376轰炸机大队领队机——B-24"泰姬·安"号，大队指挥官康普顿上校和恩特准将就在该机上。

第376轰炸机大队第515轰炸机中队的B-24D"密友-V"号，该机驾驶员为杰罗姆·杜福尔中尉，机组成员正在登机，飞机发动机已经启动，螺旋桨产生的气流吹起大量尘土。

飞回来！"随后麦克弗森从炸弹舱下方穿过飞机，跑到B-24左侧，向福格尔挥手告别。

第44轰炸机大队B-24"爆炸事件"号（BLASTED EVENT）在起飞之前发现炸弹舱油箱发生泄漏，本来还想参加战斗，现在看来只能放弃了。但是地勤人员灵机一动，立即拿来一个军用水壶，把软木瓶塞拔了出来塞到油箱漏洞，问题就这么解决了。"老乌鸦"号开始滑行时，前轮轮胎突然瘪了，地勤人员立即拿来千斤顶和扳手，用创纪录的最短时间更换了新轮胎。第389轰炸机大队一架B-24"妈妈打包手枪"号（PISTOL PACKIN MAMA）发动机突然出现故障，地勤人员来不及进行修理，机组只能换乘另一架B-24"查塔努加火车"号（CHATTANOOGA CHOO CHOO）执行任务，看着机身上被高射炮打穿的补丁，飞行员罗伯特·奥莱利（Robert Rielly）中尉觉得这架飞机应该改名叫"借来的时间"号。

当指挥所墙上的钟表指针指向4时整时，一颗绿色信号弹划破天际，这是起飞的信号。各大队领队机的飞行员将节流阀推到最前方，四台发动机立即咆哮起来，输出最大功率，B-24开始缓慢向前滑行，每架B-24上载有10名机组成员，装载了约1.2万升高辛烷值燃油和2吨炸弹，起飞重量超过29吨，能操纵这么重的轰炸机飞起来十分具有挑战性。他们下定决心要炸毁普洛耶什蒂，要么成功，要么战死。

笨重的B-24开始缓慢向前滑行，虽然速度很慢，但一直慢慢加速，空速表上的指针缓缓向上跳动，副驾驶员的眼睛紧盯着各个仪表盘，尤其是空速表，当速度升至156公里/小时时，B-24那沉重的机翼开始有了反应，"100，110，120，准备离地！"[1]当速度增至210公里/小时时，B-24开始缓缓抬离地面，随后开始了漫长的爬升过程。

安德伍德中尉将B-24"北极星"号节流阀推到最前方，飞机起飞后，投弹手罗伯特·朱迪曾回忆："我们当时有些担心，因为飞机确实

---

[1] 这里的数字单位为英里。

太重了，我站在格伦·安德伍德以及飞行工程师中间，飞机起飞后，我终于长舒一口气。刚刚爬升不久，飞机突然开始向左倾斜，有坠机的倾向，格伦·安德伍德立即拼尽全力操作飞机，情况有所缓解。"安德伍德中尉试图找到问题所在，突然间他注意到飞机尾翼上的配平片并未设置到"起飞"这一档，很显然是飞行工程师在昨天进行第二遍确认时遗漏了这里，安德伍德将配平片拨到"起飞"档，飞机立即恢复正常，奔向普洛耶什蒂。

178架B-24按照次序有条不紊地排队起飞，庞大的机群向着天际线飞去。所有人都想尽快完成任务，然后返回基地。第389轰炸机大队一架B-24在滑行准备起飞时，飞行员突然拒绝这次任务，此时已经没有时间找另一名飞行员来替代他了，最终这架轰炸机并未参加轰炸普洛耶什蒂的任务，整个大队为这名飞行员感到羞耻。不过颇具讽刺意味的是，这名飞行员后来驾驶飞机返回英国途中，他和几名机组成员以及座机在比斯开湾上空失踪。

第98轰炸机大队的罗伯特·内斯波

（Robert Nespor）中尉驾驶B-24"基卡普人"号（KICKAPOO）轰炸机起飞，他原本已经要退役了，战斗飞行时间已经达到了300小时，但他向第93轰炸机大队恳求，希望能给他一个机组，让他再执行一次作战任务。当"基卡普人"号爬升准备跟上编队时，4号发动机突然熄火，发动机转速指针急剧下降，最后降为零。内斯波和副驾驶员约翰·莱利（John Riley）中尉忙得不可开交，立即机头向下保持空速，调整机身姿态，关闭燃油开关，将节流阀缓缓向后拉，然后快速让4号发动机顺桨。为了减轻飞机重量，内斯波将所有炸弹投到地中海里。飞机转掉180°花了很长时间，最后他们飞回了第98轰炸机大队基地，准备进行紧急着陆。内斯波为了避免撞上正在起飞的飞机，特意压低机头，但他的飞机太重且高度太低，一侧机翼直接撞到混凝土制成的电线杠上。

基地内回响着撞击的声音，能听见机身铝片相互挤压和摩擦声，飞机坠地后，燃油从油箱中喷出，随后被火花点燃，"基卡普人"号轰炸机立即变成一团火球，尤金·加纳德

第376轰炸机大队"呦吼呦吼"号已经起飞，几小时之后该机在地中海上空坠毁，机组成员全部阵亡。

(Eugene Gardner) 中士、领航员罗素·波立夫卡 (Russell Polivka) 侥幸从飞机中爬出，虽然伤得很重，但活了下来，其他人则被活活烧死。基地中的大火立即引起轰炸机编队的注意，不少人发出惊呼："万幸不是我们！运气坏透了！行动一开始就这样！我的天哪！""基卡普人"号轰炸机是此次行动中第一架坠毁的飞机，但很可惜，这仅仅是一个开始。

作为第98轰炸机大队的领队机，诺姆·惠伦 (Norm Whalen) 中尉在B-24"哥伦比亚万岁"号 (HAIL COLUMBIA) 座舱里看到了地面上燃烧的残骸，但是他并不知道那是他之前的座机，也不知道他的好友内斯波在最后一刻为了拯救座机和机组成员所付出的一切。经过将近一个小时的时间，5个轰炸机大队的所有B-24全部起飞，在基地上空组成庞大的编队，编队穿过利比亚位于托尔卡 (Torca) 的海岸线，向普洛耶什蒂方向飞去，机翼下方则是碧蓝的地中海。作为编队的前卫，康普顿上校和恩特准将乘坐B-24"泰姬·安"号在空中指挥作战，也就是说第376轰炸机大队排在编队最前方。"泰姬·安"号后面紧随的是贝克上校及其他指挥的第93轰炸机大队编队，紧跟第93轰炸机大队的是凯恩上校指挥的第98轰炸机大队编队，紧随

其后的是利昂·约翰逊上校指挥的第44轰炸机大队编队，他本人乘坐B-24"苏瑞Q步"号，排在最后的是杰克·伍德上校指挥的第389轰炸机大队编队。

轰炸机编队刚刚离开海岸线，几架飞机就开始出现问题，第376轰炸机大队借给第93轰炸机大队的一架B-24"冰霜杰克"号 (JACK FROST) 机翼油箱开始漏油，这对于机组成员以及飞机来说是十分危险的。这架B-24的飞行员立即将所有炸弹扔到海里，飞机立即返回基地，不过经过地勤人员检查，发现飞机机翼油箱根本没漏油，只是当时加油加得太多溢出罢了。

随着行动在进行，第九航空队司令部向航线沿途盟军广播，说附近出现大批盟军空降兵。这条消息只是为了提醒友军附近可能有军事行动，避免误伤之类事件发生。像往常一样，8月1日早上，德国人正在进行无线电监听，位于希腊的一个新设立的监听站截获了这份电报，但是盟军不知道的是德军已经破解了密码，现在德国人知道了盟军正有一支庞大的编队飞向地中海，或许是轰炸机，或许是伞兵，也有可能是其他什么空中单位，总之盟军正在采取军事行动，并且规模很大。为了计算

第98轰炸机大队B-24"基卡普人"号返回北非基地降落时撞击到的混凝土电线杆。

B-24"基卡普人"号坠毁现场，场面十分惨烈。

盟军可能的目的地，德国情报部门针对盟军大型飞机的作战半径，在地图上大致画了一个圈，圆圈里包括意大利、奥地利、罗马尼亚和希腊。德国人立即向这些国家的所有重要军事目标发送电报，提醒当地驻军，盟军可能会有重大军事行动。

在第93轰炸机大队B-24"欧洲季风"号（EUROCLYDON）上，哈沃德·迪克森（Howard Dickson）中尉为了打发时间，拿出一本书仔细品读，迪克森中尉是大队文职官员，本身不用执行作战任务，但是他已经和兄弟们执行了约20次作战任务。此前执行任务时，迪克森中尉都会带一本书，这次他带了一本莎士比亚的《皆大欢喜》，在阅读中时间会很快过去。在B-24"蛇眼"号（SHAKE EYES）上，飞行员希拉里·布莱温斯（Hilary Blevins）中尉将飞机交给副驾驶詹姆斯·奥格雷迪（James O'Grady）中尉驾驶，自己则靠在座椅上，拿出一本平装书读了起来。布莱温斯和"蛇眼"号来自第98轰炸机大队，而包括副驾驶在内的其他几名机组成员则来自第93轰炸机大队，此次任务他们被分配给第98轰炸机大队，主要是该大队由于疟疾和人员轮换人手不够造成的。

轰炸机编队离开海岸线两小时后，各轰炸机基本已经消耗了1700升燃油，此时飞机全重已经比起飞时轻了约1.13吨，飞行员开始调整飞机和编队，飞行工程师开始在各个油箱中调整燃油，维持飞机平衡。

"锅炉制造者Ⅱ"号的机组成员想到了一个妙计，他们决定先使用炸弹舱中两个油箱内的燃油，其中一个油箱燃油使用完毕后可以丢弃，但另外一个油箱不具备丢弃功能。由于两个油箱内充满了燃油，被敌机或高炮命中后很容易殉爆，因此一个油箱空了之后，机组成员决定打开灌装盖，把几个小型灭火器塞进空油箱，万一油箱被击中，灭火器也会被击中，可以第一时间进行灭火，防止油箱殉爆，虽然这种方法没经过实战检验，但这种想法却很新颖。

在第98轰炸机大队B-24"女巫"号驾驶舱里，朱利安·达林顿正在驾驶飞机，飞行工程师劳埃德·布里斯比（Lloyd Brisbi）中士在机舱里踱步，他对达林顿说："如果你觉得可以，我想把一个灭火器扔到油箱里，或许可以防止殉爆。"达林顿说："去吧，不会有事的。"

第98轰炸机大队的编队的B-24"利尔·乔"号（LIL JOE）的燃油消耗量有点大，飞行工程师发现一处阀门出现泄漏，损失了大约800加

B-24"基卡普人"号坠毁现场。

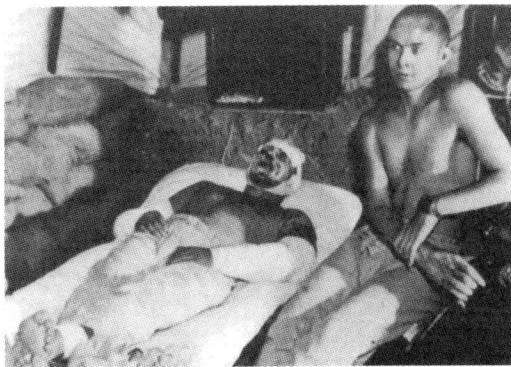

B-24"基卡普人"号两名幸存人员，躺下的是"基卡普人"号领航员罗素·波立夫卡，另一人为尤金·加纳德中士。

仑燃油。经过简单计算，机组发现如果飞到普洛耶什蒂上空参加战斗，剩余燃油无法返回基地，但"利尔·乔"号依旧坚持保持编队飞行，即使这是一次单程飞行，整个机组也要参加战斗。

在第44轰炸机大队的编队里，由查尔斯·休斯中尉和斯潘塞·胡恩（Spencer Hunn）中尉驾驶的B-24"弗洛西调情"号（FLOSSIE FLIRT）也遇到了燃油问题，胡恩知道这次任务非常重要，因此下定决心跟随大部队继续飞行："经过几个小时飞行后，我发现飞机燃油消耗水平高于正常水平，我们检查了飞机动力装置，看看燃油有什么泄漏或者是因为什么其他情况导致燃油消耗上升，但飞机一切正常。我们知道有可能回不来，但经过协商，查尔斯和我决定继续跟随编队飞行，毕竟这次任务太重要了。"

在1200米高度，几架B-24看到了水面上有一艘细长的灰色船只，有些人报告说，这艘船只被发现没过多久就沉没了，所以该船很有可能是一艘潜艇，但不知道是德国人的还是盟军的。

编队发现潜艇没多久，开始遭遇片片薄雾和低空云层。有好几次雾气遮住了前方的视野，有时候能见度降低至10公里甚至更短。为了安全起见，编队与编队之间，飞机与飞机之间逐渐拉开间距。

各大队彼此间距为450米，随着云层和薄雾的影响，编队开始逐渐混乱，第376轰炸机大队此时已经看不见后面的三个大队。由于编队执行严格的无线电静默命令，康普顿和恩特准将此时并不知道编队后方的情况。

编队向北38°飞行约20分钟后，抵达了爬升点，编队要在1小时内爬升至3000米高度，前方依旧是茫茫大海，还有很长一段时间要在海面上飞行，再飞行160公里就要抵达希腊西北沿岸的科孚岛（Corfu），这里是第一个转弯点。

福格尔中尉由于昨晚没睡好，因此让副驾驶员艾德·史密斯戴尔（Ed Smithdale）中尉暂时驾驶飞机，自己则睡了一会。福格尔中尉睡醒之后重新操作飞机，此时他大致看了一下左侧编队，又看了一眼手表，已经是8时22分，就在此时，他突然发现自己大队（第376轰炸机大队）编队中第3飞行小队的B-24"呦吼呦吼"号

图片近处为第376轰炸机大队的B-24"柑橘"号，该机正飞向普洛耶什蒂，机身下方为茫茫大海。

开始摇摆，这架飞机驾驶员是布莱恩·福莱威尔（Brian Flavelle），福格尔中尉眼看着"呦吼呦吼"号开始爬升，随后立即向左急转，差点撞上左侧的"啤酒厂货车"号，飞机机头径直向海面冲去，但福莱威尔很明显在努力操纵飞机，在距离海面300米高度时，"呦吼呦吼"号恢复平飞，但好景不长，飞机又向右翻滚。由于速度太快且高度较低，福莱威尔此时已经无法恢复飞行姿态，三个物体从飞机上掉了下来（推测可能有机组成员跳伞），随后4号发动机开始冒出浓烟，"呦吼呦吼"号猛烈撞击到海面爆炸，机毁人亡。

"啤酒厂货车"号飞行员约翰·帕尔姆回忆："我在'呦吼呦吼'号左侧，盖伊·约维内（Guy Iovine）在其右侧，布莱恩·福莱威尔驾机爬升后快速向我前方飞来，为了防止碰撞，我只能驾机进行S形机动进行躲避，我当时只想着躲避，万幸炸弹舱内的炸弹没因为撞击而被引爆。当我重新控制好飞机爬升至指定高度后，我发现此时'呦吼呦吼'号已经坠毁了。"

约维内中尉当时在"呦吼呦吼"号右侧，他看到"呦吼呦吼"号向左急转时就意识到可能出了问题，于是驾驶B-24"沙漠莉莉"号向右压低机头躲避可能发生的碰撞，"呦吼呦吼"号第二次向右翻滚坠向海面时，"沙漠莉莉"号立即脱离编队，在坠机点附近盘旋，希望能帮助到福莱威尔，但是约维内中尉并未看到水面上有任何幸存者，因此他

驾机转向，希望能追上编队，但是由于大雾影响，他已经无法看到编队，只能驾驶"沙漠莉莉"号返航。

第376轰炸机大队编队后方的三个大队编队在飞过坠机点时都看到了海面上的滚滚黑烟，烟柱高达上百米。"呦吼呦吼"号是行动开始后轰炸机编队损失的第二架B-24，这两架B-24甚至都未飞到轴心国占领区上空。

8时40分，第98轰炸机大队的B-24"斯佳丽·奥哈拉"号（SCARLETT O'HARA，《飘》中的女主人公名字）脱离编队，放弃任务，该机驾驶员为托马斯·班尼特（Thomas Bennett），

轰炸机编队正低空飞越科孚岛，前方就是阿尔巴尼亚海岸线，一名机枪手正站在机身中部舷窗旁边。

图片近处为第376轰炸机大队恩斯特·W.福格尔的B-24"让我们出发"号，轰炸机编队正飞向普洛耶什蒂。

返航原因是一名机组成员得了急性疟疾，"斯佳丽·奥哈拉"号在返航途中以150米高度飞过"呦吼呦吼"号坠机点，机组看到了易拉罐、氧气瓶、一把手枪和一大块油渍。"斯佳丽·奥哈拉"号脱离编队返航后，第98轰炸机大队B-24"一流人物"号（BIG TIME OPERATOR）的3号发动机增压器发生故障，2号发动机油压也在下降。"一流人物"号也飞过了坠机点，但是他们只看到了氧气瓶以及瘪了的救生筏，旁边还有一个白色漂浮物，推测是降落伞。

霍尔特拍了拍胸口，确保那面丝绸制成的美国国旗还在胸口的口袋里，飞行工程师阿特·罗杰斯（Art Rogers）开始将炸弹舱内的燃油转移到其他油箱。霍尔特还在想刚才"呦吼呦吼"号坠机事故，突然间座舱内安静下来，他立即意识到四台发动机全部失去动力，"我们恢复发动机动力之前，损失了差不多300米高度，一定是转移炸弹舱内燃油到其他油箱时混入了过多的空气"。副驾驶员赫伯·帕姆塔格（Herb Palmtag）立即打开所有油箱开关，同时进行发动机重启，发动机重启成功后，飞机恢

复正常。霍尔特称赞了帕姆塔格反应迅速，正是他挽救了"乔伊的住宅区"号。

康普顿上校和恩特准将乘坐B-24"泰姬·安"号在8时55分抵达北纬39°50′，东经19°33′的科孚岛检查点，随后向右偏转直扑阿尔巴尼亚海岸线。编队以3000米高度飞过科孚岛以西海面时，轴心国的地面观察哨发现了这个庞大的轰炸机编队，于是立即将这个消息报告给了德国人，轰炸机编队向阿尔巴尼亚内陆飞行时。德军已经大致判断出盟军轰炸机编队的目标——要么是布加勒斯特，要么是普洛耶什蒂，并向这两地守军发出电报进行预警。

第376轰炸机大队和第93轰炸机大队在9点钟穿过阿尔巴尼亚海岸线，而第98轰炸机大队领队机B-24"哥伦比亚万岁"号穿过阿尔巴尼亚海岸线时，领航员诺姆·惠伦中尉看了一眼手表是9时05分，也就是说，第98轰炸机大队与前面两个大队的距离为5分钟，其他轰炸机上的领航员也开始在飞行日志上记录了时间点并且打开了专门为他们绘制的通往普洛耶什蒂的导航图。现在各个轰炸机大队已经处于轴心国战斗

第389轰炸机大队飞过"呦吼呦吼"号坠毁海面时拍下的照片，飞机坠毁燃烧产生的浓烟高达数百米。

第93轰炸机大队队员雷蒙德·维尔乘坐的B-24飞过"呦吼呦吼"号坠毁海面时拍下的照片。

机的拦截范围，各轰炸机上的机枪手开始检查机枪，装弹，同时搜索天空，看看是否有战斗机拦截。一开始机组成员很紧张，认为德军战斗机很有可能在某片空域埋伏，但德军战斗机始终没有出现，各机组长舒一口气，认为德国人在礼拜天这一天休假了。

编队前方阿尔巴尼亚的群山山峰海拔最高可达2700米，编队若想安全通过，需爬升至3300米高度。在沿海的薄雾中，白色积雨云高高耸立在群山之上，一望无际，如果想从云团上方飞过，编队需要爬升至5100米高度，如果从两侧绕过去，则会消耗过多的燃油和时间，唯一的办法就是从云层之间找到一条通道，从中间穿过去。前文曾提过，7月29日5个轰炸机大队指挥官来到第九航空队总司令部，和恩特准将在一起召开了行动前最后一次碰头会，康普顿上校就行动细节问题和凯恩上校爆发了短时间的激烈争论，争论点就在这里，康普顿上校认为，在海平面飞行时，轰炸机采用正常功率即可，但遇到山峰时编队需要增加功率和飞行高度飞过去，这样可以保证编队更加紧密，编队可以一起冲向目标，但是凯恩上校认为在最后靠近以及投弹完毕脱离目标时应该增加发动机功率，而其他飞行阶段则采用正常功率，这两个人的想法似乎都有道理。

第八航空队奔袭德国由于执行的是高空战略轰炸且经常遭到德国战斗机拦截，为了自保和保证投弹精度，各轰炸机必须时刻组成编队，不顾一切抱紧成团，而第九航空队由于地处沙漠，德国战斗机出现的概率远低于西欧且不用进行高空飞行，因此编队不需要那么紧密。虽然两者在战术上稍有区别，但在北非上空执行任务并不比在欧洲上空执行任务轻松多少。

凯恩上校对于下属很强硬，他很喜欢第八航空队那种紧密的编队队形，但是也认同在目标上空应该给各轰炸机一些空间机动。凯恩上校认为各轰炸机需要保持一致的飞行速度，这样可以把速度最慢的飞机围在编队中间保护起来。凯恩上校还认为编队投弹应该听从领队机指挥，领队机带领大家投弹，这种轰炸方式适合覆盖地面大型目标，但是第九航空队更喜欢每架飞机自主投弹，虽然无法覆盖目标区域，但可以针对重点目标反复轰炸。

按照现代飞行技术方法，穿越前方积雨云最好的方法是正面突破。当面对云墙时，领头的飞行小队会发出信号，带领各个小队开始盘旋并不断扩大半径，直到所有人做好准备。领队小队会第一个冲进云墙，三架飞机之间尽可能保持目视接触，后面的小队会跟着前方的小队冲进云墙，领队小队冲出云墙后在另一头继续盘旋，等候后面的小队，直至所有的飞行小队全部穿过云墙，最后大家重组飞行编队继续飞行。

康普顿上校晃动机翼，向后方发出信号，让大队跟着他，他打算直接爬升飞越云层，以节省时间和燃油。贝克上校在其座机"地狱少妇"号（HELL'S WENCH）打出一个绿色信号弹，表示上升高度。第376和第93轰炸机大队编队在飞过普莱斯帕湖（Lake Prespa）后，编队高度爬升到4800米，机组成员开始佩戴氧气面罩，按照计划，两个大队开始逐渐拉开距离。

第93轰炸机大队的艾德温·贝克（Edwin Baker）上尉是B-24"小女士"号（LITTLE LADY）副驾驶员，他回忆："见到云团时，一股寒流顺着我的脊梁骨往下蹿。很明显，编队要飞过去。我们彼此之间拉开距离，加速，时刻注视着罗盘保持直线飞行，然后爬升。我们带上氧气面罩，将高度升至4500米飞越了云团和高山，我很高兴编队依旧保持队形不变，我

当编队穿过塞尔维亚境内的山脉后，第 93、第 44 和第 389 轰炸机大队即将来到罗马尼亚西部，这里靠近多瑙河。此时第 389 轰炸机大队的飞行高度略高于前两者，一名机组成员拍下了照片。

快速驾机找到自己位置，各小队之间距离很快恢复正常。"

由于康普顿和恩特准将位于整个编队最前方，因此看不到凯恩上校和最后面两个大队的情况，他们只能假设凯恩上校和其他两个大队跟着他们飞越了云墙，由于不能打破无线电静默，因此恩特准将无法联系到后方几个大队。第 93 轰炸机大队编队几乎看不到下方和后方的三个大队，他们当时可能正在飞越云墙。

不过根据第 58 号命令的要求，编队在飞抵南斯拉夫皮罗（Pirot）之前最高飞行高度不得超过 3000 米，所以康普顿率领编队爬升至 4800 米实际上违反了命令。不过战场形势瞬息万变，如果没有出现云墙，一直维持在 3000 米确实可行，但是从当时的情况考虑，爬升至 4800 米飞越云墙是审时度势。

根据后来历史学家和军事专家的分析，当时爬升至 4800 米高空在战术上确实存在风险，不过当时康普顿和恩特并不知情，第一，由于高空风速增加，因此编队飞行速度增加，导致最前面第 376 和第 93 轰炸机大队编队与后方三个大队之间的间距越拉越大；第二，增加飞行高度后，被德军防空雷达发现的可能性也就大大增加了，盟军情报部门还不知道德军已经在保加利亚索菲亚附近的切林山上建立了新雷达站，这座雷达站可以在轰炸机编队飞越多瑙河之前将其发现；第三，第98、44和389轰炸机大队编队直接穿过云墙，飞行高度比第376和第93轰炸机大队编队低了将近1000米。

第98、第44和第389轰炸机大队编队面对云墙时一开始也是打算爬升，然后飞越过去，但很快出现了第二层云墙且云墙高度远比预期的要高出很多。凯恩上校看了一眼左前方地平线，想寻找第376和第93轰炸机大队编队，但是没找到，爬升飞过去会耗费宝贵的燃油，而且大队里很多轰炸机都未携带氧气瓶，凯恩上校担心地看了一眼副驾驶员詹姆斯·杨（James Yang），他决定带领编队直接穿过去，飞行高度在3000米至3300米之间。云层厚度并不像想象的那么厚，编队之间几乎没有脱离目视接触就实现了穿越。凯恩上校原本以为自己编队右后方是第44轰炸机大队，但实际上是第389轰炸机大队。

出于行动保密角度考虑，保持无线电静默很有必要，但这种情况下对编队飞行很不利。当他们无法找到彼此时，各个大队指挥官严格执行无线电静默，没有一个大队指挥官率先打开无线电，他们在云团中找到彼此的机会在穿越缕缕云团时消失了。现在所有人都清楚，整个大编队分成了两大块，只是他们还不清楚这两块是由哪些大队组成的，或者说不能极为准确地知道自己周围是哪些大队。对于第93轰炸机大队来说，从北非沙漠起飞开始，前方的编队就没有脱离目视接触，因此能确定前方就是最先出发的第376轰炸机大队，而第376轰炸机大队也只能确定紧跟在后方的是第93轰炸机大队。三个大队穿过云层后，各大队领队机领航员透过云层中一个大洞看到了编队下方的普莱斯帕湖，领航员立即清楚了自身位置。

盖伊·霍尔特正专心致志驾驶"乔伊的住宅区"号时，副驾驶员赫伯·帕姆塔格突然大吼一声："4号发动机油压下降！"霍尔特快速扫了一眼，确认帕姆塔格说的没错，现在飞机正在飞越云层，距离基地和目标都很远，返航不太可能，所以霍尔特决定继续飞行，时刻密切关注4号发动机油压，希望油压不要下降到维持发动机运行的安全极限。

康普顿上校的第376轰炸机大队编队飞越云层后开始向多瑙河进发，而第93轰炸机大队编队跟在他们后方，飞行高度稍低，两个大队都不知道编队在高空意外遇到了顺风，虽然飞机保持空速不变，但是编队飞行速度相对于地面实际上增加了，而第98、第44和第389轰炸机大队编队在低空飞行没有遇到顺风，因此两者之间的距离进一步增大。康普顿上校意识到问题后，开始率领编队逐渐降低高度，此时第98轰炸机大队编队距离他有96公里，飞行高度相差1600米。

当第376轰炸机大队编队开始飞越群山时，位于切林山山顶的德军雷达站发现了轰炸机编队，雷达站立即将信息告知上级，同时向周围各军事要地发出警报，但是当时还不清楚盟军轰炸机编队的真实目标是什么。

凯恩、约翰逊和伍德三位大队指挥官现在面临的最后障碍是像高耸的山脉一样的积雨云以及极不稳定的气流。凯恩上校后来在日记中写道："在我们前方两团巨大的积雨云染黑了天空，我看到两个云墙之间有一个狭窄的缝隙，我想让所有的飞机从这条缝隙穿过去。当我驾机在缝隙中间飞行时，编队左翼的轰炸机已经被积雨云吞没，而约翰逊的编队几乎无法避开另一侧积雨云，伍德的第389轰炸机大队在我们后方很安全。在积雨云缝隙之间飞行一段时间之后，我真怕云墙突然坍塌，一口气把我们吞进暴风雨中。"

"锅炉制造者II"号在编队边缘，哈里·奥普的座机差点和其他轰炸机相撞："我们在云层中差点相撞，我们钻进云层中，另一架也钻进云层中，当我们从云层另一边穿出时，那架B-24在我们右侧紧挨着我们，差点撞上。"格伦·安德伍德专心驾驶着"北极星"号，他紧跟着朱丽安·布莱耶（Julian Bleyer）座机的机翼，由于乌云密布，有几次差点失去目视接触，此时只能借助仪表飞行，云层变薄时，安德伍德重新在飞行小队中找准位置继续保持编队飞行。

三个大队编队穿过积雨云后，前方就是多瑙河和平原，第44轰炸机大队在第98轰炸机大队右侧，高度比后者高900至1200米，第389轰炸机大队位置稍往后，高度应该是三个大队中高度最高的。三个大队指挥官在穿过云层后立即焦急地搜寻了几分钟，希望能找到已经失联将近一小时的第376和第93轰炸机大队，但除了空荡荡的天空，什么也没有。凯恩上校后来在回忆录里写道："我焦急地寻找第376轰炸机大队，但什么都没找到，我开始感到失落。"

当编队开始下降高度时，第44轰炸机大队第2飞行小队B-24"布津熊"号（BUZZIN BEAR）飞行工程师戈拉·基博瑞（Gola Gibbery）中士将一个重要情况告知飞行员威廉·卡梅隆（William Cameron）中尉，因为基博瑞位于机背炮塔，因此视野最好，他发现好像有战斗机正在接近编队。第44轰炸机大队其他几架轰炸机上的机枪手也看到战斗机，编队开始自觉地紧缩，准备迎接战斗。这些战斗机是从索菲亚附近基地起飞的，但这仅是一次短暂的接触，因为老旧的保加利亚战斗机无法飞到B-24轰炸机编队相同的高度或者更高的高度。至少有5名机组成员知道编队已经被保加利亚空军发现，自从编队被发现后，越来越多的机组成员想打开无线电告诉其他伙伴情况，但最后他们都严

格遵守了保持无线电静默这一命令。约翰逊也清楚第44轰炸机大队已经被保加利亚空军发现，但是当编队继续向多瑙河流域飞行时，他依旧没有打开无线电。

当时负责起飞拦截的应该是保加利亚空军战斗机第6团，10时25分，就在轰炸机编队从塞尔维亚上空入侵保加利亚领空后，第6团立即从起飞10架B.534战斗机和10架Bf 109G-2迎敌，后者分为两组，其中一组共5架负责保卫索菲亚空域安全，另一组5架负责猎杀轰炸机编队。其中两架B.534战斗机驾驶员为瓦特萨洛夫（Vaptsarov）中尉和达斯卡洛夫（Daskalov）中尉，他们两人在远处看到了轰炸机编队，不过这些B-24飞得又快又高，B.534战斗机根本追不上，第44轰炸机大队和第389轰炸机大队隐约发现的敌机就是他们。由于要遵守无线电静默这一命令，两个大队并未向康普顿和恩特准将报告此事，此次轰炸行动已经没有秘密可言了。保加利亚空军战斗机返回基地后立即加油，等轰炸机编队返航经过保加利亚领空时，他们还有第二次机会拦截这些轰炸机。发现轰炸机编队的消息传到普洛耶什蒂后，德国空军皮特凯恩（Pitcairn）中校命令大家赶紧吃饭，因为他预计轰炸机编队会在中午飞到普拉霍瓦山谷，该地区的战斗机部队和高炮部队均提前接到了敌情通报。

位于南喀尔巴阡山脉的地面观察哨也发现了庞大的轰炸机编队，并将情况上报给布加勒斯特，普洛耶什蒂附近格奈乌斯（Pompeius）和屋大维（Oktavian）两个雷达站也发现了轰炸机编队，雷达站试图对其进行跟踪，但并未成功。有些资料提到B-24上安装了APT-1和APT-2型干扰机，但这两种干扰机在当时还处于设计实验阶段，没有直接证据表明这些轰炸机上曾安装过这些干扰机。雷达站之所以失去对轰炸

机编队的跟踪，最有可能的情况是当时雷达站部署在山上，而编队飞行高度较低，导致雷达无法继续探测到编队。

尽管雷达站无法持续跟踪编队，但皮特凯恩中校敏锐地意识到轰炸机编队对普洛耶什蒂的威胁迫在眉睫，他向普洛耶什蒂高炮部队发出警告。第180高炮团指挥部立即在11时15分命令所有高炮阵地进入战斗状态，第3气球营也开始施放气球，58个防空气球释放了41个，不过烟雾发生器的情况不是很好，虽然10时55分第一次接到了警报，但上千个烟雾发生器只有274个能用，直到11时40分，散布在普洛耶什蒂周围的烟雾发生器开始释放黑烟，但效果并不显著。

第389轰炸机大队B-24"金发飘飘"号（BLONDS AWAY）副驾驶员霍勒斯·H.克里斯滕森（Horace H Christensen）中尉回忆："我看到了两到三架保加利亚空军战斗机，但是他们在轰炸机自卫机枪射程之外，对我们没构成任何威胁，我们当时不知道这些飞机并未安装无线电，以为他们已经将编队位置报告给了德国人。"

位于切林山山顶的德军雷达站人员在雷达屏幕上注视着轰炸机群飞过群山，突然之间雷达屏幕一片空白，"轰炸机消失了，我们在东部24区域，44扇区失去接触，最后方位是30°"。轰炸机编队下降了飞行高度，处于雷达探测盲区中，因此德军雷达失去了对编队的探测。由于轰炸机编队已经飞过索菲亚，看来目标一定是罗马尼亚境内的布加勒斯特或普洛耶什蒂，位于布加勒斯特的德军总部立即发出了警报。

罗马尼亚和德国空军在11点18分出动，根据保加利亚雷达站的追踪，此时轰炸机编队飞行高度较高，正在飞越南喀尔巴阡山脉，罗马尼亚和德国方面认为此次依旧是高空轰炸，因此皮特凯恩中校率领昼间战斗机中队爬升到5000米高度。第4战斗机联队一大队（I./JG.4）的Bf 109G离开米济尔（Mizil），飞往普洛耶什蒂以北巡逻，罗马尼亚空军第45中队飞往普洛耶什蒂东南方向比尔丘雷什蒂—马蒂尔努一线巡逻，而第53中队则被派往普洛耶什蒂以北10公里处，第51中队的夜间战斗机被派往布加勒斯特以西博林廷瓦莱（Bolintin）空域巡逻。德国空军的两个夜间战斗机中队则在12点整被派往普洛耶什蒂以东的佩里什（Peris）上空，此时康普顿率领的第376轰炸机大队已经被发现。

当罗马尼亚和德国战斗机爬升到5000米高空时，他们并没有发现轰炸机编队，而地面观察哨此时报告在低空发现轰炸机编队，时间是11时45分，皮特凯恩中校立即通过无线电命令各战斗机降低高度。11时50分，第6大队的IAR 80战斗机与第376轰炸机大队在布加勒斯特西北瑟伯雷尼上空首次接触，当时由于第376轰炸机大队正在转向，再加上相对速度比较快，第6大队很难对第376轰炸机大队进行拦截。

康普顿和恩特准将带领编队沿着多瑙河蜿蜒而下，多瑙河两侧是无尽的平原。当他们穿过这条因施特劳斯创作的圆舞曲而举世闻名的河流时，整个编队的机组都对这条欧洲第二长的河流颜色发表评论。福格尔后来回忆："当我们飞过蓝色多瑙河时，对讲机内每个人都喋喋不休地说这哪里是蓝色的，明明是棕色多瑙河。"编队开始不断下降高度，直到距离罗马尼亚乡村四周的农田仅有百来米的高度，此时距离普洛耶什蒂还有一小时距离。

第376和第93轰炸机大队在罗马尼亚乡村上空呼啸而过，机组成员看着地面的麦田和村庄如同超现实一样快速闪过，B-24"乔伊的住宅区"号飞行员霍尔特中尉说这里很像堪萨斯，其他一些人表示赞同。帕姆塔格回想起当时的情景："我看到一位农民在田间施肥，当编队靠近时，农民和他的马显然被吓坏了，农民向天空扔了一把粪叉子然后向树林里跑去，而那匹马拉着马车跟在后面，农田的道路很颠簸，马车直接颠翻了。"

贝克上尉后来在日记中写道："虽然我们飞得和树梢一样高，但却是为了翻山越岭。这里没有敌军战斗机和高炮，或许我们真的可以给德国人一个惊喜。我们面前是一大片美丽的农田，绿油油的，到处都是庄稼，在沙漠待了那么长时间，很久没看到绿色了。妇女们穿着漂亮的衣服，她们挥动着手绢微笑着和我们打招呼。"

第376轰炸机大队B-24"泰姬·安"号上的领航员哈罗德·维克兰（Harold Wickland）上尉注意到编队即将飞抵第一个检查点——皮特耶什蒂，其他轰炸机上的领航员也在寻找检查点，估算编队和检查点的距离。低空观察检查点和6000米高空观察检查点所看到的完全不一样。编队快速掠过皮特耶什蒂之后，立即向第二个检查点塔哥维斯特进发，维克兰手里拿着那份详细的导航图，眼睛紧张地扫描着飞机前方，希望所看到的景象或地形能和地图匹配得

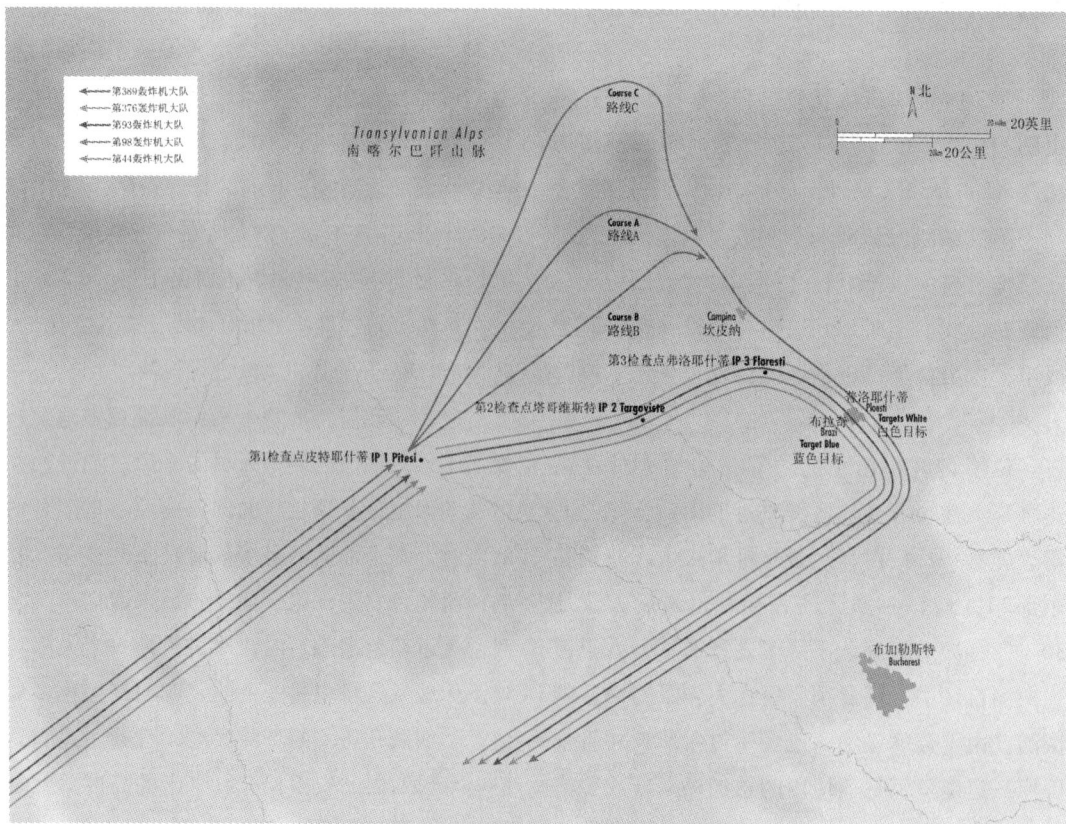

图中是5个轰炸机大队原有的轰炸普洛耶什蒂航线图，只是计划归计划，实际在计划执行过程中状况不断，其中最严重的莫过于第376轰炸机大队在经过第二个检查点时提前转向，并未按照原定计划飞到第三个检查点。[1]

---

[1] 该图援引自Steven J Zaloga. Ploesti 1943: The Great Raid on Hitler's Romanian Oil Refineries, Osprey Publishing, 2019：34.

上。慢慢变坏的天气对编队也造成了一定的影响，夏天的薄雾还没有完全散去，天上飘来阵阵细雨，左边的山麓隐藏在低垂的山雾中时隐时现。

几分钟之后，第二个检查点塔哥维斯特出现在地平线上，四周都是薄雾，维克兰在飞机上看到了这个小镇，他松了一口气，第二个检查点也找到了，现在只差最后一个检查点——弗洛耶什蒂，只要找到最后一个检查点，沿着铁路即可飞到普洛耶什蒂。康普顿和恩特准将在驾驶舱里看到之前在简报中提到的地标。地面上有一条通往南方的铁路，铁路旁边有一条公路，一座桥和一座发电厂，康普顿驾驶"泰姬·安"号立即向右转58°，领航员维克兰心里一惊："究竟发生了什么事，为什么要转向！"

编队中其他领航员和飞行员意识到领队机转弯的时间过早，因为当时还没抵达第三个检查点弗洛耶什蒂，有人按下了对讲机开关，提醒自己座机飞行员转向过早，B-24"乔伊的住宅区"号领航员哈罗德·费希尔（Harold Fisher）中尉在对讲机里大喊："我们转得太早了！"但是为了避免碰撞，编队只能跟着"泰姬·安"号一起转向。第93轰炸机大队编队也跟着第376轰炸机大队编队转向，贝克上尉后来回忆："希尔伯特在对讲机里大喊，你要去哪？这不是去弗洛耶什蒂的路，你转得太早了，我只能回答我也没办法，我们要跟着编队走。"

编队中有一架B-24率先打破了无线电静默："不是这里！我们转得太早了，错误！错误！我们应该继续飞行32公里才能转弯！"不过由于"泰姬·安"号关闭了无线电，因此没有应答。

第五章　目标就在前方！

贝克上校看到第376轰炸机大队编队还未飞抵第三个检查点时就过早转向，心想编队可能无法按时飞抵普洛耶什蒂或偏航飞往其他地方了。第376轰炸机大队编队转向时，第93轰炸机大队就在其右后方，如果第93轰炸机大队继续向前飞，无疑会撞到第376轰炸机大队编队右翼，贝克上校没有其他办法，只能跟着康普顿转向，一条道儿走到黑。

在大队内部，几乎每一架轰炸机上领航员都在反对飞行员转向。沃尔特·斯图尔特也听到了领航员的喊叫声："当我开始驾机转向时，领航员斯坦·沃茨（Stan Wertz）在对讲机里大喊，不！不！不！我们转得太早了！我说，看，下面就是铁路，我们跟着这条铁路就到普洛耶什蒂上空了。斯坦·沃茨立即澄清，这是一条旧铁路线，不是我们在简报中看到的那一条。"贝克上尉回忆："我们完成转向

后，编队变成攻击阵型，各个轰炸机翼尖挨着翼尖，我看了一眼领队机飞行员肯尼斯·戴泽特（Kenneth Dessert），他耸了耸肩膀，做了个手势表示自己也不清楚是怎么回事。"

第93轰炸机大队里有几架飞机打破了无线电静默，试图纠正这次错误的转向，但已经来不及了。贝克上校预留了足够的时间让整个大队跟着转向，如果有人不服从命令，编队内部很容易混乱，极易造成空中相撞事故。贝克上校的座机"地狱少妇"号紧挨着第376轰炸机大队编队，位于其攻击轴线后方。尽管编队里有人打破了无线电静默，但"地狱少妇"号依旧没作出任何回应。

由于转向时间过早，编队现在正飞往布加勒斯特东南方向，贝克上校此时有三个选择，第一是放弃任务，带领第93轰炸机大队返航，但考虑到此次任务至关重要，再加上前一天晚

第93轰炸机大队编队领航员手中的导航图中关于接近"白色Ⅱ"目标时的素描图。

上贝克上校信誓旦旦要带领大家完成任务，因此不可能返航；第二是放弃现有航线，与第376轰炸机大队编队脱离，自行寻找第三个检查点，最后飞往普洛耶什蒂完成轰炸任务；第三是继续和376轰炸机大队组成编队，跟着后者一起飞。B-24"准备好并愿意"号（READY AND WILLING）飞行员约翰·罗谢（John Roche）上尉回忆道："我们正在飞往布加勒斯特的路上，真的是在浪费燃油呀。"

第93轰炸机大队在现有航线飞行6分钟（约32公里）之后，依旧看不到普洛耶什蒂。正在这时，有人透过薄雾看到编队东面隐约出现了烟囱和一个相当大的城镇，B-24"犹他男人"号（UTAH MAN）飞行员斯图尔特上尉也看到了前方的城镇："有些人喊道，快看9点方向。我看到了烟、蒸汽和烟囱，我们向南飞的太远了。贝克上校也看到了相同的景象，于是立即驾机向左转向90°，随后我也压低左机翼，跟着贝克上校一同转向。"贝克上校和斯图尔特完成转向后，后者驾机慢慢爬升，差一点撞到伊诺克·波特（Enoch Porter）中尉座机的左侧机翼，其他飞行员看到贝克上校左转后立即驾机跟着左转，虽然整个编队转向过程繁琐且花费了很多时间，转弯半径达到了9至12公里，但至少方向对了，普洛耶什蒂就在前方。

位于普洛耶什蒂的德国和罗马尼亚守军在接到警报后的20分钟里一直保持高度警惕，但始终没看到轰炸机群，因为轰炸机机群在第二个检查点错误转向导致编队偏离正确航线，所以守军一直没看到轰炸机编队。不过轰炸机编队错误转向后没多久，罗马尼亚人就意识到，盟军轰炸机编队的目标似乎是布加勒斯特，但是当贝克上校带领大队转向直扑普洛耶什蒂后，第376轰炸机大队编队并未转向，依旧保持原航向，因此德国人认为盟军的空袭目标是布加勒斯特和普洛耶什蒂。

现在第93轰炸机大队编队距离普洛耶什蒂只有24公里了，而第376轰炸机大队编队则依旧保持向南飞行，逐渐消失在贝克上校的视野中。第93轰炸机大队要独自轰炸普洛耶什蒂了，目标就在编队正前方，前方即使是地狱也要闯一闯！

在普洛耶什蒂和第93轰炸机大队之间，格斯滕贝格将军已经构筑了严密而强大的防空火力网，他推断，盟军轰炸机最有可能从南方或西南方飞过来，考虑到这一点，格斯滕贝格将军将大部分高炮摆在普洛耶什蒂的南面和西面，而第93轰炸机大队恰好就是从普洛耶什蒂西面飞过来，贝克上校已经做好准备，带领大队闯入死亡之谷！

就在第93轰炸机大队向东转扑向普洛耶什蒂后不到两分钟，地面上的德军高炮阵地就

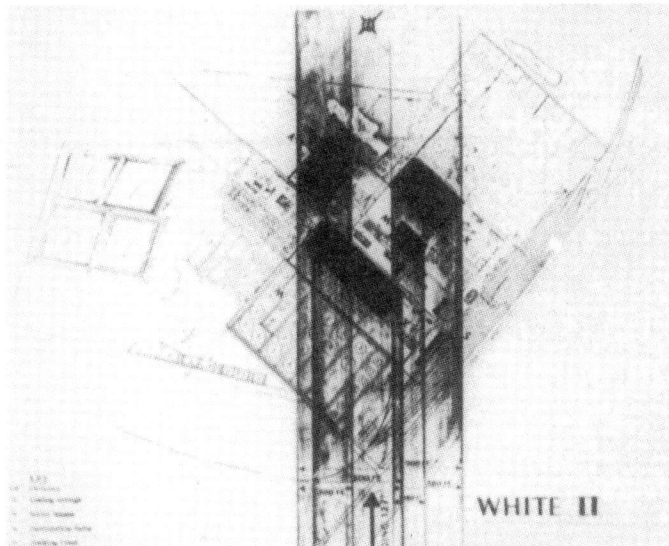

导航图中关于"白色II"目标的俯视图，阴影部分就是原计划的轰炸航路，整个轰炸机编队应按照此航路飞临目标。

看到了正在逼近的轰炸机编队。当低空飞行的第93轰炸机大队快速逼近高炮阵地时，德军立即调整高炮向编队开火，死神张开了血盆大口，呲出了血红色的獠牙。斯图尔特上尉回忆德军第一次开火时的场景："突然之间，大约10点、11点方向的干草堆变成了一门门高炮，我亲眼看见几名德军正在操纵一门88毫米口径高炮，只见炮口火光一闪，一枚炮弹直接穿过机尾，飞机上的机尾机枪射手大喊：'天哪！快停下来，快停下来！'我只能回答：'没办法，德国人正在对我们进行射击！'"

贝克上校位于第一攻击波左侧位置，乔治·布朗（George Brown）率领他的飞行小队压低机头向右侧滑动，位置在贝克上校领队后方。贝克上校驾驶座机"地狱少妇"号试图飞得更低以躲避德军高炮炮火，其他轰炸机也跟进降低高度，斯图尔特上尉回忆："我们简直就是贴着耕牛和树木在飞，是超低空飞行。"

贝克上校盯上了普洛耶什蒂西南角最近的一座炼油厂，立即驾机扑了过去，但是几秒钟之后，迎接轰炸机编队的是更多的高炮组成的"血盆大口"，"地狱少妇"号的机鼻直接被一枚炮弹击中，两名机组成员受伤，弹片切断了液压管线，引发熊熊大火。尽管座机已经受损，贝克上校和副驾驶员杰斯塔德少校无所畏惧，依旧驾驶"地狱少妇"号保持飞行。

不久之后，"地狱少妇"号右侧机翼靠近内侧发动机的部分被小口径炮弹击中，炮弹直接打穿了机翼油箱，右侧靠近机身

的发动机也燃起大火，另一枚炮弹直接命中"地狱少妇"号飞行甲板，在巨大的冲击力作用下，"地狱少妇"号在空中抖动了一下，继续向着目标飞行，此时距离目标还有两分钟。位于"地狱少妇"号右侧的"犹他男人"号看到了全部过程，有人在对讲机里大喊："快看贝克上校！快看贝克上校！"斯图尔特上尉看到"地狱少妇"号3号和4号发动机已经起火，在气流的作用下，巨大的火舌一直烧到水平尾翼。斯图尔特上尉立即驾驶"犹他男人"号追了上去，向贝克上校挥手，提醒他要么赶紧找一块空地迫降，要么拉升飞机让机组成员跳伞。编队中有人看到了"地狱少妇"号的窘境，不明白贝克上校为什么还不采取行动自救。

在千疮百孔的驾驶舱内，投弹手打开了炸

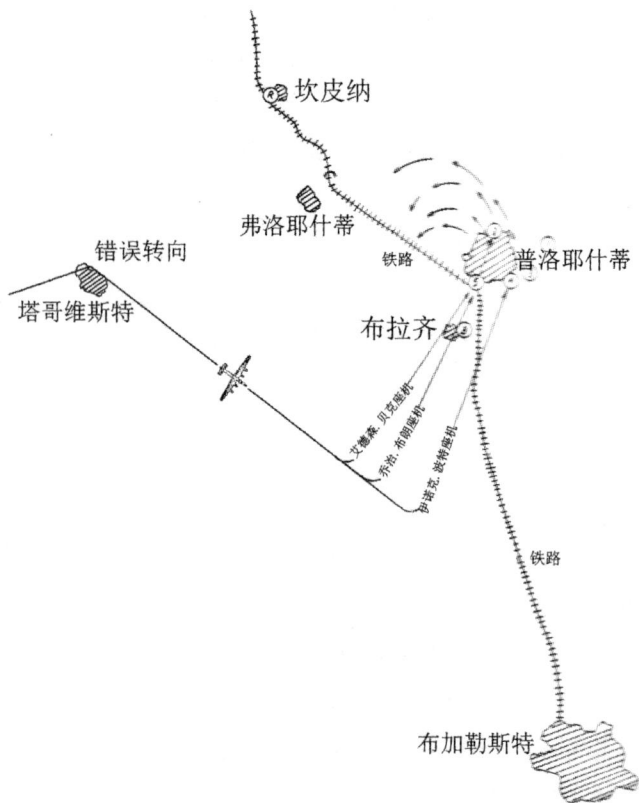

第93轰炸机大队飞行路线图。

弹舱门，随后按下投弹开关，一枚枚重磅炸弹从B-24硕大的炸弹舱中滚落，如释重负的"地狱少妇"号飞行高度突然上升，编队中其他人看到一名严重烧伤的机组成员从"地狱少妇"号前起落架舱舱门跳伞，但由于飞行高度较低，降落伞并未打开，那名机组成员直接坠向地面。

就在贝克上校座机"地狱少妇"号挣扎着飞向炼油厂时，另一枚高炮炮弹击中"地狱少妇"号，飞机抖动了一下之后开始爬升。大火已经烧穿了机翼，飞机又开始逐渐失去高度，最后栽向地面，"地狱少妇"号最后坠毁在哥伦比亚·阿奎拉炼油厂旁边的铁路上。贝克上校和副驾驶员杰斯塔德少校履行了战斗前一晚的承诺，他成功将大队带到了普洛耶什蒂上空，身先士卒，"地狱少妇"号机组全体阵亡。

伊诺克·波特驾驶的"欧洲季风"号位于"地狱少妇"号左侧，在飞往炼油厂途中，一枚炮弹击中"欧洲季风"号炸弹舱油箱，机身中部立即引起大火，另一枚炮弹击中"欧洲季风"号机鼻，弹片切断了液压管线，机身中部的大火通过飞行甲板下方的管道蹿到前机身。

领航员雷蒙德·沃纳（Raymond Warner）中尉眼看飞机燃起大火，立即通知机组其他人："我试着使用对讲机，但是对讲机里没有回应！我用一只手伸到驾驶舱试图拉一下伊诺克·波特的脚，想提醒他现在飞机遇到的问题，但伊诺克·波特依旧没有反应。由于大火烧得厉害，我想是时候逃生了，我拉下前机轮舱门开关，但只有一扇舱门打开。我向后看了一眼，投弹手杰西·弗兰克斯正在试图穿上降落伞包。突然间另一枚炮弹在我身后爆炸，一枚弹片打碎了我的肩胛骨，另一枚弹片射入了我的头部。强大的冲击波把我从通道里直接炸进火堆里，我的脚在火里，一只胳膊悬在开启的舱门

外。杰西·弗兰克斯尝试着将我从火堆里拉出来，但是始终拉不动，他站在另一扇关闭的舱门上使劲跳，舱门被他跺开后他摔了出去，而我依旧保持原来的姿势动弹不得！"

波特和副驾驶员乔·博斯维尔（Joe Boswell）用尽全力向后拉动操纵杆，"欧洲季风"号像一颗流星爬升到60米高度，机身中部机枪手查尔斯·里德（Charles Reed）和詹姆斯·韦斯特（James Vest）为了活命也跳出机舱。沃纳经过一番挣扎后也爬出机舱，右手拉开伞绳，降落伞打开后，沃纳平安落地。

"欧洲季风"号爬升到80米高之后，整架飞机已经被烧成一团火球，大火将飞机烧成两节后飞机随即坠向地面爆炸，还没跳伞的机组成员全部阵亡，里德和韦斯特生还，沃纳落在一条小溪边昏迷不醒，浑身流着血，身上大概有35处创伤，弗兰克斯由于跳伞高度过低（只有20米），降落伞并未打开，直接坠亡。

在"欧洲季风"号熊熊燃烧的残骸附近，一名名叫艾恩·格里格雷斯库（Ioan Grigorescu）的小男孩看到了"欧洲季风"号坠毁的全过程，他注意到似乎有一名美国人躺在地上仰望天空，等他走近一看，发现这名美国人已经死亡（极有可能是杰西·弗兰克斯），尸体旁边还有一本书，微风缓缓地吹动着书页，格里格雷斯库将这本书带回家，埋在房子附近，防止搜查时被德国人抢走。

"犹他男人"号是贝克上校率领的第1飞行小队3架飞机中唯一一架飞抵目标上空并投下炸弹的飞机，斯图尔特驾驶的"犹他男人"号就在"地狱少妇"号后面，他和副驾驶员拉里·库恩（Larry Koon）看见了"地狱少妇"号的悲壮场面，斯图尔特认为这是他这辈子所见过的最英勇无畏的行为。

德军高炮部队使用重型高炮对第93轰炸机

大队编队进行齐射，"犹他男人"号水平尾翼被打出一个大洞。"犹他男人"号被击中后不久，斯图尔特看到了令人绝望的一幕："我看到远处有一间像鸡笼一样的小棚子突然倒了，里面露出了一门20毫米口径高炮。"这门高炮立即对"犹他男人"号进行射击，后者炸弹舱左前部分被炮弹击中，弹片切断了电缆、液压管线和炸弹释放电缆。炸开了炸弹舱舱门，舱门就好像破布一般在风中扑扇着。

没过一会，眼尖的斯图尔特看到不远处又出现一个小棚子，机身中部机枪射手理查德·巴特利特（Richard Bartlett）在对讲机里大喊："我们该怎么办？"斯图尔特害怕里面藏着德军高炮，立即决定消灭它，于是下令："给它一梭子！"巴特利特立即转动机枪对着养鸡棚猛烈射击，鸡毛、母鸡和鸡蛋夹杂着稻草飞上了天，里面根本没有德军高炮，战斗结束后，机组其他人都在调侃巴特利特在普洛耶什蒂上

空扬翻了一个养鸡场。

"犹他男人"号飞过了一个阻拦气球，机尾机枪手保罗·约翰逊（Paul Johnson）立即对着气球打了一个短点射，眼看着气球变成一团火球消失在半空中，机身中部机枪手巴特利特和威廉·梅杰（William.Major）则操纵机枪对地面目标进行扫射，而地面目标在烟雾中时隐时现。

"犹他男人"号接近"白色V"目标时，斯图尔特一直在竭力保持"犹他男人"号在40°航线稳定飞行，斯图尔特驾驶轰炸机进入轰炸航路："我拉起机头，看到前方有一个15米高的烟囱，投弹手卡明斯（Cummings）喊道'投弹！'随后保罗·约翰逊喊道看见两枚炸弹命中目标，炼油厂正在燃烧。我立即下降高度，飞机正前方是一座76米高的无线电发射塔，爬升或者转向已经来不及了。我对拉里·库恩说，我们现在唯一能做的就是尝试着侧滑过去，我们

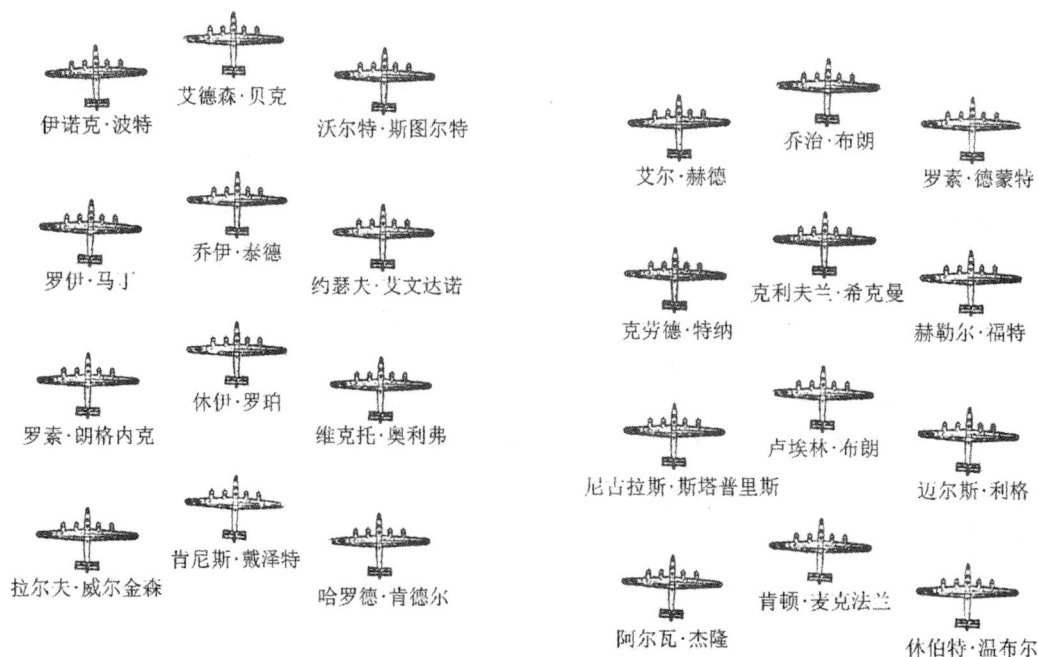

伊诺克·波特　　　艾德森·贝克　　　沃尔特·斯图尔特

罗伊·马丁　　　乔伊·泰德　　　约瑟夫·艾文达诺

罗素·朗格内克　　　休伊·罗珀　　　维克托·奥利弗

拉尔夫·威尔金森　　　肯尼斯·戴泽特　　　哈罗德·肯德尔

艾尔·赫德　　　乔治·布朗　　　罗素·德蒙特

克劳德·特纳　　　克利夫兰·希克曼　　　赫勒尔·福特

尼古拉斯·斯塔普里斯　　　卢埃林·布朗　　　迈尔斯·利格

阿尔瓦·杰隆　　　肯顿·麦克法兰　　　休伯特·温布尔

第93轰炸机大队轰炸"白色III"目标的编队阵型。

转动控制盘,用力踩下左侧脚蹬,飞机左侧机翼翼尖距离地面仅有6米,右侧翼尖高高翘起,刚好躲过无线电发射塔。飞机恢复平飞之后,地面高炮炮火把右翼打得伤痕累累,掉落的蒙皮和机翼结构被气流吹走,几乎一半的副翼都不见了。一枚88毫米口径炮弹直接打穿了右侧机翼,留下了一个篮球大小的洞。"

"犹他男人"号开始向左倾斜并向北飞行,以躲避普洛耶什蒂守军的防空炮火。飞机飞出普洛耶什蒂城郊后,斯图尔特闻到一股浓浓的航空汽油味,拉里·库恩说:"3号发动机被击中!"机身中部的机枪手也报告说3号发动机附近的燃油泄漏,汽油从篮球大小的洞中泄漏出来,难怪斯图尔特会闻到一股汽油味。斯图尔特告诉大家千万不要开枪,防止枪口焰将燃油引爆。"犹他男人"号前方出现一片空地,斯图尔特准备在这里迫降。

斯图尔特准备迫降时,突然机身后方传来一个声音:"现在还不能迫降,我们飞机上还有两枚450公斤炸弹!"投弹手卡明斯反驳说:"不可能,我投下的炸弹命中了目标,飞机上不可能还有炸弹!"后面的那名机组成员继续说:"炸弹就在飞机上,我们不能带着炸弹迫降。"斯图尔特没办法,只能驾驶"犹他男人"号继续飞行。

布朗中校驾驶的"爆炸事件"号是第93轰炸机大队编队第2飞行中队的领队机。布朗和副驾驶员雷蒙德·沃克(Raymond Walker)上尉保持"爆炸事件"号平稳飞行,投弹手奥林·麦克唐纳(Olin McDonald)中尉在30米高度将炸弹准确投向"白色V"目标。"爆炸事件"号以370公里/小时的速度低空掠过普洛耶什蒂,机上所有机枪对准德军高炮阵地开火。

布朗中校所在的飞行小队里,位于"爆炸事件"号左翼的是艾尔·赫德(Earl Hurd)中尉

驾驶的"事情搞砸了"号(TARFU),在最后一刻,赫德发现飞机正前方有一个阻拦气球,他想驾驶飞机转向或侧滑过去,但已经来不及了,阻拦气球下方的钢缆击中了飞机左翼距离翼尖1.5米的地方,硬生生将翼尖切断!

"事情搞砸了"号炸弹舱油箱前方被一枚40毫米口径炮弹击中,弹片切断了释放炸弹的控制电缆,现在"事情搞砸了"号已经不具备作战能力了。德军20毫米口径高炮对"事情搞砸了"号进行持续射击,机身中部机枪手罗伊·戴维斯和托马斯·吉尔伯特(Thomas Gilbert)被弹片击伤,一枚20毫米口径炮弹击中机尾,机尾机枪手梅里尔·德玛斯(Merrill Demas)负伤。"事情搞砸了"号立即飞过普洛耶什蒂,转向一座山麓飞去,在飞到普洛耶什蒂北部相对安全的空域后,将炸弹投到田野里。

布朗中校所在的飞行小队里,位于"爆炸

第93轰炸机大队B-24"山茱萸小姑娘"号上的雷蒙德·维尔拍摄的一架B-24坠毁现场照片。

炸事件"号右翼的是罗素·德蒙特（Russell DeMont）中尉驾驶的"巴里安特处女"号（VALIENT VIRGIN），"巴里安特处女"号从另一侧扑向"白色V"目标。正当"巴里安特处女"号投掷炸弹时，一枚20毫米口径炮弹击中机身中部，随后穿了过去，在机身和机背两处留下大洞，一枚弹片和子弹击中了1号发动机螺旋桨，虽然没造成什么损伤，但发出一声清脆的声音。

第93轰炸机大队编队第二攻击波领队机为乔伊·泰德（Joe Tate）少校驾驶的"小火球"号（BALL OF FIRE JR），原来旧的"火球"号（BALL OF FIRE）已经在英国注销，但泰德找到一架新B-24将其重新命名为"小火球"号以作为对第一架飞机的纪念。"小火球"号上的投弹手爱德华·贾尼齐（Edward Janic）中尉准确将炸弹投向"白色V"目标，完成投弹后，泰德和副驾驶员乔伊·休伯蒂（Joe Huberty）中尉驾驶"小火球"号在普洛耶什蒂城镇中心飞过，随后立即左转向北撤离，他们的运气可真好，飞机几乎完好无损。

约瑟夫·艾文达诺（Joseph Avendano）中尉驾驶的"狗补丁袭击者"号（DOG PATCH

RAIDER）遭到了德军的集火，他尽可能地稳住飞机，几发20毫米口径炮弹命中了飞机左舷，切断了炸弹舱中的几根电缆，机枪手利·克拉弗林（Leigh Claflin）中士左腿被击伤，马修·沃克曼（Matthew Workman）中士脸颊、脖子和腿被弹片击中，尽管两人均负伤，但依旧不顾伤痛操纵机枪对地面目标射击。

投弹手克莱德·基林（Clyde Keeling）中尉准确将炸弹投掷在目标上，一个大型储油罐直接被摧毁，巨大的气浪直接将"狗补丁袭击者"号推向空中，艾文达诺眼看投弹完毕，立即驾驶座机穿过普洛耶什蒂，随后向西北侧的山峦飞去。

罗伊·马丁中尉（Roy Martin）驾驶"回旋镖"号（BOOMERANG）闯入"白色V"目标，德军高炮立即对"回旋镖"号进行射击，炮弹在飞机周围爆炸，但没有伤到飞机分毫，副驾驶员卢瑟·博德（Luther Bird）回忆说："我们飞到一个带有大型混凝土净水池的污水处理厂，当我们低空飞过一个池子时，吓得旁边一名工人直接跳到池子里。"就在投弹手杰克·洛奇（Jack Roach）将炸弹投掷在目标上后，马丁和博德立即将飞机从围墙高的高度拉升到

第93轰炸机大队B-24"巴里安特处女"号机组成员合影，图片中部分人员并未参加8月1日的行动，前排右一为飞行员罗素·德蒙特。

第93轰炸机大队B-24"回旋镖"号机组成员合影，照片中所有人均参加了8月1日的行动，图片中后排左一和左二为飞行员罗伊·马丁和副驾驶员卢瑟·博德，前排左二为机背炮塔射手查尔斯·莫利纳。

烟囱高的高度，博德看到炸弹准确命中目标："目标被炸弹命中后一瞬间就起火爆炸了，冒出滚滚浓烟，我们命中了一个大型储油罐，即使在飞机里也能明显感觉到炸弹产生的冲击波。储油罐顶部的盖子像纸盘子一样飞出去。投弹完毕后，飞机穿过普洛耶什蒂街道，一名男子刚从房屋里出来，看见飞机后转身一头扎进了屋子。"

"回旋镖"号飞离普洛耶什蒂市区后，马丁发现前方有一个干涸的河床，河床位置低于两侧，于是立即压低机头沿着河床飞行，以脱离德军高炮阵地的射界。机背炮塔射手查尔斯·莫利纳（Charles Molina）上士抓住千载难逢的机会，操纵炮塔对准两侧高炮和卡车扫射，"回旋镖"号在此次行动中基本毫发未损。

克劳德·特纳（Claude Turner）中尉驾驶的"乌金处女"号（URGIN VIRGIN）冲进普洛耶什蒂上空后立即被德军高炮打成了筛子，飞机上一个油箱被打穿，一台发动机被击中冒出滚滚浓烟，机枪射手约翰·鲁德尔（John Rudell）和罗伯特·霍布森（Robert Hobson）被弹片击伤。尽管飞机被高炮击中，但特纳依旧驾驶"乌金处女"号轰炸了目标并安全撤出目标上空。

第93轰炸机大队编队第2攻击波最右侧位置是赫勒尔·福特（Herrell Ford）中尉和罗伯特·麦卡福里（Robert McCaffery）驾驶的"撒旦的天使"号（SATAN'S ANGELS），该机投下的炸弹命中了"白色V"目标附近的一个木材厂，在炸弹爆炸的冲击波的作用下，木材就像牙签一样被抛上天空，虽然"撒旦的天使"号被高炮打出不少洞，但基本没被击中要害。

"怪物终结者"号（EXTERMINATOR）和"让我们撕裂"号（LET'ER RIP）以非常紧密的编队飞过目标上空。"怪物终结者"号

飞行员休伊·罗珀上尉感到座机被德军高炮击中，一台发动机被击毁，副驾驶员威廉·普莱瑟（William Prather）按下了发动机顺桨按钮，罗珀上尉立即将节流阀向回拉，收了收油门。炮弹从四面八方向"怪物终结者"号射来，整架飞机千疮百孔。"怪物终结者"号和"让我们撕裂"号彼此间隔非常近，两架飞机就好像焊接在一起一样，同时将炸弹投向目标。一个大型储油罐在没有任何征兆的情况下突然在"让我们撕裂"号前方爆炸，"让我们撕裂"号飞行员维克托·奥利弗（Victor Ollife）为了躲避爆炸，立即驾机向左转向，飞到了"怪物终结者"号下方，而位于飞行小队左翼的"闪电怪脸"号飞行员罗素·朗格内克中尉回忆："我都无法想象维克托·奥利弗是如何躲过这次爆炸的！简直太惊险了！"朗格内克和琼斯轮流驾驶飞机飞向目标，朗格内克中尉回忆："飞机前方的曳光弹组成的火网就好像是一张大网一样向我们扑来。就当飞机准备撞上这张死亡之网时，这张网突然裂开，我们立即钻了过去。"

"闪电怪脸"号上的投弹手威廉·施兰普夫（William Schrampf）将飞机上所有重磅炸弹投掷下去，炸弹透过浓烟命中了目标。琼斯驾机左闪右挪："我们不得不做一些危险的转弯和机动以躲避火焰和爆炸的储油罐，我认为罗素·朗格内克是大队中最优秀的飞行员之一。"

"闪电怪脸"号投弹完毕后，朗格内克立即驾驶飞机穿过普洛耶什蒂，随后向北边的山峦飞去，他回忆起当时的撤退场面说："我们以380公里/小时的速度撤离，把其他飞机甩在后面，就好像克利夫兰飞行比赛那样。看来我们能活着回家了，但是当时不知道燃油够不够，想到这里，我把节流阀向后拉了拉，尽量节约一些燃油，减轻发动机的负荷。"

"奎尼"号（QUEENIE）飞行员卢埃林·布朗（Llewellyn Brown）上尉和机组成员进行了一次疯狂的飞行，在扑向目标的过程中，"奎尼"号躲过了六个防空气球，随后查尔斯·霍夫曼（Charles Huffman）大喊一声："投弹完毕！"布朗驾驶"奎尼"号再次躲过两个防空气球，最后从一个已经爆炸的油罐旁边飞过，飞向普洛耶什蒂市中心。

迈尔斯·利格（Miles League）中尉驾驶的"死亡经销商"号（DEATH DEALER）在飞向普洛耶什蒂炼油厂时偏离了目标，无法逼近炼油厂投弹，因此利格决定将炸弹投向其他有价值目标，正在此时，普洛耶什蒂东北角的烟囱以及裂解塔透过阵阵白烟和水蒸气映入利格的眼帘。

投弹手罗伯特·迪尔（Robert Their）立即做好准备，利格将飞机拉升到76米高度，一口气投下6枚226公斤炸弹，命中"白色II"目标的储油罐。一枚20毫米口径炮弹击中了"死亡经销商"号右侧机翼，击穿了机翼内的油箱，强大的冲击力令"死亡经销商"号倾斜，机背炮塔射手劳埃德·卡尔卡特（Lloyd Calcutt）直接撞到机枪瞄具，导致左眼红肿。"死亡经销商"号又绕到普洛耶什蒂北部，在这里机组发现了储

油罐、农场以及加油站，当他们飞过这里时，机身中部机枪手将燃烧弹洒向这些目标。

"乔奥·卡里奥卡"号（JOSE CARICOA）在距离目标还有8公里时炸弹舱油箱被高炮击中，飞行员尼古拉斯·斯塔普里斯（Nicholas Stampolis）中尉和副驾驶员伊万·斯坦菲尔德（Ivan Stanfield）中尉奋力驾驶飞机保持平稳飞行，另一枚炮弹击中飞机后，机身燃起大火，火焰向后蔓延，遮住了机身中部的射击窗口。斯塔普里斯和全体机组是第一次执行作战任务，和平时训练一样，他们对这次战斗也抱有极大的热情，8月1日清晨起飞前，他们就已经迫不及待地想参加战斗了，完成这一次，再飞上24次，他们就能轮换回家了。

B-24一旦起火且不及时灭火，情况就非常危急了，但斯塔普里斯和斯坦菲尔德依旧驾驶飞机飞到燃烧的炼油厂上空，将炸弹准确投向目标，"乔奥·卡里奥卡"号就像一名腿脚不好的老人，拄着拐杖，蹒跚地向普洛耶什蒂市中心缓缓飞去。大火已经将该机的控制电缆烧断，浑身是火的飞机坠入了死亡的深渊，飞机冲向普洛耶什蒂市中心附近的一座用砖头砌成的大房子，该房屋是普洛耶什蒂女子监狱，飞机机腹擦着监狱房顶，机身以极高速度撞击到

第93轰炸机大队B-24"小女士"号全体机组合影，后排右一和右二为飞行员拉尔夫·威尔金森和副驾驶员为艾德温·贝克上尉。

战后的普洛耶什蒂女子监狱，8月1日的行动中B-24"乔奥·卡里奥卡"号撞击的正是该监狱，造成监狱中大量人员伤亡。

旁边的砖墙，一侧机翼直接飞到街道上。"乔奥·卡里奥卡"号连同十名机组成员葬身火海，监狱犯人也死伤颇多。

值得一提的是，根据罗马尼亚方面的资料显示，就在"乔奥·卡里奥卡"号投弹完毕后撞击普洛耶什蒂女子监狱之前，罗马尼亚空军第6大队卡罗尔·阿纳斯塔斯（Carol Anastase）曾驾驶一架IAR 80战斗机反复攻击过一架B-24，根据他的回忆，这架B-24后来被击伤后撞击了普洛耶什蒂女子监狱，相信这架B-24应该就是"乔奥·卡里奥卡"号。

在"山茱萸小姑娘"号（TUPELO LASS）上，顶部炮塔射手本·黑木（Ben Kuroki）中士将炮塔向左右转向，随后指向前方，发现四周都是德军高炮阵地。黑木是一名日裔美国人，"珍珠港"事件爆发后，他立即报名参军，虽然不少美国人对他抱有偏见，但他通过自己的努力成为一名顶部炮塔机枪射手，执行过几次任务后，他成为雅各布·艾汀（Jacob Epting）上尉的机组成员。

雷蒙德·维尔（Raymond Wier）中士站在艾汀上尉后面，作为飞行工程师，此时他帮不上任何忙，由于"山茱萸小姑娘"号位于编队后方，因此相对安全，机上机组成员目睹了贝克上校驾驶轰炸机战斗的全过程，维尔此时化身摄影师，手里拿着小型柯达布朗尼相机，飞快地按下快门，记录战斗全过程。死亡之声仿佛透过前风挡注视着"山茱萸小姑娘"号全体机组，维尔想知道自己还有没有机会再见到查尔斯·米什曼（Charles Mishman）军士，维尔视他为自己的父亲，以前遇到搞不定的机械问题，米什曼总是过来看看他，帮助他一起解决问题。

在"山茱萸小姑娘"号驾驶舱，飞行员戴泽特和副驾驶员艾汀发现高炮阵地后，立即驾机奔向前方炼油厂，领航员爱德华·维尔（Edward Weir）立即丢掉手中的"白色II"目标地图，操起机枪对准目标进行射击。飞机飞到"白色V"目标上空，投弹手阿尔伯特·瑙姆（Albert Naum）将炸弹全部投向两个大烟囱底部，维尔后来在日记里写道："我们当时飞行高度只有3米，在30米高度投弹。随后又下降到3米高度。"

"山茱萸小姑娘"号低空飞过"白色V"目标上空后，飞机上的机枪手对准一门88毫米口径高炮阵地射击，当即击毙几名德军炮手，子弹打进旁边的88毫米炮弹弹药箱引起爆炸，彻底摧毁了这门高炮。"山茱萸小姑娘"号穿过普洛耶什蒂市中心，向北撤离。

"山茱萸小姑娘"号左侧为"小女士"号，该机飞行员为拉尔夫·威尔金森（Ralph Wilknson），副驾驶员为艾德温·贝克上尉，机上还有另外一名替补飞行员詹姆斯·胡佛（James Hoover），胡佛站在两名飞行员之间，如果其中一名飞行员出现问题，胡佛随时替换上去。

贝克上尉回忆这次飞行时说：

我们驾机飞过一片湖，这里有很多人正在晒日光浴，有些士兵看见我们之后立即跳起来，拿起步枪就对我们射击。飞机上的队友立即对他们进行还击，这些人吓得急忙寻找掩体。一个高塔顶部有一个机枪阵地对我们进行射击，我们座机上的机枪射手立即反击，将这个阵地轰上了天。机枪射手不再使用短点射，而是进行持续扫射。前方有一个教堂，我们操纵飞机稍微抬了抬左翼躲了过去，我清楚地看到教堂上的大钟显示是3时05分。我们将飞机改为平飞同时打开了炸弹舱门，飞机前方有一排桉树，飞机下方德军高炮对我们进行近距离射击，我甚至能听见炮弹的嗖嗖声，感觉炮弹距离飞机非常近，尽管飞行速度非常快，但我依然觉得太慢了。发动机的轰鸣声、机枪的哒哒声以及地面炮声交杂在一起，让人无法冷静下来。我们两侧的飞机不断被高炮击中，我在想下一个会不会是我们。我们找到了两个目标，一个位于3号发动机右侧，另一个位于飞机正下方。突然间，一枚炮弹击中3号发动机，詹姆斯·胡佛立即按下3号发动机灭火按钮，我则按下顺桨开关。希尔弗曼（Silverman）大喊："投弹完毕。"投弹完毕后飞机飞行高度立即上升，希尔弗曼报告，炸弹舱门已经关闭，我立即命令他打开炸弹舱舱门，机舱内充斥着浓烟，需要进行通风。飞机前方有一个已经燃烧的储油罐，我们飞过它时明显能感受到散发的炙热热量，就好像有人用滚烫的熨斗熨着你的脸。万幸的是，希尔弗曼打开炸弹舱门时，流出的燃料并未被储油罐散发的高温引燃。飞机最后安全撤出战斗。"

"小女士"号撤离普洛耶什蒂后，经历生死的贝克上尉瘫在椅子上喘着粗气。"我们仿佛逃离了地狱，远离火焰与浓烟，前方是湛蓝的天空和绿色的田野。我们安全了。虽然飞机受损严重，但不是致命伤。我和拉尔夫·威尔金森相视一笑，我松开了操纵盘，刚才战斗时由于长时间紧握，手指已经发白，前臂感到麻木和疼痛。我深吸了一口气，靠在座椅上放松一下。心脏在胸口里砰砰直跳，感觉整个心都要跳出来了。"

"山茱萸小姑娘"号右侧是哈罗德·"哈普"·肯德尔（Harold "Hap" Kendall）中尉

驾驶的"幸运"号（LUCKY）。当"幸运"号冲向目标时，机尾机枪射手艾德·道利（Ed Dawley）中士向远去的高炮阵地打出一串子弹。

一个储油罐在"幸运"号面前爆炸，肯德尔和副驾驶员约翰·科尔文（John Colvin）立即展开左侧副翼避开滚滚火焰。当"幸运"号飞过"白色V"目标时并没有适合轰炸的目标，因此错过了投弹时机，肯德尔驾驶座机咆哮着穿过普洛耶什蒂伺机寻找目标。当"幸运"号以60米高度飞过普洛耶什蒂市中心广场时，肯德尔等机组成员看见了"乔奥·卡里奥卡"号坠机现场，透过浓密的烟雾，投弹手威廉·菲茨西蒙斯（William Fitzsimmons）看见前方有一座炼油厂，肯德尔立即驾机冲向这座炼油厂，他全神贯注驾驶飞机，全然不顾四周潜伏的危险。

菲茨西蒙斯将炼油厂牢牢套在投弹瞄准具中，然后按下投弹按钮，全部炸弹从炸弹舱中滚落下来，"幸运"号轰炸的是"白色II"目标。投弹完毕后，肯德尔要做的就是驾驶"幸运"号赶紧撤离，但是当炸弹命中目标时，德军20毫米口径高炮打出的炮弹从机头一直打到

雷蒙德·维尔在 B-24 "山茱萸小姑娘"号驾驶舱内抓拍的一个储油罐爆炸瞬间，另有一架 B-24 正躲避爆炸产生的大火球，这架 B-24 就是贝克上校的座机——"地狱少妇"号。

炸弹舱，电缆被打断、液压管线破裂、氧气瓶爆炸，燃油蒸汽从破损的油箱侧面泄漏出来，绝缘材料燃烧产生的令人作呕的气体充斥着机鼻，机组能明显感觉到"幸运"号可能坚持不住了。

肯德尔驾机飞向普洛耶什蒂西北方向，同时下达命令要求其他机组成员准备跳伞。机背炮塔射手詹姆斯·古迪吉昂（James Goodigion）拿着灭火器跑到机鼻进行灭火，但肯德尔、科尔文和古迪吉昂没办法靠近火焰，只能拔开保险对着火焰猛喷，用完的灭火器顺着前起落架舱舱门直接扔出去。齐拉斯科夫斯基跑到炸弹舱，试图堵住油箱漏洞，防止燃油更进一步泄漏。

肯德尔发现了前方撤离的队友已经组成了防御战斗机阵型，虽然"幸运"号油箱漏洞已经堵住，但由于泄漏的燃油过多，剩余油料不足以返回利比亚班加西，看来"幸运"号真的需要些好运气了。

第93轰炸机大队编队最后冲进德军火力网的是由肯顿·麦克法兰（Kenton McFarland）中尉率领的飞行小队，一枚20毫米口径炮弹击中了克法兰中尉座机"自由小伙子"号（LIBERTY LAD）机身右侧的无线电操作员的舷窗，这枚炮弹爆炸后摧毁了机上所有无线电设备和电力系统。欧达·史马瑟斯（Oda Smathers）上士被炮弹弹片击伤，弹片击中了他的左脸颊和后脑勺，一根钢针刺穿了左大腿，血流不止。弹片还击中了3号发动机导致发动机输出功率下降。另一枚炮弹摧毁了驾驶舱内一些仪表，方向舵和配平片控制电缆也被弹片切断，虽然"自由小伙子"号受损严重，但依旧继续向"白色IV"目标飞行。

投弹手罗伯特·斯莱德（Robert Slade）在60米高度将炸弹投向炼油厂的蒸馏装置，机枪手对准蒸馏装置使用曳光弹进行猛烈扫射，希望能给予目标更大的杀伤。"自由小伙子"号投弹完毕后，麦克法兰中尉立即驾机向普洛耶什蒂西北方面撤离，全体机组成员评估了飞机受损情况，最后决定还是返回北非基地。

阿尔瓦·杰隆（Alva Geron）中尉驾驶的"611"号位于"自由小伙子"号左侧，该机刚刚飞到普洛耶什蒂上空就遭到德军防空炮火拦截，1号和3号发动机增压器被20毫米口径炮弹摧毁，弹片击穿了左侧起落架机轮，打断了一根液压管线，另有一枚炮弹打进机身中部，直接在机内爆炸，保罗·多蒂（Paul Daugherty）中士胸口受伤，约翰·鲍尔斯（John Powers）头部和左臂受伤，普拉多米·斯劳贝克（Pravdomi Sraubek）背部被打伤。投弹手罗伯特·托德（Robert Todd）在60米高度将炸弹投向"白色V"目标的发电厂。投弹完毕后，杰隆和副驾驶员罗素·利斯康姆（Russ Liscomb）立即驾驶受伤轰炸机左转加速撤离。

休伯特·温布尔（Hubert Womble）中尉驾驶的"白鬼酒吧的少女"号（HONKY TONK GAL）位于"自由小伙子"号右侧，就在"自由小伙子"号扑向"白色V"目标时，德军高炮对准"白鬼酒吧的少女"号机身右侧猛烈射击，一串炮弹射入机内，机身右边最外侧发动机全部被摧毁，机翼冒出滚滚浓烟，动力输出减弱。

温布尔回忆："飞机右侧机翼和无线电设备被高炮击中，无线电操作员哈沃德·福特（Howard Ford）中士从座椅上被震了下来，同一侧两台发动机被击中，我们可能回不了家了。"

投弹手威廉·利特尔（William Little）将所有炸弹投到一个目标上，而温布尔和副驾驶员劳伦斯·兰开夏（Lawrence Lancashire）用尽平生力气来操纵飞机，"白鬼酒吧的少女"号周围储油罐在燃烧，不断有飞机被击落或被击伤，"德国人操纵88毫米炮就好像拿着猎枪一样射杀驯鹿，而我们就是那群待宰的驯鹿"。

温布尔驾驶着飞机挣扎地飞过普洛耶什蒂郊区，飞往普洛耶什蒂北部。德军高炮部队继续对"白鬼酒吧的少女"号进行拦截，不过这时换到了飞机左侧。温布尔回忆："我们这次又失去了左翼的一台发动机。"另一枚炮弹从飞机左侧打入驾驶舱下方，在温布尔脚下爆炸，爆炸的力量几乎使温布尔从座椅上站起来，虽然他本人被击中了，但当时却感觉不到任何疼痛，他使出最大力量去控制方向舵脚蹬，但三台发动机均被击毁，温布尔只能选择迫降。

温布尔放下起落架后，在普洛耶什蒂北边一处农田准备迫降，利特尔和领航员阿瑟·汤普森（Arthur Thompson）从破损的机鼻爬进驾驶舱，兰开夏在操作飞机，温布尔则配合他控制副翼。

"白鬼酒吧的少女"号迫降时由于速度较快，机身撞击地面后向上弹起了几次，飞机在滑行时撞击到铁轨，导致起落架全部折断。在扬起一路灰尘和麦穗后，飞机终于在农田中停下来。温布尔在此次迫降中失去了一条小腿："我想逃离飞机，但根本站不起来，我想抬起腿再试一次，却发现自己的脚不见了。脚虽然还在飞行靴里且踏在方向舵脚蹬上，但已经与小腿断开。在战友的帮助下，我终于从顶部的舱口爬了出来。"其他机组成员也试图从飞机残骸中爬出来，但利特尔被压在机身下，其他人尝试着将机身撬开，但没有成功。在这次迫降中，利特尔身负重伤，燃油从破损的油箱中流出，已经完全浸透了利特尔的身体。

波茨上校负责第93轰炸机大队编队第2攻击波，他的座机为"公爵夫人"号（THE DUCHESS）。由于各种各样的问题，他仅率领8架轰炸机。当贝克上校率领编队转向普洛耶什蒂时，波茨上校花了很长时间才带领自己的编队转向，他们位于整个编队的最东边，目标为标准石油开采公司炼油厂厂区以及乌尼雷亚·斯佩兰扎炼油厂厂区组成的"白色III"号目标。编队从普洛耶什蒂西南方向接近时，"白色III"号目标就在正前方，但他们的航线稍微偏左了一些，因此出现在"公爵夫人"号前方的一座巨大的炼油厂实际上是第98轰炸机大队负责轰炸的阿斯特拉·罗马纳炼油厂，也就是"白色IV"目标。

编队完成转向后几秒钟，德军高炮阵地开始对低空飞行的B-24机群进行射击。"公爵夫人"号带领编队向炼油厂扑去，拉姆齐·波茨上校驾驶飞机试图躲避德军高炮的拦截，机上的刘易斯·史密斯（Louis Smith）中士正操纵机枪对准高炮阵地射击："飞机好像感觉要降落一样，我们飞得又快又低，我听到耳机里无线电操作员大喊：'气球！气球！气球！'拉姆齐·波茨上校回复：'这该死的气球！'"

高炮击中了"公爵夫人"号机尾，冲击波波及机身中部，爱德华·巴格比（Edward Bagby）中士左腿被弹片击伤，他忍着剧痛继续操作机枪，最后咒骂着德国佬和不断拍打他脸的电缆。波茨上校和罗伯特·蒂默（Robert Timmer）中尉将飞机拉起，方便投弹手朱利叶斯·斯托默（Julius Stormer）将炸弹投进锅炉房里。波茨上校驾驶飞机向一个烟囱冲了过去，将节流阀猛地向前推，以雷霆万钧之势冲向目标。

"公爵夫人"号右侧是沃西·朗中尉驾驶的"棒球衫"号（JERSEY BOUNCE），该机还未飞到目标上空时就遇到了麻烦。德军第一

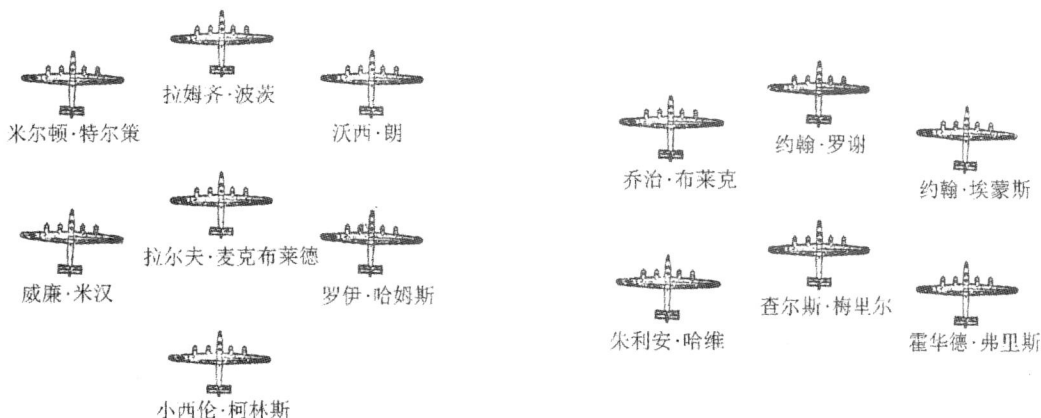

第93轰炸机大队轰炸"白色 II"目标的编队阵型。

轮炮火齐射，朗中尉就感到身后有一记沉重的撞击感，以他的实战经验来看，飞机后机身已经被防空火力击中了。没错，"棒球衫"号机尾确实被炮弹击中了，只是他没想到这枚炮弹直接命中了机尾炮塔，炮塔内的莱斯特·哈文斯（Leycester Havens）中士阵亡。

更多的炮弹击中了"棒球衫"号机鼻部分，弹片和风挡产生的碎片击伤了领航员戴维·利普顿（Dave Lipton）和投弹手诺曼·亚当斯（Norman Adams），亚当斯看了一眼利普顿，后者满脸是血。另一枚20毫米口径炮弹击中了"棒球衫"号的4号发动机，发动机立即燃起大火，其他高炮阵地看到已被击伤的"棒球衫"号，立即调转炮口对准其射击，后者的1号发动机也被击中，翼尖也被一串高炮炮弹组成的"鞭子"打断。

虽然座机已经受损，但朗中尉和副驾驶员约翰·洛克哈特（John Lockhart）依旧驾驶轰炸机飞到炼油厂冷却塔上空，亚当斯准确将这座冷却塔炸毁。投弹完毕后，朗中尉驾驶轰炸机立即撤离目标上空，左转向西飞离普洛耶什蒂上空。

受损严重的"棒球衫"号看来无法安全飞回北非了，由于飞行高度较低，朗中尉决定选择一块开阔地进行迫降，亚当斯担心在迫降中受伤："我最好还是从机鼻里爬出来撤到驾驶舱内比较安全，迫降时机鼻一定首当其冲，到时估计小命都没了。"但还没等利普顿和亚当斯从通道里爬进驾驶舱，"棒球衫"号已经开始迫降了，机尾首先撞击地面，随后是机鼻，当时亚当斯还在里面，机鼻风挡在巨大的冲击力下全部破碎，整个机鼻与机身脱离，滚落到一边。

飞机迫降后，炸弹舱油箱开始剧烈燃烧，将整架飞机全部点燃。亚当斯从破损中的机鼻中爬出来，忍着身上的剧痛，咬着牙走到机身旁边，看到飞行工程师和机身中部机枪手安全撤离机身。朗中尉被一根安全带勒住，困在驾驶舱内出不来，最后在洛克哈特的帮助下，两人从破损的座舱盖里逃了出来。亚当斯被德军俘虏："就在机组成员爬出飞机后，一名德军士兵拿着步枪赶来，将我们押到一处德军高炮阵地，我亲眼看到他们操作一门高炮击落了一架B-24！"

特尔策驾驶的"矮胖子"号（PUDGY）在"棒球衫"号左侧，机身中部机枪手罗伯特·洛奇（Robert Locky）中士操纵机枪直接将地面上的一个防空气球释放平台轰碎，洛奇回忆说："我看到绞车上的德军慌忙逃窜，四周都是德军高炮阵地以及炮弹在飞机旁边爆炸的弹幕。"

一枚炮弹击穿了"矮胖子"号的机翼，留下了一个一人多粗的大洞，破片击伤了机身中部机枪手，另外破片还击中了2号发动机，飞行员在按下顺桨开关之前，2号发动机的油压已经下降为0，失去动力的螺旋桨产生的阻力立即使飞机降低了飞行速度，就好像一艘快艇突然被锚拉住一样。

特尔策脚踩方向舵踏板，左右摇摆"矮胖子"号试图躲避德军高炮的射击，特尔策和副

驾驶员威尔默·巴塞德（Wilmer Basset）负责保持高度，而投弹手罗伯特·沃德（Robert Ward）将炸弹投到目标上。受损的"矮胖子"号跟跄地飞过普洛耶什蒂西边，由于一台发动机被击毁且机身受损，特尔策出于对全体机组成员安全负责，决定将飞机飞往土耳其降落。

约翰·罗谢（John Roche）上尉率领的飞行小队位于波茨上校的飞行小队右侧，罗谢驾驶的"准备好并愿意"号是该小队中唯一一架成功飞抵目标上空的飞机。

"准备好并愿意"号和其他第93轰炸机大队轰炸机一样，在扑向普洛耶什蒂时均飞越了普洛耶什蒂以南8公里的布拉齐村的克莱迪图·米尼尔炼油厂，也就是"蓝色"目标。在布拉齐村与普洛耶什蒂之间的8公里范围内，德军部署了大量88毫米口径高炮阵地，罗谢从未见过如此密集的高炮阵地："飞机飞过这片开阔地时，能明显听到地面高炮射击的声音，德国人就好像在用石头砸你，即使在高速飞行的轰炸机上，我也能看到四周的高炮阵地和炮管，一旦我们飞到山顶，这些高炮就会对我们进行射击。"

飞行工程师弗雷德·安德森（Fred Anderson）中士此前已经执行完25次作战任务，可以轮换回国，但这次轰炸普洛耶什蒂是他自愿参加的。安德森回忆他共看到三次爆炸："一次是在左侧翼尖上方，一次是在1号和2号发动机之间，最后一次是在机背炮塔之前，飞行员头顶正上方。如果飞机飞行高度再升高1米，我们

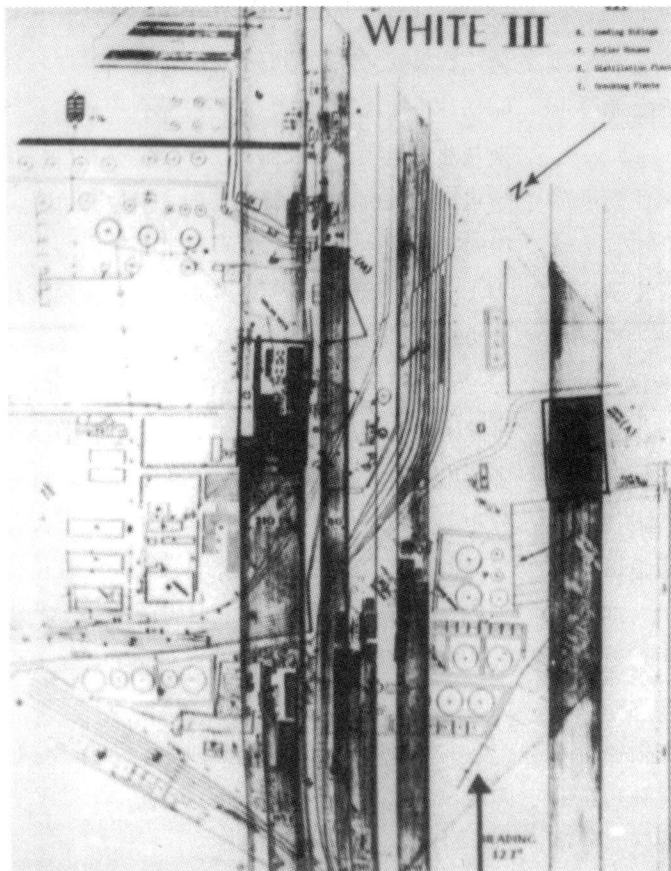

导航图中关于"白色 III"目标的俯视图草图，阴影部分是原计划的轰炸航路，整个轰炸机编队应按照此航路飞临目标投弹。

就会被击落。"最后一次爆炸发生时，一枚弹片穿过机背炮塔的树脂玻璃，直接打掉了安德森的门牙，割伤了他的脸，另有一枚弹片打伤了领航员哈尔·比利尤（Hal Bilyeu）的大腿以及观察员威利斯·布雷托（Willis Breightol）中校的脸。

罗谢驾驶受伤的座机飞越了"白色V"号目标，投弹手埃弗雷特·萨金特（Everett Sargent）中尉将炸弹全部投到一个高塔，随后罗谢驾驶座机压低机头向地面飞去。安德森回忆说："看起来我们正穿越火线！飞机在前后翻腾，罗谢驾驶飞机越飞越低。"罗谢此时打算飞到普洛耶什蒂街道上空，他说："在目标另一侧，我看到了一些高压线，我打算驾驶飞机从高压线下方穿过去！"

"准备好并愿意"号带着一台报废的发动机，四个受伤的机组成员以及蒙皮上的无数弹孔继续飞行，罗谢在飞到农田上空时，看到下方有一架B-24机组成员正在对座机招手，显然他们需要帮助，他本打算在农田迫降，将这些机组成员救出来，但由于燃油不足且飞机已经受损，在农田上迫降再起飞显然做不到，因此罗谢对领航员说："我想离开这个鬼地方，给我一条最短的路线，随后领航员给我指明了航线。"

拉尔夫·麦克布莱德（Ralph McBride）少校驾驶的"乔乔的特殊快递"号（JO JO'S SPECIAL DELIVERY）是所在飞行小队的领队机，该小队共有7架轰炸机，但其中3架已经被击落，只有4架轰炸机成功飞抵普洛耶什蒂附近炼油厂。麦克布莱德少校一直在进行超低空飞行，直到最后一刻才拉起机头，投弹手詹姆斯·吉尔

图片中可以看到两具火控雷达以及雷达阵地，这些雷达用于指引重型高炮对空射击，远方一架B-24D正在穿越德军高炮组成的火网。

(James Gil）将炸弹投掷下去，随后麦克布莱德少校驾机穿过普洛耶什蒂市中心，向西北方向撤离。

"乔乔的特殊快递"号左侧是威廉·米汉（William Meehan）驾驶的"女士上衣"号（BERTHA），该机还未飞抵目标上空就被德军高炮击中，米汉和副驾驶员拉尔夫·埃格尔（Ralph Egle）在一处农田迫降时失败，飞机一路翻起泥土，最后起火爆炸。该机机组成员中除了拉里·耶茨（Larry Yates）在飞机爆炸前成功逃离飞机，其他人全部遇难。

罗伊·哈姆斯（Roy Harms）中尉的座机"地狱天使"号（HELL'S ANGELS）在飞往目标途中被德军高炮在左水平尾翼上打出一个直径1.2米的大洞。20毫米口径高炮炮弹直接摧毁了机鼻，机身中部也被击伤，舒弗里茨中士重伤，炸弹舱内的油箱也被引燃，机身燃起熊熊大火，飞行工程师杰克·里德（Jack Reed）中士受伤，他对舒弗里茨中士大喊："别管飞行高度了，赶紧跳伞吧！"

哈姆斯知道此时受损的轰炸机已经无法飞到目标上空，为了自救，他驾驶飞机向东飞，希望能在一片农田迫降。在迫降时，"地狱天使"号浑身是火地在地面滑行了90米才最终停下来，在最后一刻里德跳出飞机捡了一条命，飞机最后迫降地面是"白色III"目标附近的一处小山坡，其他机组成员全部遇难，里德的降落伞奇迹般地在低空打开，落地后他已经被严重烧伤，伤得很重，他回忆说："我不知道我是怎么办到的，我真希望自己并没选择跳伞，而是和战友们待在一起，和他们一起死去。"

查尔斯·梅里尔（Charles Merrill）上尉驾驶的"鲸鱼喷水"号（THAR SHE BLOWS）在冲向目标途中被一枚防空气球拦住，钢索击中了左翼距离翼尖1米的地方，虽然机翼受损，但却像一把尖刀割断了钢索，防空气球漂向空中，"鲸鱼喷水"号继续奔向目标。一枚20毫米口径炮弹击中了机身，弹片切断了几根控制电缆并打伤了飞行工程师爱德华·里根（Edward Regan）的大腿，更多的炮弹在飞机左水平尾翼附近爆炸，弹片在蒙皮上炸出很多孔洞。梅里尔尽可能稳住飞机，以320公里/小时的速度掠过

第 93 轰炸机大队的 3 架 B-24D 飞过普洛耶什蒂附近的郊区。

目标，投弹手杰夫·查克维克（Jeff Chadwick）将炸弹准确投向目标，随即梅里尔压低机头，以树梢的高度飞往安全区域，这架B-24掠过树木和屋顶后，立即迅速穿过城镇向北撤离。

第93轰炸机大队主要轰炸了"白色II"和"白色III"目标，至少有两架飞机从不同方向轰炸了"白色II"目标，若干架飞机则轰炸了"白色IV"和"白色V"目标，将这些目标变成了人间地狱，大部分轰炸机在完成轰炸任务后向西撤离，临时组成飞行小队，躲避轴心国战斗机，尽可能返回北非。

贝克上校带领第93轰炸机大队在普洛耶什蒂上空进行了一次血战，在战斗中全体官兵表现出了非凡的勇气，而贝克上校更是身先士卒，其座机是整个大队第一个被德军高炮击落的飞机，在普洛耶什蒂附近还躺着"地狱天使"号、"白鬼酒吧的少女"号、"乔奥·卡里奥卡"号、"地狱少妇"号、"欧洲季风"号、"棒球衫"号残骸。

第六章 "解放者"的冒险之旅

在第376轰炸机大队领航机"泰姬·安"号完成错误转向之前，编队内部就已经炸开了锅，阿波尔德少校发现问题后试图通过无线电联系领队机："布尔（Bull）和托比（Tabby）在机鼻内仔细地研究地图。'不是这里！'布尔通过对讲机大声喊着，我立即打开无线电开关，打破无线电静默试图告知领队机，但是编队依旧向东南方向飞行。后方有四个编队跟着我们飞行，我该怎么办，继续跟着编队飞行?还是自己沿着正确航线飞往普洛耶什蒂?这个问题似乎并没有答案，我只能跟着康普顿上校继续飞行，现在脱离编队只会打乱编队秩序造成混乱，所以我跟着领队机转向，高度下降到30米。"

位于编队后方的帕尔姆中尉透过自己的座机"啤酒厂货车"号风挡看到编队正在转向，于是驾驶飞机跟着编队右转，领航员威廉·怀特（William Wright）在对讲机里询问："机长，为什么要转向？"帕尔姆中尉回复："我也没办法，威廉，是康普顿上校要转向！"怀特说："天哪，这是普洛耶什蒂吗？我感觉我们丢失目标了！"

"啤酒厂货车"号跟着编队飞机，帕尔姆透过前风挡向四周瞭望了几次都没发现普洛耶什蒂附近的地标，他在对讲机里说："威廉，你是对的，赶紧给我一个正确的航向。"几分钟过后，威廉·怀特给了一个正确的航向，帕尔姆驾驶飞机立即脱离编队向左转向，他非常信任自己的领航员，如果威廉.怀特说普洛耶什蒂就位于编队左侧，那一定就位于左侧，实际上确实如此。整个编队继续向南飞行，只有帕尔姆中尉驾驶的"啤酒厂货车"号孤独地向着普洛耶什蒂大致方向飞去。

"啤酒厂货车"号转向的时候距离普洛耶什蒂大概42公里，该机正在以最大飞行速度奔向普洛耶什蒂，编队中有其他轰炸机看见了"啤酒厂货车"号正在转向，但他们并未跟着帕尔姆转向，而是继续大部队飞行，帕尔姆回忆："没有人跟着我们，只有我们飞向普洛耶什蒂。"

普洛耶什蒂当时正下着阵雨，雨滴密集地打在"啤酒厂货车"号前风挡上，能见度几乎

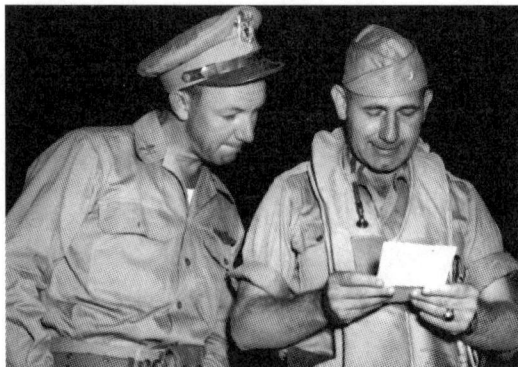

照片中左侧为第376轰炸机大队指挥官康普顿上校，右侧为第九航空队指挥官恩特准将。

为零，在驾驶舱里约翰·帕尔姆和副驾驶员威廉·洛夫（William Love）牢牢控制住飞机，掠过小山和树木，他们快速地冲进黑暗中，又冲破黑暗飞入光明。

帕尔姆回忆说："我们遭到了一些高炮的射击，我飞过了一些树的顶端，威廉在机鼻喊道：'小心！帕尔姆！'我当时正在躲避一门隐蔽在树后向我们开火的高炮，我发现只要贴着高炮飞，那些德军高炮很难打到我。"

"啤酒厂货车"号由于飞行高度过低，不少树枝打在机身上，但是德军高炮发射的炮弹全部打高了，形成了拱形从上面绕过了轰炸机。在正前方，帕尔姆看到了普洛耶什蒂以及一座综合炼油厂，其实按照计划，"啤酒厂货车"号距离目标应该还需要飞行几分钟，但帕尔姆不管了，直接挑了一个最近的炼油厂动手，"我也不管这是哪一座炼油厂了，我一定要把炸弹投下去！"

"啤酒厂货车"号闯入了德军高炮阵地

内侧防御圈，进行了轻微爬升，准备为投弹做准备。由于现在"啤酒厂货车"号是该区域唯一一架轰炸机，因此附近所有高炮阵地将炮口对准"啤酒厂货车"号。正当飞机在30米高度投弹时，一串20毫米口径炮弹击中了"啤酒厂货车"号，左舷最外侧发动机被击中，一枚炮弹打进机鼻并爆炸，将机鼻内的投弹手和领航员击伤，另一枚炮弹打入"啤酒厂货车"号机身中部，将机枪手克莱·斯奈德（Clay Snyder）打伤，虽然伤口流血不止，但斯奈德依旧强忍伤痛操起机枪对准德军高炮阵地还击。

当时在附近空域活动的是德国空军第4战斗机联队一大队的汉斯-威廉·肖伯（Hans-Wilhelm Schopper），中午12时整，肖伯驾驶一架Bf 109G-2发现了"啤酒厂货车"号，他立即驾机扑了过去，这位德军飞行员后来回忆："我看到一架B-24从普洛耶什蒂上空的浓烟中冲出来，飞行高度仅有40米，我立即追了上去，打出一串炮弹，击中了B-24的右侧机翼。轰炸机

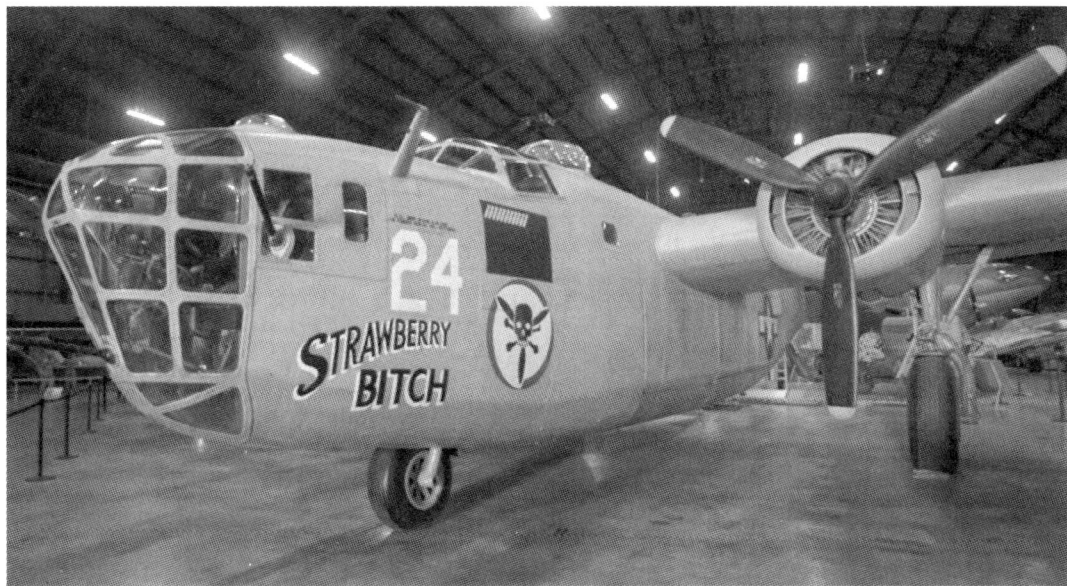

隶属于第376轰炸机大队第512轰炸机中队的B-24D"草莓泼妇"号，该机生产编号为42-72843。这架B-24D并未参加8月1日的战斗，该机现在保存在位于俄亥俄州代顿市怀特-帕特森空军基地的美国国家空军博物馆内。

上的自卫机枪立即对我射击，我爬升躲避迎面打来的子弹。这架轰炸机最后迫降在玉米地里，应该有机组成员能逃出生天。"

在击落"啤酒厂货车"号后，肖伯又发现了一架 B-24 正在被一架 Bf 110 攻击，这架 B-24 可能来自第 93 轰炸机大队，肖伯原本打算加入战斗，但此时燃油告警灯已经点亮，他只能驾机返回米济尔加油。

肖伯打出的炮弹直接击毁了"啤酒厂货车"号机鼻，投弹手罗伯特·梅里尔（Robert Merrill）阵亡，领航员怀特受伤。另一枚炮弹在方向舵踏板附近爆炸，帕尔姆在那时失去了一条腿。副驾驶员洛夫也被击伤。帕尔姆的右腿从膝盖以下已经被炮弹炸得血肉模糊，只有部分肌肉和肌腱相连。在这种情况下，他已经无法控制右侧踏板，副驾驶员洛夫立即接手控制飞机，就在此时，施泰因曼驾驶的 Bf 109 从正前方冲来，击毁了"啤酒厂货车"号的右侧机翼和发动机。帕尔姆发现轰炸机已经伤痕累累："当时已经有三台发动机被击毁！我知道我们挺不过去了，就在飞机飞过炼油厂上空时，我赶紧按下炸弹紧急释放开关，我可不希望我们

轰炸机编队超低空飞行接近普洛耶什蒂，对比一下机身与影子大小可以想象当时的飞行高度有多低！

降落的时候还带着几百公斤炸弹！"

"刚飞过炼油厂，谢天谢地，前方就是一片玉米地，我们别无选择，只能在这里降落。""啤酒厂货车"号在玉米地迫降后，两台发动机还在燃烧，随时有爆炸的危险，其他机组成员立即拿出灭火器灭火，大火最终被扑灭。在迫降过程中，由于冲击力巨大，四个螺旋桨已经卷曲，铝制蒙皮向内凹陷，现场一片狼藉。机舱舷窗在冲击中松动，在肾上腺激素的刺激下，帕尔姆直接一把将舷窗拆了，同时将右腿残肢横放在膝盖上，然后冲出飞机，他应该是所有机组成员中第一个冲出机身残骸的人。副驾驶洛夫和亚历山大·罗金森（Alexander Rockinson）中士跟着帕尔姆爬出飞机，他们两人搀扶着帕尔姆尽量远离飞机，洛夫手拿灭火器对准发动机进行灭火，"啤酒厂货车"号残骸就这样躺在普洛耶什蒂以南的玉米地里。"啤酒厂货车"号成为此次轰炸普洛耶什蒂行动中第一架被敌机击落的轰炸机。

当帕尔姆拖着一条腿在普洛耶什蒂四处躲避逃窜时，第 376 轰炸机大队其他轰炸机还在跟着康普顿上校飞行，虽然编队中充满着抱怨和抗议的声音，但康普顿上校座机依然没做出任何反应，继续向着错误方向飞行。

"查理的好时光"号（GOOD TIME CHARLIE'S）领航员汤姆·麦克格恩（Tom McGain）检查了地图，发现编队正在飞往布加勒斯特，而不是普洛耶什蒂。麦克格恩立即按下了对讲机按钮，对副驾驶员丹尼尔·奥尔（Daniel Orr）说："我们转向太早了，现在向左转 20° 至 40° 可能还有希望飞到普洛耶什蒂。"奥

尔承认麦克格恩说得对，但是现在只能跟着编队继续飞行。

康普顿上校和第376轰炸机大队第1飞行小队飞过普洛耶什蒂德军外层防御圈时，被下方密集的高炮阵地所震撼，尽管之前曾收到德军已经加强了普洛耶什蒂防御的情报，但如此密集的高炮阵地依然把人吓了一跳。阿波尔德少校所在的飞行小队开始使用自卫机枪对准高炮

阵地射击。阿波尔德少校将机头压了压，方便机枪手压制德军高炮阵地："那些高炮阵地位于我们编队左舷，大约1.6公里或更远，顶部机枪手乔治·巴威尔（George Barwell）一直和我说把机头稍微压一压，这样他能有更好的射界，我尽可能满足他的要求，他至少打掉了一门高炮。"

随着时间一点点流逝，第376轰炸机大队

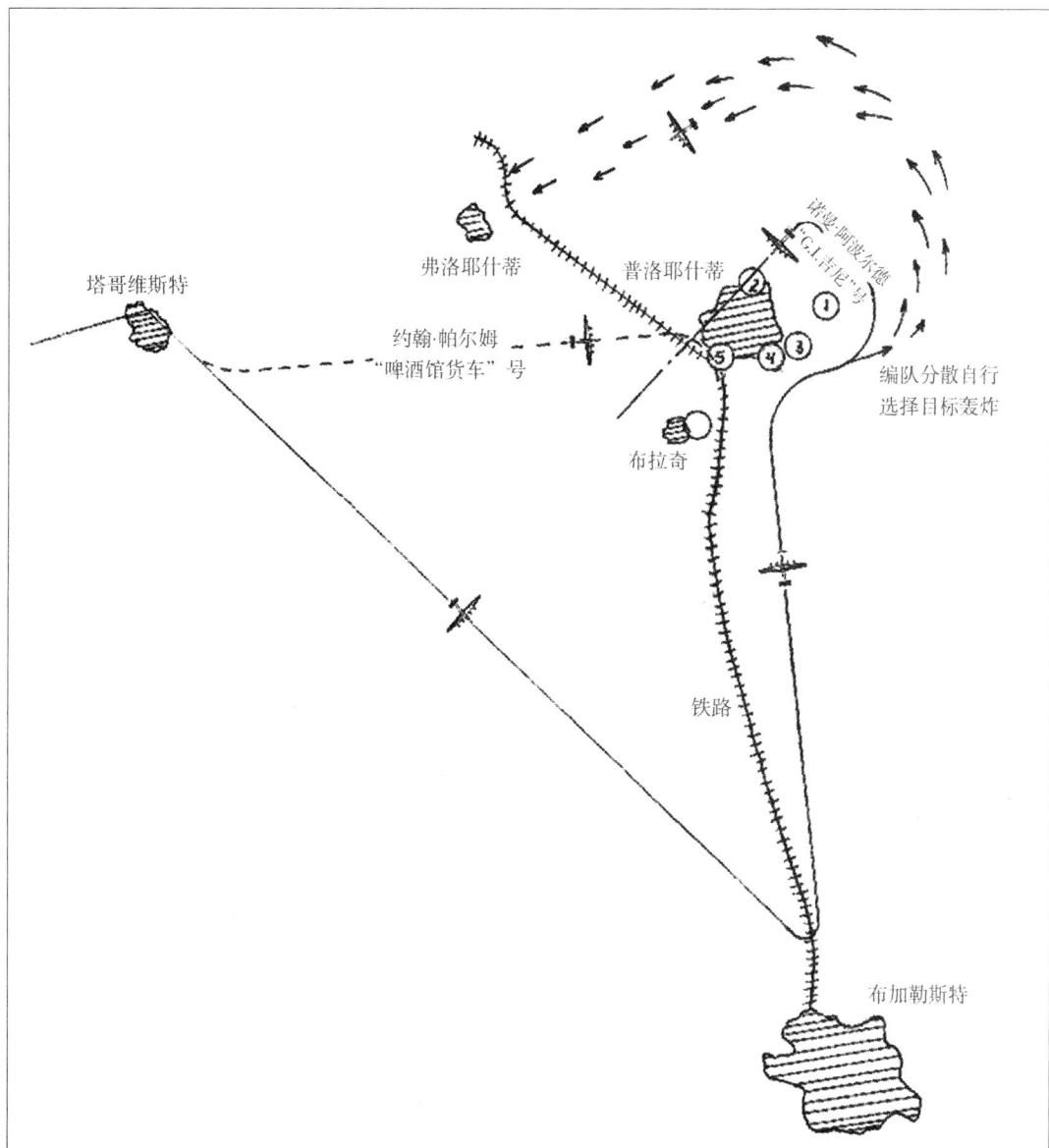

第376轰炸机大队飞行路线图。

距离普洛耶什蒂越来越远,距离布加勒斯特却越来越近。在"泰姬·安"号驾驶舱内,副驾驶员拉尔夫·汤普森(Ralph Thompson)焦急地看了一眼康普顿上校,自从"泰姬·安"号进行错误转向之后,领航员哈罗德·维克兰不止一次打断了恩特准将和康普顿上校之间的讲话,很显然,康普顿上校和恩特准将已经留意问题所在,但无能为力,唯一能做的就是勇往直前,等想到方法后再飞向普洛耶什蒂。

对于康普顿上校来说,他似乎想让编队向南飞到足够远的地方,然后重新组织力量,再扑向普洛耶什蒂,虽然有一定风险,但确实可行。编队在错误航线飞行了约65公里后,已经能隐隐约约看到布加勒斯特大教堂的顶端了。康普顿上校座机此时穿过了南北走向的一条铁路,随后立即左转向北更改了之前的航线,编队其他飞机立即跟着指挥官向北转向。

其实我们不妨大胆猜测一下,康普顿上校之所以在错误航线上飞行这么远并不是因为执迷不悟,而是一种迷惑德军的手段,让德军以为轰炸机编队空袭的是布加勒斯特,德军很可能在编队原有航线上布置了重兵防守,因此从普洛耶什蒂南边绕行,然后发起突袭或许是一个很好的选择。不过这个计划有一个前提,即需要在飞行途中和后方编队沟通好,保持五个轰炸机大队的完整性,但第93轰炸机大队后来脱离编队,包括第376轰炸机大队的"啤酒厂货车"号也已经脱离编队,选择直奔普洛耶什蒂,从这一点就反映出战场沟通极为重要,而且康普顿上校和恩特准将并不知道最后三个大队其实早就脱离了第376轰炸机大队。

第376轰炸机大队完成转向向北飞后,普洛耶什蒂此时距离编队只有大概32公里,B-24大概飞行5分钟就能飞到普洛耶什蒂南郊,只需要不到3分钟时间,"泰姬·安"号上的全体机组就会看到令人震撼且残酷的一幕。

负责防卫普洛耶什蒂的德军高炮部队此时斗志旺盛,炮管打得火热,毕竟刚刚拦截完第93轰炸机大队的突袭,现在隐约看到普洛耶什蒂那边飞来一大群轰炸机,德军高炮部队立即调转炮口冲向南方,等待第376轰炸机大队进入高炮射程之内。突然间,德军士兵踩下了高炮扳机,一串20毫米口径曳光弹射向第376轰炸机大队,这些即将飞抵普洛耶什蒂的小伙子迎来了德国人送来的见面礼。

"小理查德"号(LITTLE RICHARD)机背炮塔射手迪克·拜尔斯(Dick Byers)后来在日记中写道:"飞机前面的干草堆被掀翻后,里面露出一挺双联装高射机枪,那种口径很大的机枪,我们贴着树梢和房顶飞,似乎飞得越低,我们就越安全。"轰炸机编队距离普洛耶什蒂越近,遇到的抵抗就越强,轰炸机四周到处都是白色、红色和黑色的爆炸烟雾,地面防空炮火和飞机上的自卫机枪打出的子弹交织在一起,在空中蜿蜒盘旋,形成了奇特的画面。

普洛耶什蒂这座城市的轮廓逐渐映入康普顿上校的眼帘,眼前这座城市并不是那么的宁静与祥和,而是到处飘着浓烟,几个炼油厂厂区正在燃起熊熊大火,储油罐冒着红黄相间的大火,空气中弥漫着刺鼻的气味,到处都是炼油设备的残骸,似乎还能看到几架轰炸机的机体残骸。康普顿上校突然意识到,坏了,一定有人提前轰炸了普洛耶什蒂,作为整个大编队排在最前面的大队领队机,不出意外,应该是自己最先飞抵普洛耶什蒂,一定有人脱离编队提前轰炸了这里。康普顿上校现在也没心思搞清楚是谁脱离了编队提前轰炸了普洛耶什蒂,但很明显,后面的编队提前飞到前面去了。

随着第376轰炸机大队编队进入普洛耶什蒂内层防御圈,负责防御的德军高炮部队火力越来越密集，已经到了令人发指的程度，现在继续轰炸无异于自杀。大约在格林尼治时间12时左右，恩特准将开始在大队内部频道广播："这里是恩特准将，我们已经错过了轰炸航路，我们已经错过了轰炸航路，各轰炸机寻找机会轰炸，各轰炸机寻找机会轰炸。"

已经错过轰炸航路的第376轰炸机大队编队立即向右转，航向向东，编队在此时转向时可能受到德军高炮部队的干扰而慢慢解体，各飞行小队开始各自为战。康普顿上校发现通往康斯坦察（Constanta）铁路一侧停满了油罐车，他立即驾驶"泰姬·安"号飞了过去，飞机上的机枪射手立即使用机枪对准这些油罐车开火，铁路上停满了已经灌装完毕的油罐车，飞机一通扫射，直接引爆了油罐车里的燃油，将这些油罐车炸上了天。

"泰姬·安"号右侧为查尔斯·布莱（Charles Bley）驾驶的"小伊撒多"号（LITTLE SADORE），飞机上的机枪射手正在报告高炮阵地位置并操作机枪进行反击，机鼻内投弹手杰罗姆·戈德堡（Jerome Goldberg）正在焦急地寻找目标，他想把机内的所有炸弹赶紧投下去。编队飞行航线穿过一条主铁路后，康普顿上校将炸弹投掷到这条铁路线附近，这条航线已经没有任何目标可供轰炸了，第376轰炸机大队只能继续向普洛耶什蒂内部飞行，希望能找到合适的目标可供轰炸。斯坦·李（Stan Lee）坐在"密友-V"号的副驾驶座上，他后来对这番混乱的场面心生不满："简直就是一团糟！虽然没有放弃目标，但我

们也没达到之前的战略构想。"

盖伊·霍尔特（Guy Holt）相比于任务，更加担心的是座机"乔伊的住宅区"号发动机的漏油问题。在看到普洛耶什蒂恐怖的景象后，他曾在日记中写道："每看见德军高炮一次，我们的飞行高度就会下降一点点。"艾德·格拉克（Ed Gluck）在轰炸普洛耶什蒂之前失去了飞机上其他战友，因此在这次行动中被派往"查理的好时光"号担任飞行员。"查理的好时光"号正在飞行时，飞机前方突然窜出了一群喜鹊挡住了航线，格拉克被突如其来的情况吓了一跳，出于本能他低下了头，此举导致飞机开始倾斜，副驾驶员奥尔立即接手飞机开始控制飞行，阻止了一场灾难的发生，奥尔回忆："那天我太忙了，没有注意到目标上空发生了什么。""查理的好时光"号在飞过一个农场时，意外撞上了一只鸡，机组成员以为撞击是

约翰·帕尔姆驾驶的"啤酒厂货车"号被德军飞行员汉斯-威廉·肖伯击伤后迫降，图片中就是"啤酒厂货车"号的残骸，该机也是第376轰炸机大队在普洛耶什蒂上空损失的第一架B-24。

因为被高炮击中了，但实际上飞机并没有什么损伤，而那只鸡一直被卡在1号发动机短舱里。

詹姆斯·米勒（James Miller）驾驶的"38"号遭到了德军高炮猛烈的阻拦，米勒和副驾驶员莱斯特·伦斯伯格（Lester Ronsberg）死死控制住飞机，一枚炮弹打入机身中部，将机枪弹药箱引爆的同时切断了副翼和襟翼的控制电缆，飞机控制系统出现问题。无线电操作员盖伊·罗斯（Guy Russ）被20毫米口径炮弹的弹片击中大腿，但依旧坚守岗位。米勒和伦斯伯格在航线上没看到任何有价值的目标，他们决定将炸弹扔到一片开阔地上以减轻飞机重量，希望能节省燃料，安全返回北非基地。

康普顿上校驾机向东北方向飞去，这样他就可以回头观察整个编队情况，他发现编队正在遭到德军高炮的拦截和攻击，不过普洛耶什蒂上空的浓烟和惨烈的景象在一定程度上说明了此次战斗的残酷性。康普顿上校认为此前已经制订完毕的计划、训练和情报工作全部付之

东流，其实凭良心说，第93轰炸机大队脱离编队轰炸普洛耶什蒂完全是由于康普顿上校在第二个检查点提前转向造成的，也正是由于康普顿上校的失误才造成整个计划在实施时出现纰漏。

迪恩·李尔（Dean Lear）的座机"小理查德"号是他们飞行小队的领队机，投弹手约翰·格卡斯（John Gekas）一直在搜寻有价值的目标，在靠近干涸的普拉霍瓦河河谷附近，格卡斯发现了一座类似于发电厂的建筑物，但此时已经没有时间计算弹道了，格卡斯只能凭直觉打开炸弹舱舱门进行投弹，炸弹最后并没有击中这座建筑物，而是落在旁边的空地上。拜尔斯后来在日记中写道："到现在为止，一些轰炸机已经完成投弹，我们则使用机枪对准储油罐和一切能动的东西进行扫射。"

诺曼·阿波尔德驾驶的"G.I.吉尼"号（G I GINNIE）此前一直跟着康普顿上校，机背机枪手乔治·巴威尔一直在对讲机里对阿波尔德喋喋

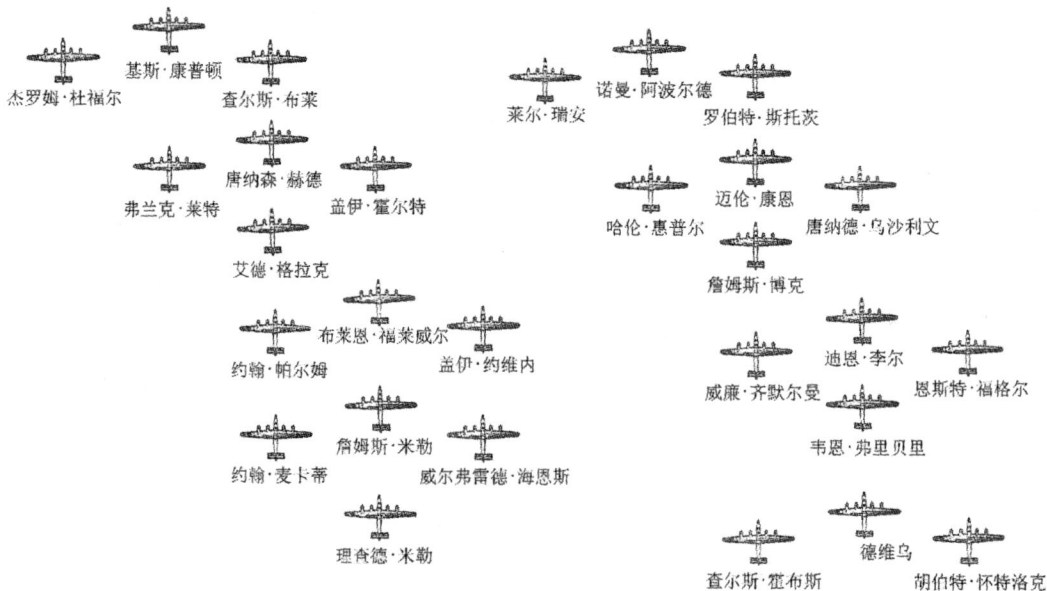

第376轰炸机大队原本计划轰炸"白色I"号目标，该图显示的是当时第376轰炸机大队编队阵型，不过该大队由于飞行航线出现问题，最后并未轰炸"白色I"号目标。

不休说个没完，巴威尔说的英语充满了英国口音，阿波尔德很容易在耳机里分辨出来，巴威尔一会儿要求飞机向左压一压，一会要求向右压一压，以便于机背炮塔机枪有一个清晰的射界。阿波尔德知道他是一名出色的机枪手，因此尽力满足他的要求，不一会儿就有几门德军高炮在巴威尔打出的"弹雨"下变成了哑巴。

"G.I.吉尼"号也遭到了高炮的拦截，一枚炮弹击穿了机翼，在发动机短舱上留下一个洞，另一枚炮弹击中机身中部，将机身中部机枪手腰部打伤，高炮还将飞机的液压管线打断，液压油发生泄漏。尽管飞机被击伤，但阿波尔德依然驾驶"G.I.吉尼"号扑向目标。

在脱离轰炸航路后，第376轰炸机大队逐渐解体，"G.I.吉尼"号开始寻找目标。阿波尔德看到前方的轰炸机正在向任何像军事目标的建筑物投弹，由于大部分轰炸机正在跟着康普顿上校向东飞，因此普洛耶什蒂逐渐在视野中渐渐远离而变得模糊。突然间，阿波尔德看到前方的飞行小队开始向左转向，阿波尔德认为脱离编队的机会到了，他立即驾驶飞机向左转向，脱离编队。巴威尔通过观察向阿波尔德报告，飞行小队另外两架B-24——罗伯特·斯托茨（Robert Storz）驾驶的"每日津贴II"号（PER DIEM II）和莱尔·瑞安（Lyle Ryan）驾驶的"70"号也跟着"G.I.吉尼"号一同转向。

时间一分一秒过去，但漫长的就像几小时一样。三架飞机在普洛耶什蒂上空搜索其他目标，突然，城市东北角一座炼油厂透过薄雾映入眼帘，这座炼油厂就是康科迪亚·维加炼油厂，阿波尔德的飞行小队终于找到了目标，已经没有时间制订作战计划了，阿波尔德立即翘起机头爬升了几米，展开左侧副翼向左转向，率领飞行小队扑了过去！

瑞安的反应很快，眼见阿波尔德驾机向左

转向，自己立即驾驶轰炸机跟着转向，座机翼尖距离"G.I.吉尼"号翼尖仅有几米，斯托茨由于在小队右侧，因此先爬升了一点高度随即跟着阿波尔德一同转向，斯托茨后来回忆说："当时也没有时间思考，只是下意识的反应，其实我当时也很害怕。"当康科迪亚·维加炼油厂出现在风挡正前方时，阿波尔德立即降低飞行高度，飞行高度似乎只有炼油厂围墙那么高。

由于该炼油厂已经被第93轰炸机大队轰炸过，因此当飞行小队接近炼油厂时，厂区充满了浓烟和大火，之前投下的定时炸弹也陆续开始爆炸。飞行小队以320公里/小时的飞行速度在90米高度飞行。由于飞行高度较低，轰炸机已经没有时间和空间完成转向以躲避建筑物，只能沿着直线飞行，希望能找到机会炸掉这些炼油设施。

阿波尔德回忆："投弹手克劳伦斯·E.泰伯（Clarence E Tabb）发现了一座正在开裂的建筑物，他大喊一声：'这就是我们的目标！'我立即向后拉动操纵杆，稍微获取一点高度。"泰伯在飞机上爬升时投弹，炸弹击中了这座建筑物顶部，投弹完毕后，阿波尔德立即降低了飞行高度。

"每日津贴II"号投弹手威廉·西格弗里德（William Seigfried）盯上了厂区中心的三座建筑物，斯托茨将座机拉升到45米高度后，西格弗里德投下了炸弹，炸弹击中了

诺曼·阿波尔德签名照片，正是他驾驶"G.I.吉尼"号及时与大编队脱离，率领飞行小队瞄准机会轰炸了康科迪亚·维加炼油厂。

炼油厂右侧的蒸馏装置，斯托茨后来说："我就在诺曼·阿波尔德旁边，一边看着他的飞机，一边看着小队前方发生了什么，我心里还是恐惧得要命！"

位于小队左侧的"70"号上的投弹手罗伯特·格雷比尔（Robert Greybill）瞄准了三座高塔投弹，虽然整个投弹过程仅有10秒钟，但取得了重大战果，巨大的爆炸摧毁了三座高塔的塔基、一座砖砌建筑以及旁边的储油罐。

三架飞机飞过康科迪亚·维加炼油厂厂区时，一次剧烈的爆炸震得飞机在半空中直摇晃，要么是之前第93轰炸机大队投下的定时炸弹爆炸了，要么是刚才被击中的储油罐发生了剧烈爆炸，根据阿波尔德的回忆，冲击波导致"G.I.吉尼"号左翼上下振动，飞机差一点失控，而"每日津贴II"号也差点和旁边的建筑物相撞，斯托茨反应神速，一把展开副翼躲过了"G.I.吉尼"号和旁边建筑。

飞行小队飞离康科迪亚·维加炼油厂厂区后，托马斯·舒勒（Thomas Shuler）在"70"号机鼻里看到了犹如地狱一般的末日，舒勒眼见德军高炮试图对自己射击，立即将弹雨泼了过

这张照片是在康普顿上校座机上拍摄的，此时座机上的机枪手正在对铁路上的油罐车进行扫射。

去："我看到飞机前方有一座88毫米高炮，它已经将炮口对准我们，我立即操作机枪射击。8挺M2航空机枪对准这门高炮射击，我们将所有的恐惧和不安全部倾泻出去，这门高炮很快被我们打成了废铁！"

阿波尔德的飞行小队轰炸完康科迪亚·维加炼油厂后，第376轰炸机大队其他大部分轰炸机依旧在普洛耶什蒂东北方向的山麓附近转悠，这一地区布满了油井、储油罐以及加油站，康普顿上校决定在这里投下炸弹。

第376轰炸机大队的轰炸机在普拉霍瓦山谷周围分散的到处都是，一个飞行小队大概由5至6架飞机组成，落单的飞机需要尽快找到伙伴，返回非洲是一场漫长的旅途，旅途中危机四伏，充满重重杀机。轰炸普洛耶什蒂就像捅了马蜂窝，德国空军一定会起飞战斗机在轰炸机编队返回北非途中进行拦截。

康普顿上校率领的飞行小队在现有航向上飞得尽可能远，透过挡风玻璃，康普顿上校看到了远处的群山，现在唯一的出路是向左转向并向北非撤离。当"泰姬·安"号向左转向时，第376轰炸机大队其他轰炸机也一起跟着转向。至少有一个飞行小队没有跟着康普顿上校转向，而是继续沿着普拉霍瓦山谷向坎皮纳飞去。

第376轰炸机大队在完成转向飞向北非没多久，几架B-24发现了远处似乎有几架机身呈粉色的B-24正在向南飞行，两者的航线相交呈直角。很显然，这些粉色涂装的是第98轰炸机大队和第44轰炸机大队，他们正在奔向普洛耶什蒂。第376轰炸机大队官兵的脑海里冒出了一个想法："看看普洛耶什蒂那里的残酷战斗吧，德国佬一定会把他们狠狠揍一顿！"这两个大队没有心情关注已经返航的第376轰炸机大队，

"清洗浴缸"号全体机组成员合影。该机在整个二战期间共执行73次任务，1943年9月返回美国之前，全体机组成员合影留念。

他们很快消失在包围普洛耶什蒂的浓雾中。

与其担心别人，第376轰炸机大队还是多考虑考虑自身处境吧。由于在康普顿上校的带领下整个编队多走了好多冤枉路，因此回程的燃油似乎并不够用，而且不少飞机均在战斗中受损，能不能安全返回北非都是一个未知数。有一些轰炸机由于没有投弹，因此飞机超重，必须尽快处理掉炸弹舱内的炸弹，否则肯定无法返回北非，不过放眼望去，飞机下方似乎并没有什么"军事目标"。

"清洗浴缸"号（WASH'S TUB）飞行员詹姆斯·博克（James Bock）一整天都在尽可能地保持编队飞行，炸弹舱内还有6枚226公斤炸弹，由于没有什么目标，博克告诉投弹手欧文·布鲁姆（Irving Bloom）赶紧处理掉这些炸弹，每隔15米就投下一枚，附近的农民不用担心收割农田里的玉米了，因为这块农田的玉米已经被炸弹炸光了。"密友-V"号上的炸弹也还在飞机上，飞行员杰罗姆·杜福尔（Jerome DuFour）和副驾驶员斯坦·李也一直在寻找军事目标，最后准备将炸弹投到克拉奥华东南的一处铁轨上，投弹手托尼·帕科斯（Tony Paakos）将炸弹投向铁轨后，由于是定时炸弹，因此炸弹并未立刻爆炸。

第376轰炸机大队就这样撤出了战斗，大队开始陆续返回北非基地。有些历史学家认为如果第376轰炸机大队能像第93轰炸机大队一样找到目标，而不是出现航线错误这种低级失误，此次战斗的战果一定会更加丰硕，虽然康普顿上校犯下了错误，但后面根据战场形势从南方接近普洛耶什蒂也不失为一种补救，当然这种想法是旁观者的事后分析罢了，不过在此次轰炸普洛耶什蒂的行动中，第376轰炸机大队的战果确实要比其他四个大队要低很多，而第376轰炸机大队的目标——罗美标准石油公司炼油厂基本没有遭到重创，产油量却从7月的6万吨猛增至8月的10.9万吨。

第七章 "白色IV"目标上空的"金字塔"

8月1日上午11点11分，第98轰炸机大队从一座小村庄附近上空穿过多瑙河。坐在"哥伦比亚万岁"号座舱里的凯恩上校开始思考自己大队的处境，他知道自己大队身后还有两个大队，一个是第44轰炸机大队，还有一个是第389轰炸机大队，只不过他现在搞不清楚哪一个是第44轰炸机大队。很明显，前面两个大队已经不知所踪，凯恩上校也无法知道身后两个大队发生了什么情况。不过有一点能肯定，当第98轰炸机大队遇到前文提到的云墙时，大队已经顺利穿了过去，其他两个大队可能还在盘旋穿越云墙，或是重新集结，或是放弃任务返回北非了。

凯恩上校认为自己飞得太快了，旁边的大队很有可能是第93轰炸机大队，为了保证编队的完整性和顺序，"哥伦比亚万岁"号发出信号，率领大队开始兜大圈子飞行，希望所谓的"第93轰炸机大队"飞到前面去，但是这个大队（应该是第44轰炸机大队）也跟着他一同转圈，凯恩上校意识到自己想错了，于是沿着既定航线继续飞行。考虑到第376轰炸机大队和第93轰炸机大队此时距离凯恩上校较远，凯恩上校实际上是三个大队的领队机，肩上的担子很重。凯恩上校想到了布里列顿上将曾说此次任务非常重要，普洛耶什蒂这个目标必须被摧毁，所以凯恩上校驾驶"哥伦比亚万岁"号继续向罗马尼亚飞行。

"北极星"号飞行员格伦·安德伍德中尉回忆："编队穿过多瑙河后开始向东转向，进入罗马尼亚。刚进入罗马尼亚时还未发觉敌人有任何行动，或许我们逃过一劫。当时还不知道德军是否已经知道了我们的动向，也不确定是否泄密。"

大队从300米高度向下看时，罗马尼亚的乡村景色尽收眼底。小艾尔伯特·弗里曼（Albert Freeman Jr）中尉对此印象很深："毫无疑问，罗马尼亚是我离开美国后见过的最漂亮的国家。和利比亚、埃及相比，这里景色优美，村庄看起来很干净，房屋像文明人住的房子。"

第98轰炸机大队的伯伦也有类似的想法："机身下方是村庄，村民四处走动，乡间到处是农田、奶牛、马匹，看起来人们正在前往教堂或是出去郊游，真是美好的一天。""宝贝"号（BABY）机组成员乔·纳吉也说："编队飞过农田的时候，人们正在收割麦子，他们还用帽子和衣服向我们挥手。"在"哥伦比亚万岁"号机鼻里，领航员惠伦正紧张地盯着手表以及飞机四周的地标，他在飞行日志里写道："11点55分，编队抵达第一个检查点皮特耶什蒂。"惠伦稍稍松了一口气，达到皮特耶什蒂意味着还有20分钟，编队就要飞抵普洛耶什蒂上空。

编队飞过皮特耶什蒂后，按照计划编队会对航线进行修正，随后飞往第二个检查点，但此时一个轰炸机大队直接脱离编队，在飞过皮特耶什蒂之后直接沿着现有航线向远方飞去，慢慢消失在前方的群山中。很明显，这是负责轰炸普洛耶什蒂以北29公里坎皮纳村斯泰瓦·罗曼纳炼油厂的第389轰炸机大队。现在编队中只留下第98和第44轰炸机大队继续飞往普洛耶什蒂。

凯恩上校后来在日记中写道："第389轰炸机大队抵达第一个检查点后，我在驾驶舱内坐立不安，试图想让他们向右转向，但他们却一直向北飞。我知道利昂·约翰逊上校会跟着我向右转向，于是我发出信号，让所有的飞机排成纵队，按梯队进行转向。"在越过第一个检查点后，透过薄雾，凯恩上校看到前方正下着雷阵雨，可见度较差，"编队即将遭遇一场暴雨，我们完全看不到前方。如果我们能抵达普洛耶什蒂，那有可能是我们的运气比较好"。

第98轰炸机大队快速飞过第二个检查点塔哥维斯特，直到这时大家才看清，原来刚才看到的所谓雷阵雨并不是什么积雨云，而是大火引起的黑色烟雾，也就是说普洛耶什蒂油田现在极有可能正在燃起熊熊大火。

"哥伦比亚万岁"号机鼻内，领航员诺姆·惠伦一边快速看着飞机外面的景象，一边检查着地图。在驾驶舱内，凯恩上校正笨手笨脚地把一顶钢盔戴在已经佩戴耳机的头上，顺

在哥伦比亚·阿奎拉炼油厂西侧拍摄的照片，照片中1为原油稳定厂房；2为蒸馏厂房；3为锅炉房；4为水泵站。哥伦比亚·阿奎拉炼油厂南侧为"白色III"和"白色IV"炼油厂。照片拍摄于1944年。

带看了一眼前方的普洛耶什蒂："那里简直就是地狱，到处都在燃着大火。现在即使没有地图，想找到普洛耶什蒂也不是什么难事。看到这一场景，我感觉仿佛有一只冰冷的手伸进我的胸腔，一把抓住我的心。前面的两个大队已经轰炸了普洛耶什蒂，那里的德国人显然已经做好了战斗准备，迎接我们的只有炮弹。"

埃德·罗斯克鲁格（Ed Rothkrug）中尉通过对讲机告诉安德伍德："目标正在着火！""黑色魔法"号（BLACK MAGIC）飞行员德怀特·帕奇（Dwight Patch）回忆："在很远的距离上，我们看到油田上空正冒着滚滚黑烟。"

几秒钟后，整个编队从左边的山麓飞入普拉霍瓦山谷，第三个检查点弗洛耶什蒂透过薄雾逐渐呈现在编队面前，到此为止，领队机领航员诺姆·惠伦的工作已经圆满完成，惠伦以极为精准的导航为自己赢得了"男爵"（The Baron）的绰号，他后来在回忆录中写道："编队顺利抵达弗洛耶什蒂后，我稍微松了一口气。我看了一眼普洛耶什蒂，看到巨大的浓烟和火柱从受损的炼油厂厂区中喷涌而出。我在等待中第一次感受到了恐惧。"

编队飞抵最后一个检查点弗洛耶什蒂后，惠伦按下对讲机开关："领航员呼叫飞行员，向右转向127°。"凯恩上校立刻驾驶"哥伦比亚万岁"号完成转向并在无线电里说："好了，男孩们，我们走，前面就是普洛耶什蒂，那里有属于我们的荣耀！"

编队在进行转向时，最外侧轰炸机需要增加马力进行转向，而内侧轰炸机，尤其是最靠近转弯中心轴的轰炸机需要收一收油

门，通常会出现侧滑。安德伍德中尉小心翼翼控制着飞机："就在我转向和压低机鼻时，安德伍德中尉大喊'小心下方的轰炸机'，我们几乎擦着布莱耶座机的机翼，'好的，我看到他了！'我立即告诉投弹手，'朱迪（Judy）我们准备爬升了，你开始寻找目标吧。'"

编队完成转向后，另有一队粉红色涂装的B-24从下方穿过，飞行方向与第98轰炸机大队呈直角。"锅炉制造者II"号的奥普惊叹于对方的飞行高度："我们飞得很低了，没想到他们飞得更低。"这些飞机就是上文提到的正在返回北非的第376轰炸机大队。

第98轰炸机大队分为5个攻击波扑向普洛耶什蒂，凯恩上校率领第1攻击波，即老鹰小队，该攻击波原本有10架B-24，但已经有3架无法执行轰炸任务，其中"基卡普人"号轰炸机前文提及坠毁在北非基地。赫伯特·辛德勒（Herbert Shingler）少校率领第2攻击波，即狐狸小队，该小队共有10架B-24，辛德勒少校座机为"肥沃的桃香木"号（FERTILE MYRTLE）。布莱耶率领第3攻击波，即派克小队，该小队共有10架B-24，布莱耶的座机为"噩梦"号（NIGHTMARE）。德尔波特·哈恩（Delbert

第98轰炸机大队刚刚飞过第一个检查点皮特耶什蒂后，航向调整到127°直扑第二个检查点。

Hahn）少校率领第4攻击波，即小鹰小队，该小队共有10架B-24，哈恩少校座机为"黑杰克"号（BLACKJACK）。华莱士·泰勒（Wallace Taylor）上尉率领第5攻击波，即狼小队，该小队共有8架B-24，泰勒上尉座机为"粗俗的处女"号（VULGAR VIRGIN）。

从最后一个检查点弗洛耶什蒂到普洛耶什蒂仅有21公里距离，以当时编队的飞行速度，大概需要3分钟即可飞临普洛耶什蒂上空。对于第98轰炸机大队来说，这3分钟将是忙碌的并且是充满血腥的。对于很多人来说，这3分钟是漫长的，对于另外一些人来说，这3分钟将是人生中最后3分钟……

吉尔伯特·哈德利（Gilbert Hadley）驾驶"哈德利的后宫"号压低了机头，几乎是贴着树梢在飞。罗伊·牛顿（Roy Newton）在对讲机里大喊："不要飞得那么低！"但哈德利并没有回答他，因为他正在聚精会神地盯着前方。

在"宝贝"号机鼻内，投弹手纳吉中尉和领航员保罗·沃伦菲尔茨（Paul Warrenfeltz）中尉正在努力穿上防弹衣。沃伦菲尔茨将自己的太阳镜放在领航员折叠桌上，这样从头上套进去的时候能方便些。正在此时，"宝贝"号机身突然开始抖动，3号发动机工作异常，机舱噪声达到100分贝。主保险丝被烧断，主保险丝盒冒出蓝色烟雾。飞行员弗朗西斯·维斯勒（Francis Weisler）中尉和副驾驶员弗朗西斯·麦克莱伦（Francis McClellan）立即将节流阀向后拉同时按下顺桨按钮。现在"宝贝"号只有3台发动机处于工作中，飞行速度逐渐落后于编队其他飞机，没办法，"宝贝"号只能丢弃炸弹，放弃任务。

机身中部机枪手保罗·乔伊斯（Paul Joyce）发现飞机正在减速："突然间，飞机毫无征兆地减速了，几秒钟之后，其他飞机就远远将我们甩掉，迅速消失了。问题就出在一台发动机

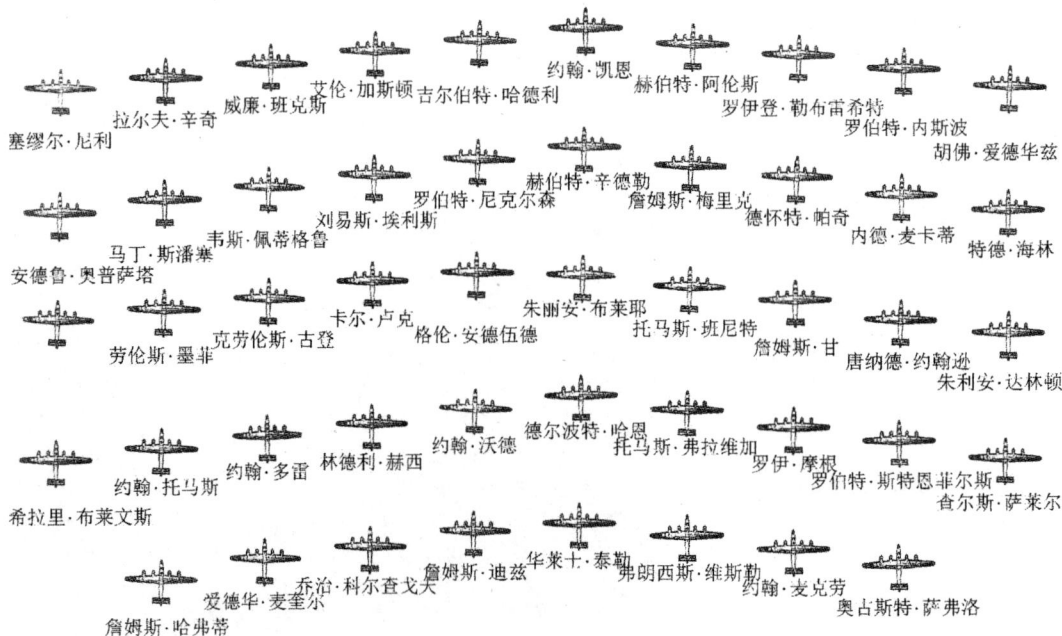

第98轰炸机大队轰炸"白色IV"目标的编队阵型。

上，就好像汽车抛锚一样——我们独自一架飞机在弗洛耶什蒂上空60米高度，在距离北非基地1900公里的地方飞行着。"

在"哥伦比亚万岁"号上，凯恩上校第一次如此清晰地审视普洛耶什蒂。整个普洛耶什蒂附近的炼油厂都在燃烧，显然其他两个大队已经对普洛耶什蒂进行了轰炸，不过按原计划他们轰炸的"白色IV"目标也已经被其他两个大队轰炸过了。凯恩上校后来回忆说："我们第一次如此近距离看到目标在燃烧，我们想要转向返航可是已经来不及了，既然来都来了，一定要做点自己应该做的事。"

第98轰炸机大队右侧是弗洛耶什蒂通往普洛耶什蒂的一条铁路支线，编队只要沿着铁路飞，一定会顺利抵达普洛耶什蒂，这也是当初选择弗洛耶什蒂作为检查点的重要原因。在这里，格斯滕贝格将军布置了一处陷阱，他在铁轨上部署了一列特殊的火车，每个车厢里面布置了轻重高炮，专门用来对付这一带的盟军轰炸机。第93轰炸机大队轰炸普洛耶什蒂时，这列货车正以最快速度向普洛耶什蒂驶去，现在刚好部署到位。当第98轰炸机大队进入射程内后，火车上的轻重高炮立即进行了一次毁灭性的齐射。

凯恩上校在日记中写道："我将飞机下降到树梢高度并告诉机鼻里的两个机组成员尽量别站着，我们准备闯进去。"机鼻里的惠伦和投弹手哈利·科格（Harry Korger）正在竭力寻找阿斯特拉·罗马纳炼油厂（白色IV）的蒸馏装置。惠伦回忆："突然间，飞机上全部的自

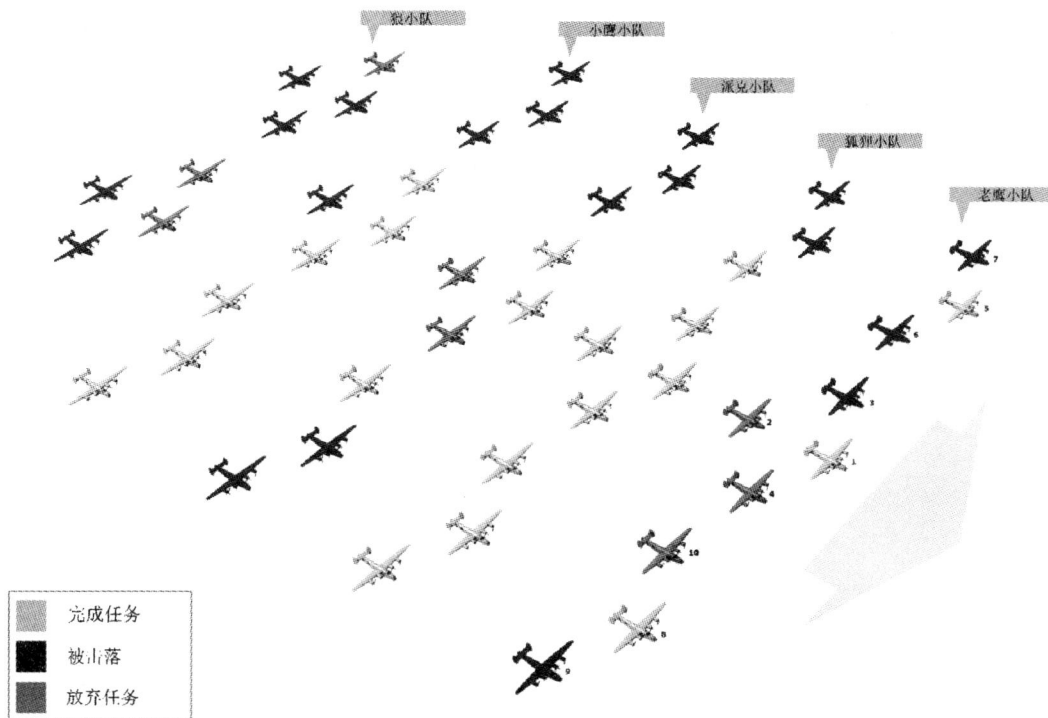

第98轰炸机大队编队。[①]

---

① 该图援引自Steven J Zaloga. Ploesti 1943: The Great Raid on Hitler's Romanian Oil Refineries, Osprey Publishing, 2019：60.

卫机枪都开火了，他们正在向德军高炮阵地射击，在震耳欲聋的枪炮声中，哈利和我一眼就认出了阿斯特拉·罗马纳炼油厂，虽然这个厂区已经遭到轰炸，但一些烟囱的轮廓依然清晰，足以让我们认出目标。我们按照原计划飞行，我向后退了几步，好让哈利方便操作投弹瞄准具。"

在驾驶舱内，凯恩上校驾驶着轰炸机向目标飞去，同时按下开火按钮，机头的机枪向着1.6公里外的德军列车射击。前机身固定机枪停火时，凯恩上校的手指依然按在开火按钮上，凯恩上校喊道："机枪怎么哑火了？"惠伦回答："机枪没有卡壳，只是没有子弹了，弹壳已经没过脚踝了！"仅仅几秒钟，B-24密集的弹雨就让这列火车失去了战斗力，不过这列火车打出的很多炮弹击中了第98轰炸机大队的轰炸机，不少受损的轰炸机依旧尽可能地飞向目标并投下炸弹。

在距离目标还有1分钟时，一枚88毫米口径炮弹直接命中哈德利的座机"哈德利的后宫"号（HADLEY'S HAREM）机鼻，当时该机位于凯恩上校左侧。爆炸完全摧毁了机鼻，炸死了投弹手里昂·斯道姆斯（Leon Storms）中尉，击伤了领航员哈罗德·塔布考夫（Harold Tabacoff）中尉，后者在对讲机里大喊："我也

被击中了！"涌入机鼻的气流立即导致飞机前机身开始下坠，哈德利和副驾驶员詹姆斯·林赛（James Lindsey）立即操纵飞机，保持飞机在空中飞行。另一发炮弹击中飞机的2号发动机，发动机随即起火，吉尔伯特·哈德利对着机背炮塔射手罗斯·佩奇（Russ Page）军士大喊，让他赶紧投弹，然后又跑到机鼻帮助塔布考夫脱困。佩奇立即赶到机鼻，拉动投弹手柄投弹，但是却无法帮助斯道姆斯，佩奇心情十分沮丧："我再也不想看到那堆烂摊子了！"佩奇将塔布考夫拖到驾驶舱，但第三发炮弹又击中了机身中部引起了爆炸，将机枪手罗伊·牛顿震倒在地，罗伊·牛顿浑身发抖，头昏眼花，挣扎着站起来操起机枪，对准一只鸟射击，当时罗伊·牛顿把这只鸟当成了德军战斗机。

在第二攻击波中，"锅炉制造者II"号身陷图圄，2号和3号发动机均被高炮击中，雷·瓦尔斯卡（Ray Walaska）中士操纵机枪，对着地面任何能动的目标进行射击，虽然他的肩膀被地面炮火击伤，但是依然坚持战斗，他后来回忆说："彼得·帕萨拉奎（Peter Passalaqua）头部被击中，在他倒下的一刻，我以为他阵亡了。"

机背炮塔射手奥普由于站的位置较高，因此对飞机受损情况一目了然，右侧2号发动机已

第98轰炸机大队排成一字队形直扑目标，此时距离目标仅有1.2公里。

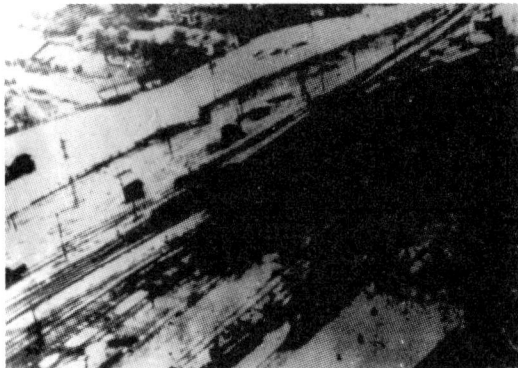

第98轰炸机大队正低空飞过目标附近的铁路线。

经起火，炸弹舱内容积为1514升的空油箱也已经开始燃烧，奥普当时心想："坏了，飞机再过几秒钟就要爆炸了！"飞行员特德·海林（Ted Helin）立即采取行动，他命令飞行工程师阿特·怀特（Art White）赶紧抛弃炸弹舱内的空油箱。飞机重量如果可以进一步减轻，飞机很有可能飞过厂区前方这片空地。

在第四攻击波里，"睡魔"号（SANDMAN）飞行员罗伯特·斯特恩菲尔斯（Robert Sternfels）中尉也正在竭力控制飞机上的螺旋桨："我对副驾驶巴尼·杰克逊（Barney Jackson）说：'抓住控制杆，满舵……该死的，推它！'但控制舵面依然没有反应，控制杆下面写着'上下是颠倒的'，我仔细读了两遍，于是尝试向后拉控制杆，谢天谢地，右翼终于有反应了，飞机上来了。"

当编队飞入阿斯特拉·罗马纳炼油厂内层防御圈后，德军在这里部署了轻型高炮阵地，编队轰炸机与地面高炮之间的对抗愈加激烈。"小乔"号（LITTLE JOE）副驾驶员比尔·伯根回忆："一发炮弹在我们飞机正上方爆炸，那动静听起来就好像是一辆弹药车爆炸了。我们击中了目标，整个厂区就像地狱中的火炉一样燃烧。"小艾尔伯特·弗里曼在"肥沃的桃香木"号的机鼻里看着飞机正前方："我应该向

火车站顶部的德军高射机枪阵地射击，但我根本分不清那些地方，于是我向能看到的每一桩建筑物扫射，这样就没有漏网之鱼了。"

编队飞抵阿斯特拉·罗马纳炼油厂厂区边缘时，透过浓烟，第98轰炸机大队官兵才真正看到目标全景。这里简直就是人间地狱，黑色油烟遮挡了前方视线，高达数百米的烟柱直插天空。红色、黄色和橙色的火焰肆虐厂区，火苗直冲云霄。储油罐和炸弹时不时地发生爆炸，空气中充满了烟雾、残骸以及死亡的气味。没有时间恐惧，也没有时间撤退，目标对于整个编队来说转瞬即逝，冲！

凯恩上校将"哥伦比亚万岁"号机头对准目标，穿过铁路编组场，飞进目标区域。惠伦回忆："我们和阿斯特拉·罗马纳炼油厂之间是费尼克斯·奥利昂炼油厂，我们飞过这座炼油厂时一个储油罐爆炸了，直径将近30米的储油罐盖子飞向空中，乍一眼看去有点像有辐条的车轮。"投弹手科格将投弹瞄准具套在阿斯特拉·罗马纳炼油厂的蒸馏装置，12时13分，科格大喊一声："投弹完毕！"凯恩上校立即驾机爬升，冲进了阿斯特拉·罗马纳炼油厂深处，四周的火焰立即包围了飞机，凯恩上校看到左臂上的一根头发由于受到高温烘烤开始弯曲，一个黑影从飞机左侧闪过，凯恩上校立即

第98轰炸机大队B-24机群在扑向阿斯特拉·罗马纳炼油厂途中经过了费尼克斯·奥利昂炼油厂。

驾机向右倾斜。短短几秒钟之后，飞机就冲破浓烟沐浴在阳光下，机身中部机枪手内维尔·本森（Neville Benson）和弗里德里克·利尔德（Fredrick Leard）的脸被油烟熏得黝黑，4号发动机被高炮击中后，燃油喷涌而出，凯恩上校立即按下了顺桨按钮。

位于凯恩上校左侧的塞缪尔·尼利（Samuel Neeley）中尉驾驶的"猥琐"号（RAUNCHY），该机撞上了一个防空气球，强大的冲击力造成一侧机翼折叠，另一侧机翼向上卷，飞机直接冲向地面。该机机身中部机枪射手兼摄影师威廉·希夫马赫（William Schiffmacher）在战争中幸免于难："炮弹在飞机两侧爆炸，到处都是大火，我们投下了炸弹，还没等我反应过来，飞机已经坠毁在地面上。飞机段成两截，我就躺在两截中间，飞机起火了，我下方有一具尸体，但我看不清是谁。我的手变黑了，就像一只正在被熏烤的鸡，我感觉不到痛苦，腰部以下完全瘫痪，我的脊椎下方有一个大洞，大到

4根手指都能伸进去。周围死寂沉沉，我从飞机残骸中艰难地爬了出来，虽然农田里面着了火，但我还是爬到一片空地上，穿过铁栅栏，滚下小山坡，掉进一个小溪中。溪水扑灭了身上的火苗，我昏了过去。"该机另一名幸存者是尼克·艾伦（Nick Allen）中士。

拉尔夫·辛奇（Ralph Hinch）中尉驾驶的"跟随者"号位于"猥琐"号左侧，该机两台发动机被击中，但辛奇依然驾驶飞机飞临目标上空并投弹。"跟随者"号脱离目标后，机身中部被高炮击中，辛奇中尉想驾驶飞机迫降，于是和副驾驶员巴伯选择了一块玉米地，迫降地点距离炼油厂大约1.6公里。飞机停稳之后，机组成员德尔玛·施威格特（Delmar Schweigert）、鲍勃·科尔曼（Bob Coleman）、哈里·鲍恩（Harry Baughn）、鲍勃·米德（Bob Mead）和唐纳德·怀特（Donald Wright）在飞机爆炸前从机身残骸中逃了出来。

"冒失鬼"号（SAD SACK）飞行员威

位于凯恩上校座机左侧是塞缪尔·尼利中尉驾驶的"猥琐"号，该机在轰炸普洛耶什蒂时撞上了一个防空气球，强大的冲击力造成一侧机翼折叠，另一侧机翼向上卷，飞机直接冲向地面，机上仅有两名机组成员幸免于难。

1943 年 8 月 1 日轰炸普洛耶什蒂行动中第 98 轰炸机大队第 344 轰炸机中队较为著名的一张照片，照片是由詹姆斯·L.梅里克中尉驾驶的"小除冰剂"号（LIL-DE-ICER）机身中部的一名机组成员拍摄的，照片中最右侧，也就是冲在最前面的是罗伯特·尼克尔森驾驶的"小朱海德"号，中间的 B-24 是刘易斯·埃利斯中尉驾驶"黛西·梅"号，最后面是德怀特·帕奇驾驶的"黑色魔法"号。照片背景中巨大的火球是拉尔夫·辛奇中尉驾驶的"跟随者"号被防空炮火击中后迫降时坠毁爆炸产生的。

廉·班克斯（William Banks）稳住飞机："机身下方的储油罐还在爆炸，两侧德军高炮阵地还在对我们进行射击，我们飞得如此之低，以至于德国人把我们当成靶子打。前方布满浓烟，我什么也看不清，我很担心无法完成任务。我只是咬紧牙关，默默承受下去。最后，我还没看到目标，决定飞离厂区。就在此时，投弹手乔·索萨（Joe Souza）大喊他在浓烟的缝隙中发现了炼油厂的烟囱和发电厂。我立即稳住飞机，让乔·索萨投下了炸弹。投弹完毕后，飞机正前方突然出现一个很高的烟囱，我和副驾驶员立即全力拉动控制盘爬升，差一点就撞上了，我们就像撑杆跳运动员一样跳过了那个烟囱！"

哈德利驾驶座机飞过了目标上空。尽管遭到很多高炮的射击，但座机还是穿过厂区。在厂区另一侧哈德利找到了凯恩上校的座机并立即追上去在其旁边飞行。凯恩上校右侧的一架B-24为罗伊登·勒布雷希特（Royden LeBreche）中尉驾驶的"女人"号（THE SQUAW），"女人"号右侧就是罗伯特·内斯波中尉驾驶的"基卡普人"号，该机前文提到已经坠毁。"女人"号飞抵目标上空，勒布雷希特和副驾驶员克林顿·基里安（Cinton Killian）将飞机拉升至60米高度，领航员格罗弗·辛克（Grover Zink）放下地图，操起机枪对着飞机前方目标进行扫射。投弹手詹姆斯·福克纳（James Faulkner）用了10秒钟时间投下炸弹，机身中部机枪手哈罗德·维尔（Harold Weir）立即对德军高炮阵地猛烈扫射："德国人一直在向我们射击，我从没想着我能活着出来。""女人"号穿过浓烟，最后飞抵厂区另一侧，飞机唯一"受损"的地方就是机鼻一幅印第安女人艺术画蹭了一点油渍，但画中的姑娘似乎还在微笑。

辛德勒少校在"肥沃的桃香木"号率领第

2攻击波，狐狸小队经过铁路编组场时，机枪射手对准铁路两侧的油罐车开火，命中了几辆油罐车。在72米高度，投弹手杰克·卡伯思（Jack Kaboth）每隔5米就将一枚453公斤炸弹投到厂区内，机枪射手约翰·摩根（John Morgan）中士对准地面上的目标射击，他心里还盘算着自己应该能安全返回英国。摩根是出发前最后一刻从第389轰炸机大队调到第98轰炸机大队的，上飞机前他还没有向其他机组成员介绍过自己，大家对他也不熟悉。领航员小艾尔伯特·弗里曼回忆："我们以70米的高度穿过厂区，机上的自卫机枪与地面上的高射机枪形成了交叉火力，德国人用步枪向我们射击，有些人曾报告有些孩子甚至向我们扔石头。"另一名机枪射手罗伯特·约翰逊（Robert Johnson）中士也在向地面目标射击，这是他第34次飞越敌方目标上空，这次战斗过后，他就要轮换回国了。

在"小朱海德"号（LIL JUGHAID）机鼻内，投弹手博伊登·苏皮亚诺（Boyden Supiano）中尉看到几个德军士兵正在举枪对自己的飞机射击，但随即就被一道火墙吞没。苏皮亚诺投下炸弹后，一发炮弹击中飞机机鼻，冲击波将他向后抛去，苏皮亚诺晕头转向，他甚至看到了自己的靴子飞起来，很明显爆炸将他的腿炸断。大火从狭窄的机鼻内喷出，情况变得愈发严重，苏皮亚诺和领航员奥西·帕克（Ossie Parker）都受了伤，他们两人在机鼻大声呼救，飞行工程师乔·雷德菲尔德（Joe Redfield）立即拿着灭火器冲进机鼻，虽然大火最后被扑灭，但灭火器无法关闭，雷德菲尔德只能将喷着泡沫的灭火器扔进前起落架舱。"小朱海德"号刚刚脱离目标上空，一发20毫米口径炮弹打穿了机背炮塔的有机玻璃，留下了一个直径25厘米的洞，洞口距离麦克拉肯的脑袋只有几厘米。麦克拉肯后来写道："乔·雷德菲尔德扑灭了机鼻的大火后，他就回到了驾驶舱，他留意到炮塔玻璃全碎了，他立刻抬起头看着我，他以为我死了，脸上露出悲伤的神情，当他看见我没事时，又咧着嘴对我笑。"他还写道："即使在360公里/小时的飞行速度下，在飞机上都能感受到目标燃起的大火所产生的热量。"

刘易斯·埃利斯（Lewis Ellis）中尉驾驶"黛西·梅"号（DAISY MAE）和他的第389轰炸机大队机组成员冲到了目标上空，该机被德军高炮打成了筛子——一台发动机被击中，前机轮也被打掉了，由于弹片击穿了炸弹舱内的油箱，因此炸弹舱内都充满了燃油和液压油。投弹手吉多·吉奥加纳（Guido Giona）大喊："径直朝目标建筑物冲过去，将飞机拉起来！"吉奥加纳准确将炸弹投向炼油厂中的一座医院，随后埃利斯驾机开始俯冲，快速脱离目标。在撤离过程中，埃利斯看到"黛西·梅"号一侧机翼撞击到一个防空气球上，机翼并无大碍，但却把气球钢缆割断了。

韦斯·佩蒂格鲁（Wes Pettigrew）驾驶"小乔"号冲进火焰中："在目标上空时，机组成员每个人都忙得不可开交，当我们飞离目标时，厂区已经燃起大火，油箱在燃烧，炸弹在爆炸，上升气流和下降气流如此强烈，飞机必须两个人共同驾驶。"副驾驶员伯根回忆当时炼狱一般的场面："当我们到达目标上空时，那里就像地狱一样热，飞机被炙烤着，仿佛要散架一样。当我看到被德军高炮击落的轰炸机残骸时，我是一副满不在乎的态度，我也不在乎我们是否会被击毁，我只希望能从战争与所有的痛苦中解脱。"

马丁·斯潘塞（Martin Speiser）中尉驾驶的"佩内洛普"号（PENELOPE）从75米高度投弹，但炸弹并未击中任何目标。斯潘塞本想驾驶座机降低高度再投弹，可是"佩内洛普"号下方还有另外一架B-24，已经无法降低飞行高度。下方的B-24飞走后，"佩内洛普"号也开始下降高度，最后和"小乔"号一同飞离，不过一名机组成员报告："炸弹没击中目标也没关系，储油罐被子弹击中也有可能爆炸。"

轰炸普洛耶什蒂是德怀特·帕奇执行的第3次作战任务，他驾驶"黑色魔法"号飞到了目标上空：

编队飞到第三个检查点时，我就看到了即将要轰炸的目标，很明显就是着火的那个，但是战场环境太糟糕了，我和约翰·帕克（John Park）共同控制飞机才能保证飞机在低空飞行，有两次飞机差点撞到地面。当时我们全功率飞行，飞行速度大概在320公里/小时，我正忙于听从投弹手的命令进行航线修正，我看到前方一架B-24被高炮击中了。

第98轰炸机大队B-24机群正在接近阿斯特拉·罗马纳炼油厂，该炼油厂已经被第93轰炸机大队轰炸过，黑色的浓烟和冲天的大火是最好的地标。

那架B-24突然出现在我的座机前方，它摇晃了一下，开始闯入我的飞行航线，然后慢慢向左侧滑，机头朝下，我经过它上方时，四周都是炮弹爆炸的黑烟，一枚炮弹击中了机背炮塔，场面就像是崩爆米花一样。那架B-24左翼首先被击中，随后机身开始燃烧并逐渐解体。

根据帕奇的回忆，这架被击中的飞机极有可能是前文提到的"小朱海德"号。

在投下1800公斤炸弹后，"黑色魔法"号机身中部被炸弹爆炸产生的弹片击中，帕奇身体剧烈摇晃了一下："我感到机身中部好像被什么东西撞了一下，但飞机控制系统和发动机一切正常。我驾驶飞机开始降低高度，吓得一名德军士兵从飞机前方的马车上摔下来，旁边还掉了一挺机枪。"副驾驶员帕克回忆，当飞机飞过一个大烟囱时，他清晰地看到烟囱顶居然少了8块砖头。"黑色魔法"号机身中部被一枚炮弹击中，弹片打爆了染料标记罐。"那种染料标记罐里面装满了铝粉，被炮弹击中后，铝粉喷在机枪射手身上，把他染成了《绿野仙踪》里的锡人。"弹片还打伤了机身中部机枪射手埃利斯·博诺登（Ellis Bonorden）和约瑟夫·麦克休恩（Joseph McHune），两个人躺在机舱里大声求救，领航员菲利普·帕比什（Phillip Papish）立即冲到机身中部营救。虽然他是一名兽医，但医学知识要比其他机组成员丰富，他找到医疗箱内的吗啡，开始治疗伤者，包括受伤的投弹手比尔·雷诺兹（Bill Reynolds），然后操纵机身中部机枪对地面目标进行还击。

飞行员海林和查尔斯·史密斯（Charles Smith）依旧在操纵"锅炉制造者II"号，两人驾驶这架起火的飞机艰难爬升到60米高度，他们"一寸一寸"地向前艰难飞行，投弹手梅纳德·哈伯德（Maynard Hubbard）投下了炸弹。与此同时飞行工程师怀特也成功抛弃了炸弹舱

"锅炉制造者II"号在阿斯特拉·罗马纳炼油厂附近的一处玉米地里迫降，机头直接扎进土里，而机尾却翘到天上。

内的空油箱。"锅炉制造者II"号被更多的炮弹击中，弹片打断了副翼控制电缆。海林对着对讲机大喊："赶紧从机鼻中滚出来，我们要撤离目标上空！"由于对讲机不知道被丢到什么地方，奥普从机背炮塔钻出来，跑到海林耳边大喊："飞机快完蛋了！炸弹舱充满浓烟，我看到机翼油箱有火苗冒出来了！3号发动机起火，另一台发动机也快完蛋了，飞机撑不下去了，如果继续飞行，一侧机翼可能会折断。"

为了保证机组成员的安全，海林尽可能控制住飞机："我当时还能控制住飞机，尽可能地保持飞行以脱离目标上空，如果飞机要迫降，机鼻部分最危险，所以我让他们赶紧离开机鼻。我放下起落架后，用尽了平生所学的所有飞行技巧，唯一的想法就是保证大家安全。"在脱离目标约10公里后，特德·海林发现了一大块玉米地，立即驾驶"锅炉制造者II"号在这里安全迫降，奥普回忆迫降时说飞机就好像是一箱碎鸡蛋上下翻腾。

"锅炉制造者II"号在玉米地里迫降停下之后，机尾翘在半空中，机鼻直接插在土里，该机全体机组成员从冒着烟的机身中爬出来，四面八方地散开。其他轰炸机上目睹了"锅炉制

"锅炉制造者II"号全机机组成员合影，前排左一为哈里·奥普，后排右三为特德·海林，右二为梅纳德·哈伯德。

造者II"号迫降全过程的人都认为该机机组成员没有生还的可能性，但实际上海林和史密斯创造了一个奇迹，"锅炉制造者II"号全体机组生还，接下来他们就要在罗马尼亚东躲西藏了。

安德鲁·奥普萨塔（Andrew Opsata）中尉驾驶座机"毒刺"号（THE STINGER）和来自第389轰炸机大队的机组成员冲进了目标上空。奥普萨塔注意到铁路右侧一个储油罐正在起火，他此刻心里想着自己还能否安全返回位于北达科他州科尔根的故乡。一发20毫米口径炮弹从左侧击中了"毒刺"号，几乎将左侧升降舵完全摧毁。机背顶部炮塔机枪射手保罗·尼克尔森（Paul Nicholson）在炮弹击穿炮塔的一瞬间本能地低下头躲过一劫。另一枚20毫米口径炮弹击中了照相舱，留下了一个直径5厘米的洞，飞行甲板也被打弯，爆炸的弹片击中了机身中部机枪射手约翰·戈米（John Gormey）的脚踝。奥普萨塔驾驶"毒刺"号爬升到75米，投弹手唐纳德·迪科索尔（Donald DiCosol）将炸弹准确投向目标，他还看到前面一架B-24投下的炸弹命中一座烟囱，那座烟囱在爆炸中轰然倒地，变成了一大堆废砖头。

第3攻击波由布莱耶驾驶的"噩梦"号率领，投弹手杰克·拉姆齐（Jack Rumsey）在75米高度投弹，但是机尾机枪射手罗伯特·卢基（Robert Looke）告诉他投弹高度有些低，其实投弹高度确实有些低，炸弹投下去后在地面弹了一下，跳起来越过了厂区的防爆墙，直接钻进了厂房爆炸。"噩梦"号上的杰瑞·乔斯维科（Jerry Joswick）中士手拿K-20照相机，一次次按动快门，记录下阿斯特拉·罗马纳炼油厂上空惨烈的战斗

画面，他也是此次轰炸普洛耶什蒂油田行动中唯一一名返回基地的摄影师，现在不少流传至今关于轰炸普洛耶什蒂的照片均出自他手。

机身中部机枪手弗兰克·博勒加德（Frank Beauregard）看到了乔斯维科做的其他事情："我在机身中部呼叫飞行员，希望能得到帮助，因为这里有太多的事情要做。这里到处都是空弹壳、空弹药箱，逃生窗口附近还装有一个大型相机，专门在目标上方拍照。杰瑞·乔斯维科将自己的相机留在驾驶舱，跑到机身中部为我们装弹。"机枪手弗兰克·科扎克（Frank Kozak）在机身中部看见飞机后方的克劳伦斯·古登（Clarence Gooden）中尉驾驶的"玛吉"号（MARGIE）翼根已经起火，古登驾机爬升，随后按下弃机跳伞铃，副驾驶员杰罗姆·萨瓦里亚（Jerome Savaria）离开座位，跑向炸弹舱，随后跳伞，他的降落伞打开后在气流中四处翻腾，好像荡秋千一样，最后摔在地上。机背顶部炮塔机枪射手迈克尔·特里克（Michael Trick）也选择了跳伞，他的降落伞及时打开，保住了性命。"玛吉"号一侧机翼最后折断，飞机坠毁，机上其他人员全部遇难。

劳伦斯·墨菲（Lawrence Murphy）中尉驾驶的"靴子"号（BOOTS）也燃起了大火，最后撞向一座厂房。劳伦斯·哈德科克（Lawrence Hadcock）中尉驾驶的"四眼"号（FOUR EYES）及其 9 名机组成员冲进浓烟后再也没有飞出来，有其他机组在战后报告说"四眼"号最后出现的区域内发生了剧烈的爆炸，有理由相信该机最后也坠毁了。

安德伍德驾驶的"北极星"号位于"噩梦"号左侧，他看到有一家人躲避轰炸："炼油厂附近的一座房屋着火了，上层建筑正在燃烧。一名男子把衬衫袖子卷到胳膊肘，一只手抱起一名小孩，另一只手护着妻子正跑出那座房子。那名孩子有着棕色的长发，孩子的妈妈身材迷人，我真希望这一家子能活到战争结束。"投弹手朱迪本想伸手拨动投弹开关，但一枚 20 毫米口径炮弹击中了"北极星"号的 2 号发动机，发动机立即发出了可怕的声音，朱迪出于本能立即低下了头，"北极星"号错过了投弹时机，飞机带着炸弹冲出目标上方的烟雾和火焰。

位于第 3 攻击波右侧的"白马王子"号（PRINCE CHARMING）和"瞌睡者"号将炸弹投向目标，并撤离了目标上空。虽然两架轰炸机被地面炮火击中，但如果一切顺利，两架轰炸机也能安全返回北非基地。达林顿驾驶

遭到第 98 轰炸机大队轰炸后的阿斯特拉·罗马纳炼油厂，照片中炼油厂那个黑色的大烟囱非常显眼，很多照片都拍到了这个黑色的大烟囱。

"女巫"号飞到目标上空时还没搞清楚什么情况，他以为这是德国人故意释放的浓烟，用来干扰轰炸机编队投弹，但是"女巫"号还是将炸弹投到一座发电厂上，最后撤出目标上空。

德尔波特·哈恩少校驾驶"黑杰克"号率领第4攻击波冲到目标上空，但大火和浓烟笼罩在目标上空使其无法投弹，哈恩少校只能率领编队稍向左倾斜，他回忆说："橙黄色的大火和浓烟覆盖了整个目标，最高达到了120米。我驾机在距离右侧机翼仅有3米的距离上错过了一个大烟囱。投弹手雷·文格伦（Ray Vengelen）将炸弹投到一个厂房上。"

"黑杰克"号左侧为约翰·沃德（John Ward）中尉驾驶的"产房"号（MATURNITY WARD），该机在试图靠近目标时，机身中部

油箱被高炮击中并燃起大火，但沃德中尉坚持将飞机飞到目标上空并成功投弹，飞机撤离炼油厂上空时，火势已经无法控制，从机身中部一直烧到机尾，最后机鼻向上倾斜，机身扭曲，疯狂旋转地撞向地面，全体机组成员丧生。

就在"利尔·乔"号进入厂区上空后，机身中部油箱被炮弹击中，装满燃油的油箱立即起火，飞行员林德利·赫西（Lindley Hussey）中尉意识到事态的严重性，立即按下了跳伞铃并驾驶飞机爬升，尽量争取跳伞高度。大多数机组成员在飞机爬升到30米高度之前就跳伞了，导致降落伞无法开启而坠亡。雷·海斯纳（Ray Heisner）和詹姆斯·特纳（James Turner）在低空跳伞中幸存，赫西和无线电操作员埃德蒙德·特

勒罗伊·摩根驾驶的"咕咚咕咚"号拍摄的阿斯特拉·罗马纳炼油厂厂区已经被摧毁的锅炉房和裂解塔，这两处目标均被第 93 轰炸机大队炸毁。

里（Edmond Terry）一直在飞机上，直到飞机穿过厂区内的大火……几天之后，赫西在一家医院中苏醒，虽然他幸免于难，但伤得很重，肋骨和肩胛骨骨折，双腿被弹片打伤，特里和他情况差不多，但至少捡回了一条命。

"老秃子"号（OLD BALDY）在飞向目标时被德军高炮击中，飞行员约翰·多雷（John Dore）中尉尽可能地保持飞机平稳飞行，直到投弹手将炸弹投到炼油厂厂区。投弹完毕后，

多雷驾驶燃起大火的"老秃子"号尽量向上爬升以增加高度，但飞机右侧机翼开始断裂，断裂的机翼飘向地面，飞机最后失控撞向炼油厂围墙，"老秃子"号上全体机组成员阵亡。

"风叶"号（AIR LOBE）在距离目标几公里时被德军高炮击中了机身中部油箱，飞行员约翰·托马斯（John Thomas）和副驾驶员大卫·刘易斯（David Lewis）一直在努力控制飞机飞向目标，投弹手将炸弹投向炼油厂后，左翼完全脱

三架 B-24 飞越阿斯特拉·罗马纳炼油厂准备投弹，图中可见小型储油罐四周筑有防爆墙，可在一定程度上减弱炸弹爆炸产生的冲击波对储油罐造成的伤害。

落，飞机最终失控，飞机撞向了地面后变成一团火球。领航员罗伯特·纳什（Robert Nash）在飞机坠毁时被甩出机身外，侥幸生还。

希拉里·布莱文斯（Hilary Blevins）驾驶 "蛇眼" 号（SNAKE EYES）经过短暂的航线修正后直扑炼油厂，但位于飞机左侧的德军高炮击中了 "蛇眼" 号左侧水平尾翼，飞机立即开始摇晃。布莱文斯和副驾驶员约翰·奥格雷迪（John O'Grady）立即踩下方向舵右侧踏板，同时疯狂转动平衡轮以减轻舵面压力。虽然飞机恢复飞行，但机身其他地方又被炮弹击中，其中一枚炮弹击中了机身中部，机枪射手欧内斯特·马丁（Earnest Martin）的腹部和腹股沟遭到重创，他爬着回到阵位继续操枪射击。"蛇眼" 号高速掠过目标上空时，投弹手哈罗德·摩尔（Harold Moore）投下炸弹，但由于炮弹打断了投弹相关零件，炸弹实际上并未投下去！更糟糕的是，全机机组都不知道炸弹还留在弹舱内！

"蛇眼" 号带着炸弹脱离目标上空，此时一架战斗机追上 "蛇眼" 号，第一次射击就击中了 "蛇眼" 号的4号发动机和机翼油箱，"蛇眼" 号随即冒出浓烟，燃油从受损的管道中喷射出来，溅到机身中部的舷窗上。布莱文斯和奥格雷迪立即将4号发动机顺桨，随着飞机受损不断加重，在加上战斗机的出现，"蛇眼" 号眼看就要被击落了。最后几分钟里，这架战斗机放弃追逐 "蛇眼" 号，飞行工程师哈罗德·诺茨（Harold Knotts）从驾驶舱跑道机身中部，拿着吗啡和绷带为马丁治疗，同时操起机枪以防被战斗机偷袭。战斗机撤离后，诺茨立即通过对讲机告知布莱文斯实际情况——炸弹居然还在炸弹舱里！

飞行员勒罗伊·摩根（Leroy Morgan）驾驶 "咕咚咕咚" 号（CHUG A LUG）飞入炼油厂厂区时，前方有一个防空气球，眼见避无可避，摩根直接驾机撞了过去，钢索划伤了右侧机翼。摩

第98轰炸机大队第345中队B-24 "咕咚咕咚" 号，该机在行动中拍摄了大量的照片，其中就包括 "睡魔" 号那张最著名的照片。该机在二战中共执行过105次任务，后于1944年7月返回美国。

根事后回忆起来依然心有余悸："飞机至少被击中5到6次，飞机上大部分系统失灵，比如无线电、液压系统、电力等系统，一切都被摧毁了。右侧副翼被击中并卡在释放的位置，这就导致右侧机翼一直有上抬的倾向。"

就在"咕咚咕咚"号准备投弹时，摩根注意到飞机机翼左右两侧有炸弹落下来，很明显飞机上方的队友正在投弹。摩根遭到了德军顽强的抵抗："下面的德国人用一切东西向我们射击，机鼻、机身中部和垂尾均被击中，无线电操作员罗伯特·迪普顿（Robert Tipton）肩胛、脸部和手指受伤，领航员维克托·拉森（Victor Larson）腿部受伤。"顶部炮塔被一枚20毫米口径炮弹完全摧毁，机枪手詹姆斯·范·内斯（James Van Ness）瞬间毙命。

摩根驾驶"咕咚咕咚"号冲向一座烟囱，投弹手卓别林·沃金森（Chaplin Walkins）将炸弹投到了烟囱附近。"咕咚咕咚"号上装有一台照相机，在投弹后可每秒钟拍摄一张照片，后来胶卷洗出来后有6张照片是全黑的，这就说明飞机投弹后，有连续6秒钟镜头被阿斯特拉·罗马纳炼油厂上空的浓烟完全遮挡住了。

几秒钟之后，"咕咚咕咚"号上的照相机拍到了迄今为止轰炸普洛耶什蒂油田最著名的一张照片——"睡魔"号正在倾斜着机身飞过炼油厂上空，背景为三个烟囱以及黑色的浓烟。"睡魔"号飞行员斯特恩菲尔斯回忆拍摄这张照片时的场景："由于炼油厂上空浓烟的遮挡，我没能及时发现飞机前方的一条钢索。

几乎是出于本能，钢索击中3号发动机时，我驾驶飞机稍微倾斜了一下，钢索击中螺旋桨时发出的声音就好像一门大炮在你耳边开火一样，钢索最后缠绕到螺旋桨转轴上，谢天谢地，钢索最后被螺旋桨削断，打进了右侧机身里。"

"睡魔"号投弹手戴夫·波拉谢克（Dave Polaschek）回忆："当飞机飞到目标上空时，由于浓烟和火焰的遮挡，我看不见前方，我只能随机丢下炸弹并关闭炸弹舱门。我回头看看领航员托尼·弗莱瑟（Tony Flesh），发现他脸色苍白，我通过对讲机告诉罗伯特·斯特恩菲尔斯，已经投弹完毕，让他赶紧撤离目标上空。"

在机身中部，机枪射手梅尔·伯伦（Merle Bolen）一直在拍照："我站在机身中部拍照时，飞机陡然倾斜，我差点从舷窗掉出去。看

这张照片应该是1943年8月1日轰炸普洛耶什蒂行动中最著名的一张照片，是"咕咚咕咚"号上的照相机拍摄的，当时罗伯特·斯特恩菲尔斯驾驶"睡魔"号正在躲避防空气球的阻拦钢索，轰炸机背景是遮天蔽日的黑烟。

着窗外我简直不敢相信自己的眼睛，炸弹在爆炸，油罐在燃烧。身在机身后方的我们，真的被大火和浓烟熏黑了。""咕咚咕咚"号后来又拍摄到两张"睡魔"号撤离目标上空的照片。波拉谢克回忆："飞机在玉米地上空超低空飞行，我当时害怕飞机撞到下方的电线杆和电话线，不断提醒罗伯特·斯特恩菲尔斯稍微爬升点高度。飞机降落到塞浦路斯之后我们发现发动机机舱内全都是玉米秆。"

第4攻击波中最后一架飞到目标上空的是查尔斯·萨莱尔（Charles Salyer）中尉驾驶的"战斧"号。"战斧"号飞到目标上空后立即投弹，透过浓烟的一处缝隙，机尾机枪射手约翰·沃比特斯基（John Verbitski）看到后方一架B-24在距离目标1公里的地方被击落，坠机的地方腾起冲天的火柱，这架飞机应该是第5攻击波的某一架轰炸机。萨莱尔驾驶的这架"战斧"

号是从第389轰炸机大队借过来的。

第5攻击波飞机数量最少，飞越目标的时间也最短，"宝贝"号在飞抵第三检查点后因发动机故障不得不放弃任务，第5攻击波的8架轰炸机，3架放弃任务，5架被击落，战损比在5个攻击波中是最高的。

第5攻击波的最右侧为奥古斯特·萨弗洛（August Sulflow）中尉驾驶的"永远的菲利克斯"号（SEMPER FELIX），该机唯一一名幸存者威廉·特莱希勒（William Treichler）中尉回忆说："飞机在90米高度穿越德军防空火力网，到处都是浓烟和爆炸声，我听见奥古斯特·萨弗洛在对讲机里大喊：'我看不见前方。'副驾驶员夏伊·米勒（Shay Miller）回答：'稳住！稳住！'两人随即修正方向并投下炸弹。我看到波利特（Politte）被德军高射机枪击中两次，炸弹舱油箱也被击中，大火从炸

"睡魔"号正飞越阿斯特拉·罗马纳炼油厂，当时"睡魔"号飞行高度大约为80米，拍摄时间为8月1日中午12时12分，储油罐四周的防爆墙清晰可见。

弹舱喷出，随后飞机就爆炸了。几天之后我从一家医院的病床上醒来。"

约翰·麦克劳驾驶的"公驴的毛线衫"号也隶属于第5攻击波，他和其他机组成员均来自第389轰炸机大队。机尾炮塔机枪射手约翰·罗斯（John Ross）中士回忆，在飞机冲向炼油厂时他正在操作机枪对准地面目标射击，同时盯着远处几架Bf 109战斗机防止被偷袭。飞机投弹后，罗斯能明显感到飞机在倾斜，不久之后，德军高炮就把"公驴的毛线衫"号打成了碎片。

罗斯"看到飞机侧面和下面冒出滚滚黑烟，很明显飞机受损严重"。为了避免飞机坠毁，麦克劳开始缓缓下降高度，准备进行迫降，飞机迫降成功后，罗斯立即从机尾炮塔爬了出来，此时飞机正在着火，他看到另外3名机组成员正在飞行甲板上躺着，立即跑上去营救。

罗斯绕着机身残骸转了一圈，找到了麦克劳和副驾驶员查尔斯·卡维特（Charles Cavit），卡维特是从驾驶舱右侧窗户爬出去的，然后将麦克劳拖出来，后者被严重烧伤。罗斯注意到一架德军战斗机正在上空盘旋，过了一会儿，一队德军

"睡魔"号正飞离阿斯特拉·罗马纳炼油厂。

士兵包围了他们。这是麦克劳全体机组第一次执行任务，也是最后一次执行任务。

"凯特·史密斯"号（KATE SMITH）在目标上空被德军高炮拦截，受损严重，炸弹舱内油箱被击中并发生了爆炸，虽然飞机挣扎着投下炸弹，但机翼根部被炮火直接命中，机翼断裂，飞机滚转着撞击地面后发生爆炸，全体机组成员中只有副驾驶员克林顿·福斯特（Clinton Foster）和机枪射手詹姆斯·豪伊（James Howie）幸免于难。"银图"号（YEN TU）在飞临目标上空前就被炮火击中，飞机燃起大火，飞行员爱德华·麦奎尔（Edward McGuire）和副驾驶员詹姆斯·默里（James Murray）拼尽全力驾驶飞机爬升，投弹后机枪射手吉姆·沃特曼（Jim Waltman）、鲍勃·瑞恩斯（Bob Rans）、克拉克·费茨帕特里克（Clark Fitzpatrick）三人跳伞，虽然重重摔在地上，但没有生命危险。沃特曼的脸部和手被严重烧伤，飞机最后坠毁在炼油厂附近，其他机组成员遇难。

第5攻击波的领队机"粗俗的处女"号也被德军高炮击中，炸弹舱油箱被击中并燃起大火，华莱士·泰勒上尉驾驶受损轰炸机冲向目标，大火蔓延到整个机身，飞机想通过炼油厂厂区上空已经不可能，泰勒上尉下令弃机，有人看到几名机组成员在飞机坠毁前跳伞，但该机唯一一名幸存者是泰勒，他手臂和双手被严重烧伤，落地后成为战俘。

第98轰炸机大队剩余轰炸机

在撤离炼油厂上空后尽可能保持编队飞行，然后转向西南，没过多久就与后来的第44轰炸机大队合二为一，踏上了漫漫返航之路。凯恩上校的座机"哥伦比亚万岁"号由于受损严重，逐渐掉队，大队里其他轰炸机超过"哥伦比亚万岁"号时，战友们都对凯恩上校挥手致意。

第98轰炸机大队撤离阿斯特拉·罗马纳炼油厂时拍摄的照片，照片中有两辆卡车，几名士兵正在旁边的池塘里游泳。

第98轰炸机大队B-24机群完成任务后正在撤离普洛耶什蒂上空，远处为"白色 III"炼油厂厂区。

第八章 "白色V"目标的巨大火球

第44轰炸机大队飞过多瑙河时，河面上有50多艘驳船正在河面上行驶。该大队闯入罗马尼亚领空后，形势骤然紧张，直到此时，第44轰炸机大队只在保加利亚领空遭遇过敌机，在罗马尼亚上空还未遭遇敌方战斗机拦截。

现在第44轰炸机大队的官兵开始关心负责领队的大队去哪里了，经过一段时间飞行后，第44轰炸机大队官兵看到前方隐约出现了涂装呈粉红色的B-24轰炸机，显然那是第98轰炸机大队。更令人欣慰的是，第389轰炸机大队也从后方慢慢追了上来，他们快速下降高度，追上第44轰炸机大队后，融入大编队。

第44轰炸机大队指挥官利昂·约翰逊上校率领16架（这里包括约翰逊座机）负责轰炸"白色V"目标，也就是哥伦比亚·阿奎拉炼油厂，吉姆·波西（Jim Posey）上校率领第44轰炸机大队剩余20架轰炸机负责轰炸普洛耶什蒂西南8公里布拉齐村的克莱迪图·米尼尔炼油厂，该厂代号为"蓝色"目标。波西编队中查尔斯·惠特洛克（Charles Whitlock）中尉驾驶的"天堂可以等待"号（HEAVEN CAN WAIT）在克拉约瓦（Craiova）以南上空发生机械故障，1号发动机油压快速下降，惠特洛克只能关闭该发动机并将螺旋桨顺桨。"天堂可以等待"号是继续飞往克莱迪图·米尼尔炼油厂参与战斗还是放弃任务？惠特洛克出于为全体机组成员安全考虑，

最终选择放弃任务，准备返航。在距离"蓝色"目标200公里的上空，"天堂可以等待"号向南转向，开始逐渐脱离编队。当"天堂可以等待"号再次飞越多瑙河时，机组发现很多人在河中游泳，于是飞到多瑙河下游找个没人的地方将炸弹丢弃。

"天堂可以等待"号在距离塞浦路斯仅有20分钟路程时，4号发动机突然熄火。现在"天堂可以等待"号仅有两台发动机还在工作，如果遇到敌方战斗机拦截，"天堂可以等待"号就是活靶子，必死无疑。机上无线电操作员唐纳德·蔡斯（Donald Chase）中士回忆：

我们当时的飞行高度为450米，并不断在下降，惠特洛克询问我能否广播求救信号，我说可以，于是我开始广播15秒至20秒的SOS求救信号，以便救援队能找到我们。与此同时，机组成员将机枪、子弹、衣服、食品等物品全部丢出机舱外，以减轻飞机重量。海岸线近在眼前。幸运的是，我们被安排在东西走向跑道上降落，这样我们就不用转向了。我打出了一颗红色信号弹，在经过5个小时的飞行后，飞机在塞浦路斯完美降落。

"天堂可以等待"号离开编队后，埃尔默·莱因哈特（Elmer Reinhart）中尉驾驶

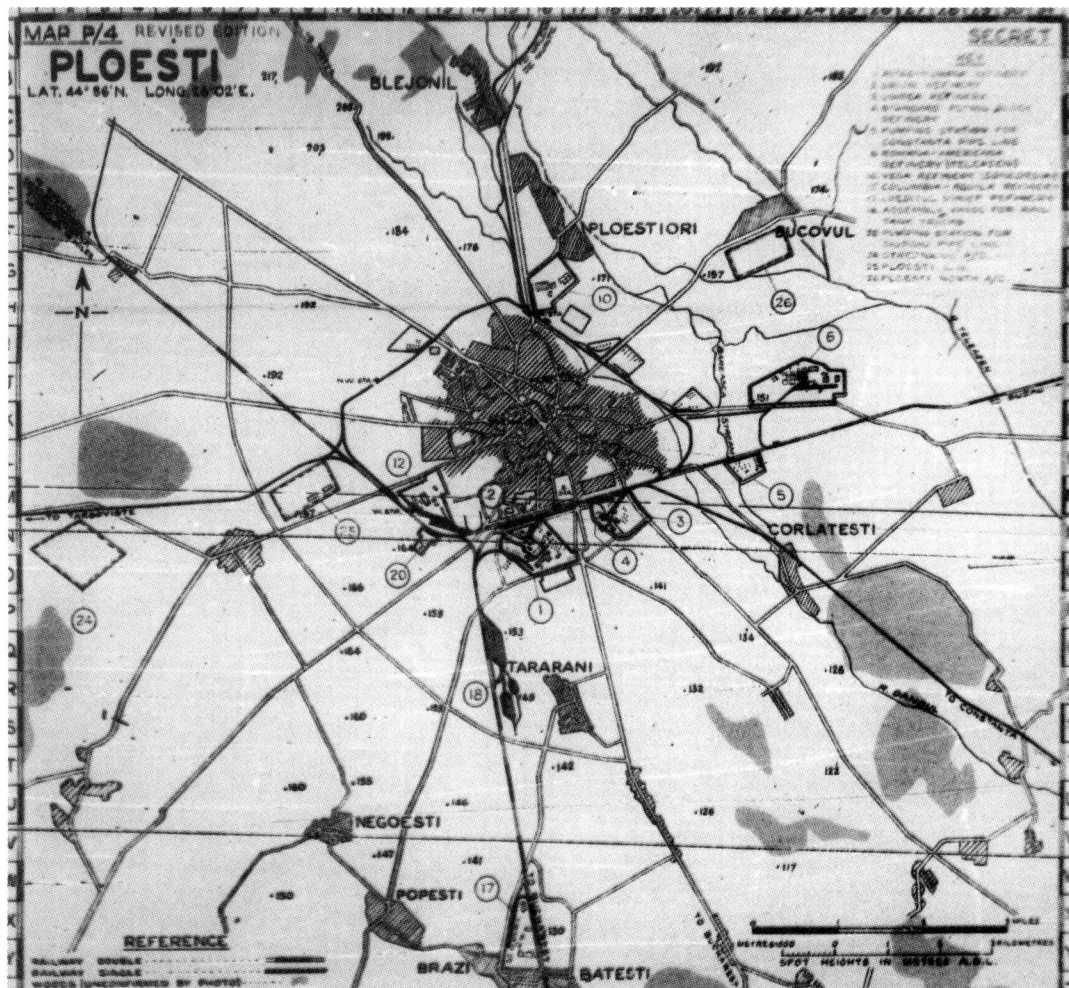

图中标注的数字代表了普洛耶什蒂附近较为重要的目标，也是整个行动中重点轰炸的地方。

的 "G.I.加仑" 号以及 "海伦·B.哈皮" 号（HELEN B HAPPY）依次向前填补空缺。经过调整，吉姆·波西率领的编队再次恢复正常。

吉姆·波西编队中的 "复仇者" 号（AVENGER）上除了机组成员之外，领航员罗伯特·皮特森（Robert Peterson）还把自己的爱犬——一只名叫拉斯提（Rusty）的可卡犬也带到飞机上。当天编队从北非起飞时，皮特森在登机时顺便就把爱犬一同带上了飞机。拉斯提已经陪着主人执行过几次作战任务，是一名忠实的 "老兵"。

第44轰炸机大队经过第二个检查点塔哥维斯特之后就发现普洛耶什蒂上空飘满浓烟和火光，整个大队一看普洛耶什蒂上空就知道怎么回事了。比尔·卡梅伦（Bill Cameron）回忆说："我们当时就敏锐地意识到普洛耶什蒂已经遭到猛烈轰炸，一定是前面几个大队干的，只是我们没想到普洛耶什蒂上空的浓烟有一部分是从哥伦比亚·阿奎拉炼油厂上空飘来的，那里原本是我们负责轰炸的目标。"

"苏瑞Q步" 号领航员查尔斯·赛拉斯基（Charles Selasky）准确将第44轰炸机大队带到第三检查点，从机鼻向第三检查点望去，赛拉斯基看到了最后的地标。发电厂、主要铁路和调度站位于编队右侧，就在公路的后方，再过去就是油田的钻井架。第44轰炸机大队在第三检查点和第98轰炸机大队一同转向，位置在第98轰炸机大队内侧，同时两个大队保持合适的间距。利昂·约翰逊上校率领的编队有5个飞行小队，最后一个飞行小队由4架轰炸机组成，其余飞行小队均由3架轰炸机组成。卡梅伦回想起当时的场景依旧振奋不已："我直到现在都能回忆起那庞大的场面，我们就好像是一群展翅滑翔、俯视大地的大雁。"

"冒失鬼II"号位于飞行小队左翼，该小队领队机为"迷人的女巫"号（BEWITCHING WITCH）。"冒失鬼II"号副驾驶约瑟夫·基尔（Joseph Kill）负责完成大部分飞行工作，编队

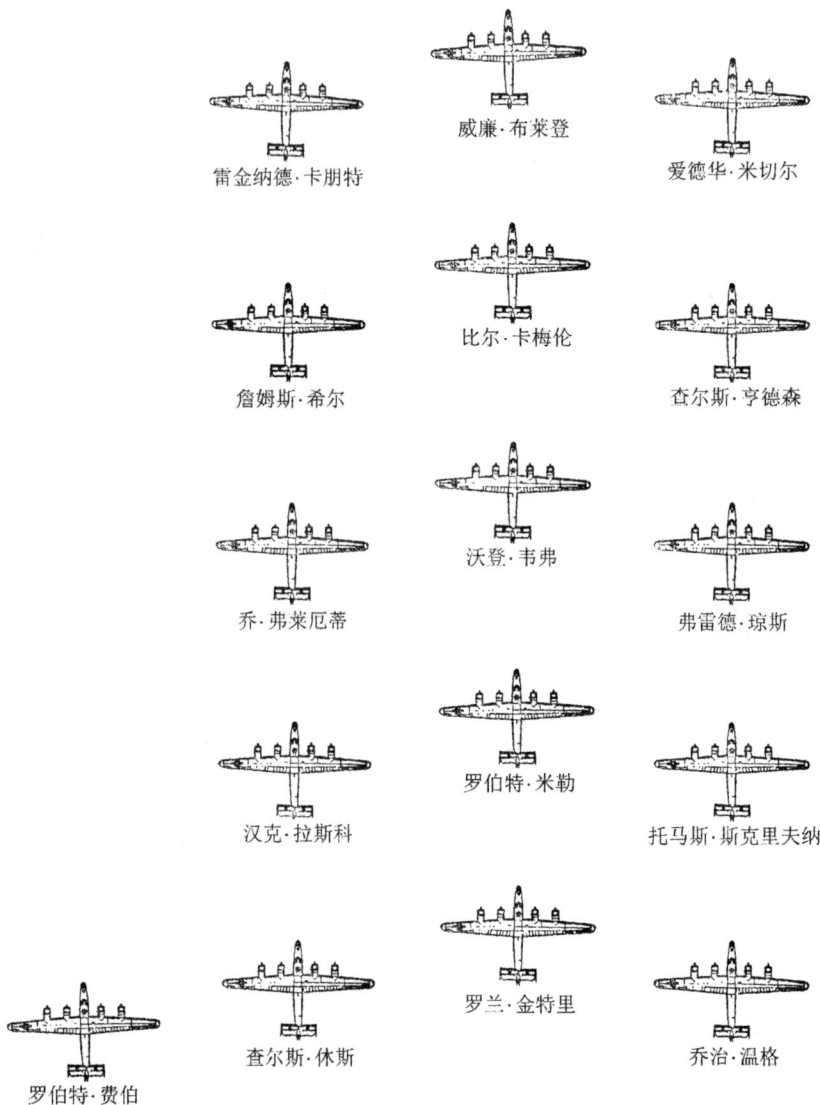

雷金纳德·卡朋特

威廉·布莱登

爱德华·米切尔

詹姆斯·希尔

比尔·卡梅伦

查尔斯·亨德森

乔·弗莱厄蒂

沃登·韦弗

弗雷德·琼斯

汉克·拉斯科

罗伯特·米勒

托马斯·斯克里夫纳

罗伯特·费伯

查尔斯·休斯

罗兰·金特里

乔治·温格

第94轰炸机大队一部在利昂·约翰逊上校的带领下成功轰炸了"白色V"目标，该图显示的是当时第44轰炸机大队轰炸"白色V"目标的编队阵型。

完成转向扑向普洛耶什蒂后，他并未感到任何恐惧或紧张。

在第44轰炸机大队左侧，凯恩上校已经率领第98轰炸机大队降低至攻击高度，前往攻击"白色IV"目标。在第44轰炸机大队右侧，也就是他们要顺着铁路去寻找的地方就是"白色V"目标，此时距离编队大概有21公里距离，在编队与目标之间，德国人布置了大量高炮阵地，对空火力交织成一张大网，等待第44轰炸机大队自投罗网。

大多数已经出版的文章或书籍提到铁路在第98和第44轰炸机大队之间，在看过侦察照片、地图以及当年参战老兵对轰炸"白色V"目标的描述资料后，我们可以确定铁路位于第44轰炸机大队右侧，首先，第44轰炸机大队轰炸航路是127°，这与铁路的方向是一致的，这也是为什么要将弗洛耶什蒂作为最后一个检查点。其次，根据作战简报，第44轰炸机大队要在飞过铁路后以铁路为轴转向127°，所以完成转向后，铁路必在大队右侧。最后，根据轰炸之后的照片分析，"白色V"目标的铁路向西南方向延伸了210米，如果铁路在大队左侧，第44轰炸机大队飞过铁路后完成转向，一定会完全丢失目标。

在弗洛耶什蒂上空

完成转向后，第44轰炸机大队看到了第98轰炸机大队下方突然出现了若干架粉色涂装的B-24，不少人产生疑问："这些轰炸机从哪里来的？"很明显，这些轰炸机是第376轰炸机大队的飞机，他们此时正在返航。第44轰炸机大队在奔向普洛耶什蒂时，德军高炮部队对编队进行了猛烈射击，根据老兵的回忆，当时德军对空火力非常猛烈，但都是小口径高炮，当编队发现一辆列车上布满高炮时，整个编队气氛骤然紧张，不过从第44轰炸机大队交火的情况来看，编队似乎并没有受到高炮列车的射击，

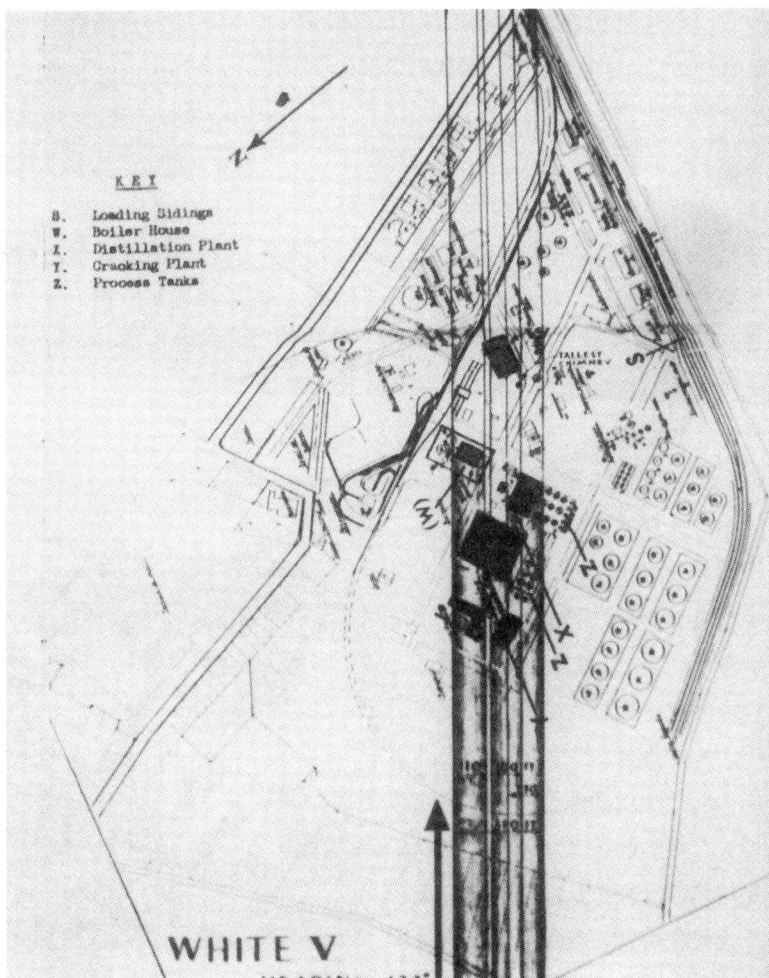

导航图中的"白色 V"目标俯视草图，图中注明了航线是127°以及轰炸航路，图中 X 代表裂解厂，Y 代表炼焦厂，W 代表锅炉房，S 代表燃油灌装点，Z 代表处理罐。

推测可能有以下原因：首先，第44轰炸机大队距离列车较近，德军如果想进行射击，必须将炮口抬高；其次，由于距离较近，相对速度较大，这些高炮想击中第44轰炸机大队机群并不容易，为了打起来更方便，德国人直接瞄准了远处即将进入射程的第98轰炸机大队，而不是头顶上的第44轰炸机大队。

第44轰炸机大队的两架B-24"凯列班"[1]号（CALABAN）和"4-Q-2"号还发现位于编队右侧1.4公里的位置有一架灰色涂装、没有任何标记的B-24，这架B-24是编队在弗洛耶什蒂完成转向时被发现的，并且该机一直尾随编队抵达目标上空。第2飞行小队领队机卡梅伦清楚地记着当时的情景：

编队以75米高度奔向哥伦比亚·阿奎拉炼油厂，我的眼睛紧盯着"苏瑞Q步"号，我发现他准备投弹的目标几乎与我一样，当时我注意到三个情况。

首先，编队右侧铁路上有一辆正在与我们并排行驶的列车，列车上似乎安装了各种口径的高炮和高射机枪。就在此时，编队所有自卫机枪都开火了，通过对讲机里的兴奋的谈话声判断，自卫机枪的射击目标都是这辆列车。

其次，现在天空变得异常拥挤，左侧粉红色涂装的第98轰炸机大队开始压过来，我左右两侧都有轰炸机，甚至都不敢上下摆动机翼，一架在我左上方，另一架在我右下方。轰炸机距离我太近了，我甚至都能清晰看到上方

轰炸机的铆钉，幸好最后两架轰炸机都远离了我。

最后，我注意到前方目标上空飘满浓烟，有两座炼油厂遭到严重破坏，彼此挨得很近，中间有一条可供飞行的空中通道。浓烟和大火被大风裹挟着从左侧吹来，正在向右侧的大火靠拢和蔓延。

在"布津熊"号上，副驾驶员威廉·戴博尼（William Dabney）向下望去："普洛耶什蒂就好像一个充满黑色浓烟和火焰的地狱，四周被一层白色烟雾包围。透过火焰，我根本看不到目标里面，只能看到爆炸的储油罐产生的巨大火球。"

哥伦比亚·阿奎拉炼油厂已经被其他轰炸机大队轰炸过，利昂·约翰逊上校完全可以率领编队返航，但约翰逊上校和凯恩上校一样，没有选择撤退，而是继续战斗下去，千里迢迢来到普洛耶什蒂的最终目的就是将炸弹准确投下去。

在"苏瑞Q步"号上，驾驶员威廉·布莱登

"布津熊"号正副驾驶员威廉·卡梅隆（右）和威廉·戴博尼（左）。

---

[1] 莎士比亚戏剧《暴风雨》中半兽半人的怪物。

（William Brandon）少校看了一眼约翰逊上校，那意思是"下面我们该怎么办"。约翰逊上校回答："威廉，我们继续飞行到目标上空。"

约翰逊上校回忆："目标前方就好像有一道火焰和浓烟筑起的高墙，看来我们要穿过这座高墙。当我们接近目标时，可以明显看到烟柱在晃动。我们的目标就在中心位置，可以清晰辨认出来。"

约翰逊上校率领第1飞行小队的3架轰炸机闯入哥伦比亚·阿奎拉炼油厂上空，小队右侧的储油罐正在凶猛燃烧，这里15分钟前刚被第93轰炸机大队轰炸过。小队左侧有一架正在燃烧的飞机残骸就是第93轰炸机大队指挥官贝克上校的座机，贝克上校投下的炸弹击中了几个小型储油罐，引燃了附近石油、高辛烷值气体，现场一片狼藉。

"苏瑞Q步"号机鼻内，投弹手博特尔·史文森（Berthel Swennson）中尉将十字光标仅仅套在炼油厂的蒸馏塔上，然后投掷炸弹。领航员赛拉斯基在飞行日志中记录："130英尺高度①，12点13分，投弹。"机尾炮塔机枪射手威廉·布雷迪（William Brady）放下手中的机枪，拿起相机记录下投弹的一刻，他看到一枚炸弹飞入厂区，另外两枚炸弹击中一座锅炉房。投弹完毕后，"苏瑞Q步"号飞过一座烟囱，穿过铁路。机身中部机枪射手对准下方运油车猛烈扫射，将几辆运油车打爆。布雷迪看到一座房屋墙壁旁边站着一名德军士兵，他正在以墙壁做掩护拿着步枪对准"苏瑞Q步"号射击，布雷迪立即放下照相机，突然间，他听见有什么东西撞在炮塔树脂玻璃上，他心想不会是那名德军士兵射出的子弹吧？

---

① 约40米高度。

② 直径约15.2厘米。

第1飞行小队飞过铁路编组场后，闯入了目标西南角上空，这里是德军重点防御和部署的空域。一枚20毫米口径炮弹击中了"苏瑞Q步"号右侧方向舵，打掉了一大片蒙皮。约翰逊上校遭到德军射击："当我撤离目标时，我看到一门88毫米口径高炮在机身左侧，很明显它是冲我们来的，我立即大喊：'向左，向左！'这门高炮开火时，我们立即左摇右晃，炮弹击穿了机翼，但没有爆炸，打出了一个6英寸②的大洞。"没过多久，约翰逊上校看到前方出现一排战斗机，这些战斗机穿过编队，但并未对"苏瑞Q步"号发起攻击，有一架敌机出现在"苏瑞Q步"号旁边。约翰逊上校回忆："一架双发战斗机从我们机翼上方飞过，机枪射手立即对其射击，只是并未击中。"

第1飞行小队左侧位置为雷金纳德·卡朋特（Reginald Carpenter）中尉驾驶的"迷人的女巫"号，该机是从第376轰炸机大队借调过来的。"迷人的女巫"号在飞抵目标之前1号发动机就已经被击中，卡朋立即顺桨并关闭了发动机，飞机机尾被高炮打成了筛子，但所有机组成员安然无恙。卡朋特驾驶"迷人的女巫"号向上爬升，投弹手马丁·柯伦曼（Martin Kullman）准确投下3枚454公斤炸弹。无线电操作员约瑟夫·曼根（Joseph Manguen）站在炸弹舱上方的廊桥上，眼看着炸弹投了下去。炸弹击中目标后，一枚高炮炮弹恰好在炸弹舱下方爆炸，由于此时舱门还未关闭，爆炸产生的弹片将曼根打成重伤。"迷人的女巫"号撤离目标上空时，4号发动机又被击中，发动机开始冒烟并发生振动。由于发动机还未起火，因此3台发动机输出的功率还能维持飞行。

第1飞行小队右侧位置为爱德华·米切尔（Edward Mitchell）中尉驾驶的"马蝇"号（HORSE FLY），这只"绿头大苍蝇"在飞向目标途中被高炮击中，1号和4号发动机均出现故障并开始冒烟。在目标上方，投弹手詹姆斯·基普尔（James Kipple）投下的炸弹击中了目标。米切尔压低机头，想降低飞行高度躲避高炮射击，但飞机反应迟钝，在60米高度，他们成了活靶子。德军高炮打出的炮弹击伤了机身

中部机枪手胡里奥·卡斯特洛（Julio Castellotte）和大卫·柯利（David Collie）。弹片切断了方向舵缆绳，高射机枪打出的子弹击穿了燃油管线，炸弹舱油箱开始漏油。虽然"马蝇"号撤出了目标上空，但飞行高度却不断下降，返回北非基地的机会越来越渺茫。

卡梅伦驾驶的"布津熊"号是第2飞行小队的领队机，卡梅伦回忆："虽然我在驾驶舱，但我能清晰听见机鼻里面的德维尼

约翰逊上校的座机"苏瑞Q步"号飞越目标上空后，第44轰炸机大队轰炸机群在指挥官的带领下冲向目标，厂区此时燃起的大火是之前第93轰炸机大队投弹后造成的。

（DeVinney）和克利福德（Clifford）正在激烈讨论，试图确定我们的轰炸目标。随后我们钻进了浓烟里，然后又飞了出来。"副驾驶员戴博尼后来向战地记者沃尔特·克朗凯特（Walter Cronkite）回忆："我们从两个火柱之间穿过炼油厂，无法想象炼油厂已经遭受了严重破坏，我们的座机被大火烤得像个烤箱，我看了一下温度表——指针已经指向了最大值。"

在浓烟与火焰中，投弹手德维尼艰难地找到了投弹瞄准点——一座蒸馏厂，他立即向这座蒸馏厂房准确投掷炸弹。机身中部麦凯布（McCabe）和格雷特（Grett）使用自卫机枪，向地面德军高炮阵地猛烈射击。卡梅伦看见无数赤膊的德军高炮炮手正站在阵位上盯着编队，黑洞洞的炮口正对着他们，卡梅伦突然想起英国高炮炮手曾对他说过的话——飞得越低，高炮瞄起来越困难。比尔立即压低机头，降低飞行高度。

"苏瑞 Q 步"号机身后方照相机拍下的照片，照片中哥伦比亚·阿奎拉炼油厂的裂解塔储油罐正在遭受第 44 轰炸机大队的狂轰滥炸，储油罐四周的防爆墙清晰可见。

"布津熊"号的飞行高度基本与炼油厂围墙高度一致，卡梅伦此时想到一个好方法，他用力踩下右方向舵踏板，同时将控制盘向左压，飞机立即产生侧滑，突如其来的机动让德军高炮一瞬间失去目标，为"布津熊"号逃离德军高炮拦截赢得了时间。

卡梅伦回忆了接下来发生的事情："当这一切发生时，我们还在飞行，5至7架Bf 109组成的V形编队从我们左侧猛扑过来，我们遭受了战斗机的打击，德国战斗机发射的炮弹打断了飞机液压管线，使得机尾炮塔无法正常工作，另外机尾也被打出了一个大洞，但没有人受伤。"

"布津熊"号左侧是詹姆斯·希尔（James Hill）驾驶的"凯列班"号。投弹手小威廉·伊根（William Eagan Jr）在45米高度将3枚重磅炸弹投到一座正在坍塌的厂房内。希尔和副驾驶员埃德·多布森（Ed Dobson）一直忙于躲避一架从左边向他们逼近的B-24。投弹完毕后，"布津熊"号成功躲避了一个防空气球，但却撞在另外一个防空气球上，钢索切断了左侧空速管，击中了2号螺旋桨，随之而来的是一声巨响！钢索在靠近机身的地方直接切进机翼，机翼前缘几乎被锯断，机翼也因此弯曲。

"布津熊"号右侧是查尔斯·亨德森（Charles Henderson）驾驶的"4-Q-2"号，该机在飞向目标途中被高炮打中了机身中部和尾部，机身左侧机枪射手詹姆斯·波特（James Porter）被打成重伤，投弹手约翰·哈德尔（John Huddle）中尉在45米高度将3枚重磅炸弹投向了炼油厂厂区，亨德森在浓烟中竭力保持飞机飞行。

"布津熊"号在飞离目标后又遭到了敌军拦截，一架Ju 88从后面飞过，德军轰炸机上的自卫机枪对"布津熊"号进行射击，另一架Bf 109从1点钟方向也向"布津熊"号发起攻击，领航员施明克（Schminke）立即操起机枪，对准这架Bf 109进行射击，最终将德军战斗机击落。另一架Bf 109从飞机正前方发起攻击，直接击毁了"布津熊"号机鼻，哈德尔和施明克被弹片击伤，方向舵控制缆绳被打断，机身上留下不少弹孔，无线电操作员约翰·戴贝里（John Dayberry）跑到机鼻为伤者包扎，机身中部机枪手一直对敌机进行猛烈射击，他们声称赶走了三架Ju 88和一架Bf 109。

哥伦比亚·阿奎拉炼油厂此时已经变成了修罗场，第一波攻击中，第93轰炸机大队对炼油厂狂轰滥炸，第二波攻击中，虽然第44轰炸机大队投下的不少炸弹是定时炸弹，但很多锅炉厂、裂解塔和发电厂已经遭受了攻击，再加上机枪手投下的燃烧弹，以及德军高炮向低空发射的炮弹爆炸时产生的弹片，不少储油罐千疮百孔，燃油喷涌而出，汇聚成河，铺满了整个工厂。这些燃油被点燃后变成了燃烧的河流，大火和浓烟无疑是最好的路标，等到第3飞行小队飞临哥伦比亚·阿奎拉炼油厂后，这里将会彻底变成如同火山喷发的人间炼狱。

沃登·韦弗（Worden Weaver）中尉驾驶的"李·艾布纳"号冲入浓烟和大火中，在飞向目标过程中，韦弗留意到2号发动机油压出现问题，在弗洛耶什蒂附近时，2号发动机在没有征兆的情况下就停止工作了，"李·艾布纳"号只能依靠三台发动机维持飞行，但是德军高炮击中了另外一台发动机，机尾炮塔机枪手弗兰克·苏普尼克（Frank Suponic）中士虽然被击伤，但依然坚持战斗，而韦弗决定驾驶这架受损的B-24为哥伦比亚·阿奎拉炼油厂"添油加火"。德军高炮直接命中了飞机机鼻，另一枚炮弹则击穿了机翼，副翼也被击毁，另一台发动机也被击中，现在"李·艾布纳"号只剩下一台发动机在工作，即使飞机受到如此严重的损伤，"李·艾布纳"号依然完成投弹，沃登·韦弗和副驾驶员小罗伯特·斯奈德(Robert Snyder Jr)驾驶飞机飞离目标上空。

伤痕累累的"李·艾布纳"号对于德军战斗机来说无疑是一个好目标，投弹手威廉·里斯（William Reese）中尉从受损的机鼻中撤出，转移到机身中部帮忙。詹姆斯·布里顿（James Brittain）中士立即操纵机枪对准德军敌机猛烈射击："我的机枪弹药箱出现问题，里斯立即帮我拆下弹药箱，使用弹带进行供弹。"当德军战斗机试图击落这架B-24时，机身顶部炮塔射手威廉·谢特勒（William Schettler）立即操纵机枪进行驱离。韦弗已经创造了一个小小的奇迹，他驾驶这架受损极为严重的轰炸机不仅成功撤离目标上空，而且已经飞行了大约48公里，返回北非基地看来不可能了，只能找一块开阔地进行迫降。韦弗试图缓缓下降飞行高度，但飞机控制系统出现问题。

布里顿中士后来回忆说："当时飞机飞行高度和玉米秆差不多高，我通过对讲机向飞行员大喊，让他赶紧迫降，但对讲机一定在刚才的交战中损坏了，因为飞行员没有任何回答。在这段时间内，我给其他机组成员发出信号，让他们准备好迫降。飞机完成迫降后，巨大的机翼将受损的机身压成了瘪茄子，机头已经损毁，机翼歪歪扭扭的。"飞机进行迫降时，威廉·谢特勒依然操纵机枪对德军战斗机进行射击，最后卡在炮塔里动弹不得，炮塔从机身脱落时刚好砸在谢特勒身上，谢特勒因此丧命。当机翼燃油起火时，不少机组成员还被困在机身残骸中，苏普尼克、布里顿和保罗·布里德洛夫（Paul Breedlove）以及里斯从燃烧的机身中部中爬了出来，韦弗打破了一扇舷窗，随后爬出驾驶舱，领航员沃尔特·索伦森（Walter

Sorenson）也试着打开窗户，却被降落伞伞绳缠住，里斯看到被困的索伦森，立即抓起匕首割断了伞绳，这才把索伦森从机身残骸中拉出来，跟着索伦森爬出机身的是小罗伯特·斯奈德。

第3飞行小队左侧位置为乔·弗莱厄蒂（Joe Flaherty）中尉驾驶的"玛格丽特"号（MARGUERITE），该机冲入目标上空，投弹手约翰·哈摩（John Harmono）将炸弹投到炼油厂后，立即操起机枪对准高炮阵地进行射击，哈摩擅长投弹和射击，机组成员证实哈摩投下的炸弹正中一座厂房，手里的机枪也打得有声有色，将一个高炮阵地压制得抬不起头来，机组成员还与几架战斗机进行殊死搏斗，机身中部左侧机枪手詹姆斯·伍德沃德（James Woodward）中士击落一架德军战机。

第3飞行小队右侧位置为弗雷德·琼斯（Fred Jones）中尉驾驶的"有效的琼斯"号（AVAILABLE JONES），当投弹手投下炸弹时，"有效的琼斯"号刚好飞过一个烟囱，投弹完毕后，飞机飞过了一座冷却塔，撤离目标时又飞过了铁路编组厂。撤离时"有效的琼斯"号遭到德军猛烈的射击，但"有效的琼斯"号运气很好，没有人受伤。

罗伯特·米勒（Robert Miller）上尉驾驶的"魅惑女巫"号（FASCINATING WITCH）是第4飞行小队的领队机，飞机飞临目标上空时看到了炼油厂内储油罐被点燃，不少厂房在大火产生的高温中轰然倒塌，浓烟挡住了视线，成千上万的曳光弹从地面射向天空，与轰炸机编队射向地面的曳光弹交织在一起，组成了一场致命的战斗交响乐。

一枚20毫米口径炮弹从机身中部舷窗下方击中"魅惑女巫"号，机身中部机枪射手丹尼尔·罗兰（Daniel Rowland）中士的腿几乎被打断，炮弹击穿了整个机身中部，在顶部留下一个直径0.6米的大洞，另一名机枪射手马丁·麦克唐纳（Martin McDonnell）中士被弹片击伤。另一枚炮弹打掉了大部分左侧垂尾，弹片击中了4号发动机的螺旋桨和桨毂，并打坏了增压器，飞机左副翼、右侧方向舵和升降舵也被击中。罗兰由于身受重伤，脸部表情扭曲，"鲜血流得就像屠宰场的猪一样"。罗兰在腿上绑上止血带，试图返回阵位继续射击。麦克唐纳也留下一地的血，甲板上布满滚烫的弹壳，站在弹壳上面经常打滑，但马丁·麦克唐纳依旧操纵机枪对准地面上转瞬即逝的目标射击。

在炮弹爆炸声和颠簸中，米勒和副驾驶员霍奇稳住"魅惑女巫"号，保持127°航向进入轰炸航路，投弹手罗伯特·爱德华兹（Robert Edwards）中尉将6枚227公斤炸弹投到目标上，共耗时6秒。一枚炮弹在飞机下方爆炸，炮弹碎片击穿了机翼油箱，米勒控制住飞机，驾机撤离目标上空。

撤离目标上空的"魅惑女巫"号向普洛耶什蒂西南方向飞去，但德军战斗机立即扑向这架受伤的B-24，机组成员再次为自己的命运而战。在经过激烈的空战之后，德军战斗机并未击落这架B-24，而B-24上的机枪射手则声称击落三架敌机。

托马斯·斯克里夫纳（Thomas Scrivener）中尉和副驾驶员埃弗雷特·安德森（Everett Anderson）驾驶的"爱打架的人II"号（SCRAPPY II）位于"魅惑女巫"号右侧，该机在目标上空被高炮击中，炸弹舱和机翼油

"苏瑞Q步"号撤离目标上空后拍摄的照片，左上角那架B-24是比尔·卡梅伦驾驶的"布津熊"号，照片中出现的铁路是哥伦比亚·阿奎拉炼油厂的油罐车集散地。

撤离目标上空后拍摄的照片，南边冒出滚滚浓烟的就是哥伦比亚·阿奎拉炼油厂。

箱燃起大火，斯克里夫纳和埃弗安德森意识到飞机遇到大麻烦了，编队里其他轰炸机也看到"爱打架的人II"号机身燃起了大火，火势完全无法控制，直接吞噬了整个机身，随时都有爆炸的危险，如果发生爆炸，产生的冲击波甚至会波及"魅惑女巫"号。

斯克里夫纳驾驶飞机慢慢飞离目标上空，飞向距离目标几公里之外的一处开阔地，飞机在迫降过程中大火已经蔓延至整个机身，随即发生爆炸，整架飞机连同全体机组在一团火球中全部灰飞烟灭。

拉斯科中尉和基尔中尉驾驶的"冒失鬼II"号位于"魅惑女巫"号左侧。基尔回忆："我们在飞抵目标上空之前就被高炮击中了，机尾炮塔机枪射手托马斯·伍德（Thomas Wood）丧生，2号发动机也被击毁，发动机短舱上到处都是弹孔。"机身中部机枪射手蒂科瑞沃和阿尔伯特·谢弗（Albert Shaffer）操起机枪向高炮阵地射击，谢弗已经被地面火力打断一条腿，背部、头部和双膝也被弹片击中，但依然强忍剧痛站立着，最后直接被一枚炮弹炸倒。

"冒失鬼II"号飞临目标上空，在60米高度，投弹手戴尔·斯克利文（Dale Scriven）将炸弹投到锅炉房内，就在投弹完成之后，一个储油罐发生爆炸，猛烈的冲击波直接将储油罐盖子炸飞，盖子飞到"冒失鬼II"号上空，"冒失鬼II"号避无可避，冒死冲过火墙。"储油罐爆炸了，盖子直冲云霄，沸腾的燃油带着烈火把地面和半空的盖子连为一体，我们避无可避，盖子在我们头顶旋转，我们只能冲过火柱。"

"冒失鬼II"号后方一直有一架战斗机在尾随攻击，击毁了大部分右侧垂直尾翼、方向舵和副翼控制装置，机身中部机枪手一直对这架战斗机进行持续射击，但根本没有减缓德军战斗机的攻击势头。基尔回忆，正是由于这架敌机的攻击才导致轰炸机发生倾斜："我知道我们这次可能闯不过去了，我告诉汉克和我一起控制飞机，我对着机鼻里面的兄弟大喊，让他们赶紧出来。斯克利文从机鼻撤到驾驶舱后，问我形势有没有好转，我说够呛了，要赶紧找一块大平地进行迫降，飞机受损严重，现在操纵起来很费劲。"

拉斯科中尉回忆："试图让飞机沿着直线飞行很难，我们两个人全部站在方向舵踏板上，而且还把副翼全部展开，我对着约瑟夫大喊，让他控制襟翼。"基尔手动放下襟翼之后，拉斯科中尉看到之前的那架战斗机转了一圈又从10点钟方向发起了进攻，"砰"的一声！"冒失鬼II"号被敌机击中，拉斯科中尉感觉自己的脸被什么东西击中了，麻麻的，好像被人打了一拳。

拉斯科中尉实际上是被一枚弹片击中了，这枚炮弹爆炸后，产生的弹片击中了飞机顶部炮塔机枪射手弗兰克·拉斯波特尼克（Frank Raspotnick）的胸部，将其打成重伤，同时也打伤了基尔。炮弹爆炸产生的冲击波直接将拉斯科从座椅上震了下来，脚也脱离了方向舵踏板，只剩下基尔控制飞机，维持飞机飞行，拉斯科则满脸是血趴在控制盘上。当领航员哈里·斯藤伯恩（Harry Stenborn）从机鼻爬向驾驶舱想去帮忙时，另一枚炮弹击中飞机，直接将斯藤伯恩胸口打成了血葫芦。

"冒失鬼II"号左侧机翼此时距离地面非常近，基尔使劲踩了一脚右侧方向舵踏板同时转动控制盘，但最后飞机左侧机翼还是撞击到地面上，左侧机翼完全折断。拉斯科中尉被撞得晕头转向："其实我已经记不起来当时的撞击场面了，我想当时我一定脑震荡了。整个过程我什么也看不见，似乎所有东西都是红颜色的，只能听到撕裂声、摩擦声，仅此而已。"迪克瑞福当时正在全神贯注地操纵机枪对准6点钟方向的敌机射击，当时敌机位于B-24正后方，且敌机开火时上下舞动机翼，射界并不好，迪克瑞福回忆：

我下定决心一定要把那架该死的敌机给打下来，于是我将身子探出机舱外，将机枪旋转到于机身平行的位置向后射击，子弹从轰炸

机水平尾翼下方射向敌机。轰炸机迫降时，我看到左侧水平尾翼和垂尾在剧烈的撞击中消失了。在撞击中我头朝下跌倒，撞在机舱壁板上，眼前出现的是绿色的玉米秸秆和蓝天。这里已经没有飞机了，只有一堆燃烧的机身残骸。

拉斯科中尉身受重伤："一架重型轰炸机所剩无几，只剩下一堆燃烧的铝片。基尔和我

上方圆圈处可以看到屋顶上有人，推测是炼油厂周围的居民，下方圆圈处可以看到还在半空中的重磅炸弹。

坐在座椅上,大火正在灼烧着我的腿。我想说话,可是弹片击穿了我的嘴,我不记得我是怎么从座椅上离开的,基尔的腿断了,残肢被零部件卡住,我设法把他的安全带松开,用手抓住他的衣领和胳膊把他从机舱里拖出来。"基尔的情况也不乐观:"我的脚骨折了,无法从舱内脱身,拉斯科解掉安全带,把我从机舱里拖出来,拖到距离机身残骸大约15米远的玉米地里,相信我,我永远不会忘记,他救了我的命。"

迪克瑞福抓住了谢弗,将这位重伤的队友拖出燃烧的残骸,他形容谢弗的腿看起来像汉堡包。他从口袋中拿出一包骆驼牌香烟,点了一根递给谢弗,告诉他自己去寻找帮助,让他一定要等自己回来。迪克瑞福离开坠机地点,一边抽着烟,一边寻找帮助,他一定要在被德国人抓住之前抽完最后一根烟。

第5飞行小队是第44轰炸机大队最后一波飞入炼油厂的小队,由于前面4个小队已经完成投弹,剧烈的爆炸使得火势和浓烟更大,不少烟囱被浓烟遮住。罗兰·金特里(Rowland Gentry)上尉驾驶的"豪猪II"号(PORKY II)是第5飞行小队的领队机,该小队共有4架B-24,小队最左侧为罗伯特·费伯(Robert Felber)驾驶的"幸运女神"号(LADY LUCK),"幸运女神"号原本是一架备用机,哪一架飞机如果出现故障返航或坠毁,"幸运女神"号要及时替补上去,但编队抵达返回点后,费伯拒绝驾机返回基地,而是与编队一同飞向普洛耶什蒂。

"豪猪II"号飞临目标上空投弹,但被高炮击中,两名机组成员死亡,两台发动机被击毁,德军战斗机也对"豪猪II"号进行拦截,在双重打击之下,"豪猪II"号最后迫降在普洛耶什蒂附近的一块农田里,机身中部机枪射手查

尔斯·布里奇斯(Charles Bridges)从燃烧的残骸中爬出来后,飞机发生爆炸,其他机组成员则不幸丧生。

休斯中尉驾驶"弗洛西调情"号位于"豪猪II"号左侧,机身中部机枪射手斯坦利·纳利帕(Stanley Nalipa)和罗伯特·阿尔宾(Robert Albine)虽然被40毫米口径炮弹弹片击中,但依然坚持战斗,炮弹穿过机翼,在机翼上留下一个大约一顶帽子那么大的洞。

休斯回忆:"当时我一只眼盯着浓烟,另一只眼盯着乔治·温格(George Winger)和金特里,当我进入左侧浓烟再出来时,我再也没见到温格和金特里。"副驾驶员希尔维斯特·胡恩(Sylvester Hunn)在回忆录中写道:"当我们冲向目标时,敌人的防空火力很猛,我们飞得很低,甚至能看到高炮炮口的火光,目标完全被火焰和浓烟吞没。我们飞进烟雾中,为了躲避前方一个烟囱,编队只能散开队形,各自投弹。我看到前面发生了爆炸,有可能是炸弹,也有可能是前方的三架轰炸机,我看到一名德军士兵单膝跪地向我们开了一枪,我抬头看了小镇上的大钟,刚好下午三点钟,大火、浓烟、爆炸和恐惧共同组成了如同地狱一般的普洛耶什蒂。"

"弗洛西调情"号飞临炼油厂目标上空,投弹手埃德·古德诺(Ed Goodnow)中尉将6枚227公斤炸弹投到目标上。休斯回忆:"脱离目标后,我们试着保持编队飞行!我们观察着地面的树木、电线杆和干草堆。"胡恩发现不少B-24已经被地面防空火力击中:"我们在目标上空飞行时并没有组成编队,当我们离开目标上空时,德军出动了大量战斗机进行拦截并击落了几架B-24。我看到很多轰炸机的发动机均被击中,有些甚至还起了火。编队中所有轰炸机都在试图躲避这些战斗机,同时试图组成小

第44轰炸机大队的一架B-24在飞过"白色IV"和"白色V"之间的铁路编组场时，飞机上机枪手使用机枪直接轰爆了一节油罐车，引起冲天火焰和滚滚浓烟。

编队以增加己方防御能力。"

一架德军战斗机从"弗洛西调情"号后方追了上来，发起攻击后转向脱离。休斯回忆："我从机身左侧看到战斗机打出的炮弹轨迹，我在对讲机里大喊，来吧，小伙子们，干掉这架敌机，然后我驾驶飞机尽量向右转以躲避炮弹。"胡恩说："由于轰炸机飞行高度很低，因此担心转向时机翼会撞击地面，所以不能大倾角转弯，我们通过侧滑来躲避后方战斗机，我看到炮弹轨迹在机身左侧，随后向右移动，我不知道那名飞行员怎么了，但他一直没击中我们。"

温格驾驶的"温·丁格"号（WING DINGER）位于"豪猪II"号右侧。德军高炮打出一串20毫米口径炮弹击中了"温·丁格"号机

尾炮塔，飞机还未飞入目标上空，机尾炮塔机枪手埃尔文·菲利普斯（Elvin Phillips）就已经阵亡，机身两侧各有一台发动机被高炮击毁，机身中部机枪射手米切尔·希孔（Michael Cicon）和伯纳德·特劳特（Bernard Traudt）操纵机枪对准地面高炮阵地还击。

希孔立即开始反击："飞机还未飞到目标上空，我就看到一座挂有费尔斯通橡胶公司招牌的大楼，大楼顶部有一个德军高炮阵地正在向我们射击，我立即拿起一枚燃烧弹，大喊着：'伯纳德，给你看看这个。'我不确定燃烧弹是否击中了这个高炮阵地。我们飞得很低，一伸手仿佛就能把农田里的玉米穗薅下来。"

"温·丁格"号冲进目标上空后进行投弹，

高炮打出的炮弹击中了机鼻,机鼻产生的大火在气流中疯狂地舔食着机身。"温·丁格"号飞离目标上空后,飞机受损严重,希孔已经闻到了炸弹舱油箱燃烧的浓烟,他立刻通过前往炸弹舱查看情况:"整个驾驶舱布满浓烟。飞行工程师哈罗德·克雷次勒(Harold Kretzler)对我大喊:'你在这帮不上忙,赶紧出去吧。'"希孔回到机身中部,将降落伞伞扣扣到装具上,特劳特问他要去哪里,他回答要立刻离开这个鬼地方,随后打开了腹部舱门跳了出去,特劳特见状也跟着一起跳伞了。

温格和副驾驶员爱德华·巴特尼(Edward Barnett)在充满浓烟的驾驶舱里已经知道飞机是无法返回北非基地了,为了其他机组成员的安全,他们决定爬升,为其他机组成员争取跳

伞高度。温格和巴特尼用尽全力向后拉动控制盘,飞机立即开始爬升,两名飞行员紧紧握住控制盘,双脚踩住方向舵踏板,以便在爬升中可以控制住飞机,同时通知其他机组成员赶紧跳伞,为队友争取生存的希望。希孔很感激两位飞行员为他争取了跳伞高度:"乔治·温格将飞机爬升到300米高度,跳出飞机之后我拉开了开伞索。"

"温·丁格"号颠簸着爬升到顶点,空速降为0之后,一头向地面栽去。飞机坠毁时,编队其他人没有看到其他降落伞打开。希孔落下的位置距离坠机点大约45米,飞机坠机后变成一个大火球,他当时没有办法帮助其他人。

罗马尼亚方面认为"温·丁格"号是第45中队约安·白拉德奴(Ioan Barladeanu)的战果,后者除了攻击"温·丁格"号之外,还攻击了拉斯科的"冒失鬼II"号,从双方对事件的回忆来看,追击"冒失鬼II"号的不是德军的Bf 109,而是白拉德奴驾驶的IAR 80战斗机。白拉德奴后来回忆:

突然,在我们前下方,我看到敌方大量四发重型轰炸机,机翼上反射着阳光,我惊讶得大叫起来,我立即用无线电呼叫僚机飞行员狄迪扎(Diditza)。狄迪扎回答我该怎么办,我命令他先等一下,准备发起进攻,我仔细研究了这个庞大的编队,有一百多架轰炸机在我面前,舱室里装满了炸弹,我从未见过如此庞大的编队,延伸能有数十公里。编队前方出现了弹幕,显然高炮部

"苏瑞 Q 步"号撤离目标上空时拍下的一张照片,照片中隐约可见第二攻击波正在飞临目标上空,厂区中的大火是第 93 轰炸机大队指挥官贝克上校座机燃烧的残骸。

队正在向轰炸机编队射击。我立即发起进攻，驾驶飞机提升速度，曳光弹到处飞。我并未选择某一个特定目标，而是见什么打什么，一架轰炸机出现在了瞄准具里，我立即死死咬住它，在400米距离打出一串炮弹击中了轰炸机左内侧发动机，那架轰炸机开始起火，飞行几秒钟后直接坠毁。

我激动得全身颤抖起来，身体不受控制地抖动，牙齿在打颤。天空中布满了曳光弹的弹道和飞机，轰炸机投下的炸弹不断在爆炸，猛烈的火焰和浓烟腾空而起。我用瞄准具套住了一个距离我200米的轰炸机，后者在瞄准具里的轮廓逐渐放大，我立即开火，进行了两次短促射击，轰炸机的机翼燃起大火，引燃了机翼内油箱，几秒钟后飞机被大火吞噬，这是我取得的第二个战果。

白拉德奴的第二次攻击打死了"冒失鬼II"号上的飞行工程师和机尾炮塔射手，拉斯科驾驶"冒失鬼II"号在布蒂马努（Butimanu）附近的麦田迫降，整个机组只有四人活了下来。

费伯驾驶的"幸运女神"号如同她的名字一样，确实得到了幸运女神的眷顾，自身毫发无损。投弹手马卡姆（Claron Markham）中尉向目标投下了第44轰炸机大队在哥伦比亚·阿奎拉炼油厂的最后6枚227公斤炸弹。机身中部机枪射手科里根（Corrigan）和巴克斯（Barcus）将一箱箱燃烧弹扔出窗外，最后操起自卫机枪向地面目标射击。

在第44轰炸机大队的16架轰炸机和第93轰炸机大队的联合打击下，哥伦比亚·阿奎拉炼油厂几乎被完全摧毁，第44轰炸机大队在哥伦比亚·阿奎拉炼油厂上空共损失5架轰炸机，但是该炼油厂停产长达11个月之久！第44轰炸机大队的任务刚刚完成一半，日落之前，还有更严峻的挑战等着他们。

第九章　轰炸"蓝色"目标

　　早在轰炸普洛耶什蒂计划制订之初，第44轰炸机大队就负责轰炸两个目标，除了约翰逊上校率领编队轰炸的哥伦比亚·阿奎拉炼油厂之外，另一处是代号为"蓝色"目标的克莱迪图·米尼尔炼油厂，该炼油厂位于普洛耶什蒂郊区西南8公里处。负责轰炸克莱迪图·米尼尔炼油厂的是波西上校率领的第44轰炸机大队剩余20架轰炸机。

　　波西上校的座机为"胜利之舟"号（VICTORY SHIP），该机飞行员为小约翰·迪尔(John Diehl Jr)上尉，他是一位经验丰富的老兵，已经执行了29次作战任务，波西上校是一名高材生，他来自美国肯塔基州，毕业于著名的西点军校。

　　波西上校率领编队飞抵弗洛耶什蒂完成转向之后，一开始是跟随约翰逊上校编队的，但飞行航向为137°，这与约翰逊上校编队的航向稍有不同，不久之后两个编队之间的间隔开始逐渐加大，两个编队分别奔向各自的目标。克莱迪图·米尼尔炼油厂的规模要比普洛耶什蒂郊区那五个炼油厂要小，但该炼油厂是欧洲最先进的几个高辛烷值航空燃油精炼厂之一，所以这是一个高价值目标，符合波西上校的预期。

　　波西上校率领的编队看着约翰逊上校编队向着充满大火和浓烟的普洛耶什蒂飞去，而他们前方则是优美的景色以及一个小型炼油厂，炼油厂内的烟囱飘出阵阵白烟，仿佛是一朵朵白云。就在波西上校编队飞临克莱迪图·米尼尔炼油厂之前15分钟，第93轰炸机大队的几架B-24曾经在飞向普洛耶什蒂时临时飞过了克莱迪图·米尼尔炼油厂，但当时他们不知道这个规模较小的炼油厂是此次任务轰炸目标之一，因此并未动手。克莱迪图·米尼尔炼油厂此时还是一片乐土，之前的三个轰炸机大队并未对其进行轰炸，对于波西上校来说，轰炸过程不会受到浓烟的影响，要面对的只是那些已经饥渴难耐的德军高炮阵地。

　　编队在弗洛耶什蒂完成转向之后，不少人通过众多蛛丝马迹发现此次任务绝不轻松。罗伯特·莱恩豪森（Robert Lehnhausen）中尉感觉此次任务不一般："我们在弗洛耶什蒂完成转向之后就遭到德军88毫米口径高炮的直接射击，简直太可怕了。我记得当时的飞行高度只有几十米，我看到地面上有一架B-24，但这架轰炸机并未起火燃烧，看起来飞机状态还不错。"莱恩豪森中尉看到的是第93轰炸机大队的"白鬼酒吧的少女"号。编队完成转向到进入轰炸航路大约只有5分钟时间。对于波西上校率领的编队官兵和负责防御的德军来说，这5分钟将是他们人生中最惊心动魄的5分钟，对于那些已经被死神随机选中的人来说，这将是他们人生中最后5分钟。

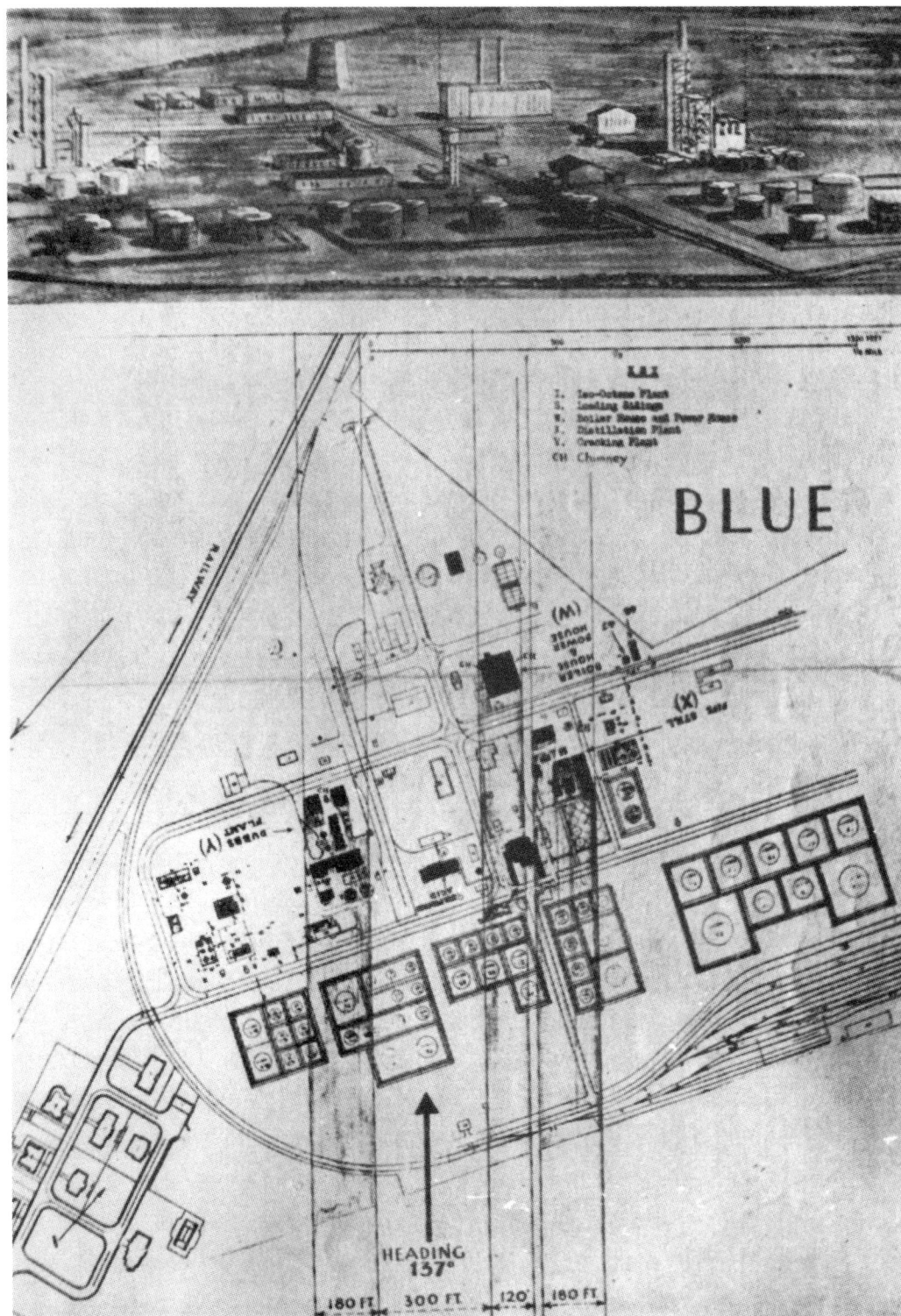

导航图中的"蓝色"目标——克莱迪图·米尼尔炼油厂素描图以及布局图，图中注明了航向为137°以及轰炸航路。

20架轰炸机散布成攻击阵型，沿着瞄准点整个编队锋线宽约240米，共分为三个梯队，高度为54米、36米和54米，炼油厂内每一个重要目标都分给特定的轰炸机进行轰炸。

20架轰炸机分成4个飞行小队，每个飞行小队有5架轰炸机，小队呈字母M形，而"胜利之舟"号就位于第1飞行小队中间偏左位置。在"胜利之舟"号机鼻内，投弹手哈沃德·克莱卡（Howard Klekar）中尉正在紧张地观察前方目标，领航员罗伯特·斯廷（Robert.Stine）中尉正

在操纵机枪向前方的德军高炮阵地猛烈射击。小约翰·迪尔和波西上校猛地将机头压低，使得飞机顶部炮塔可以对前方高炮阵地进行射击，飞机前向机枪已经成功压制了德军高炮阵地。

小约翰·迪尔和波西上校将飞机高度调整到与炼油厂烟囱齐平，这样方便投弹手克莱卡进行投弹，小口径子弹和炮弹在机身上留下很多弹孔，但机身重要部位比如发动机和油箱完好无损。就在飞机飞到炼油厂上空时，机身左侧一个高炮阵地向飞机打出一串炮弹，机身中部

大卫·亚历山大

小约翰·迪尔

尤尼斯·香农

沃尔特·霍尔姆斯

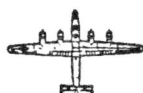
罗兰·休斯顿

威廉·休斯

雷金纳德·菲利普斯

乔治·杰森

沃尔特·邦克

乔治·马丁

理查德·拉森

威廉·安德森

戈登·斯蒂文斯

威廉·斯特朗

霍勒斯·奥斯汀

谢尔比·厄尔

詹姆斯·比姆

埃尔默·莱因哈特

詹姆斯·麦卡迪

弗兰克·斯劳

第44轰炸机大队在吉姆·波西上校的带领下成功轰炸了"蓝色"目标，该图显示的是当时第44轰炸机大队轰炸"蓝色"目标的编队阵型。

机枪手特鲁伊特·威廉姆斯（Truitt Williams）被直接击倒，身负重伤。

投弹手克莱卡将3枚454公斤炸弹投到机身下方的厂房里，在剧烈的爆炸之后，厂房轰然倒塌，蒸汽和灰尘从废墟中喷涌而出。投弹完毕后，小约翰·迪尔立即将机头调转到另一侧，爬升撤离目标上空。

大卫·亚历山大（David Alexander）中尉驾驶的"高炮小巷"号（FLAK ALLEY）位于"胜利之舟"号左侧，飞机在飞向炼油厂上空时机身被地面炮火打出几个洞。投弹手罗伯特·罗伊（Robert Boyee）将炸弹投到一个发电厂内，投弹完毕后，亚历山大立即将飞机高度下降到与玉米秆高度齐平的位置加速逃离，炸弹舱舱门关闭时甚至夹到了树枝和树叶。亚历山大后来在日记里写道："地面对空火力非常猛烈，高炮打得很准，在飞向炼油厂上空的3分钟内我想可以进行更多机动来躲避高炮的打击。"

尤尼斯·香农（Eunice Shannon）中尉和副驾驶员莱恩豪森驾驶的"纳奇兹·贝尔"号位于第1飞行小队中间位置，莱恩豪森开火反击："我们的地勤人员在机鼻安装了几挺前向机枪，开火按钮就安装在转向杆上。我按下开火按钮进行一轮射击后，机枪就卡住了，这是我在此次任务中唯一一次向目标开火。"

"纳奇兹·贝尔"号上的机枪射手拼命向机身两侧的高炮阵地射击。"在飞入目标上空时我们需要拔除发电厂那个39米高的烟囱，在我们进行转向时，烟囱顶部的防空炮火在向我们

第44轰炸机大队轰炸克莱迪图·米尼尔炼油厂投下的第一枚炸弹爆炸时产生的烟柱和火球。

射击，我记得应该是一些轻武器，也有可能是37毫米口径火炮，德国人把我们当成靶子打。我稍微调整了一下航向，方便顶部炮塔对烟囱顶部进行扫射。两挺12.7毫米口径机枪射出的子弹像弹雨一样砸向高炮阵地，我看到有德国人被子弹击中直接从烟囱上掉了下来。"莱恩豪森回忆说。

为了保持编队队形，莱恩豪森将发动机转速调到最大，节流阀推到最前方，空速表读数显示飞机飞行速度达到了394公里/小时。香农中尉和副驾驶员莱恩豪森将"纳奇兹·贝尔"号拉升到45米高度，投弹手埃尔伍德·柯林斯（Elwood Collins）将3枚454公斤炸弹投到目标上。机尾炮塔机枪射手罗伯特·沃格尔（Robert Vogel）中士看到一枚炸弹命中了工厂，其他两枚炸弹在"纳奇兹·贝尔"号压低机头冲向地面时消失在视野中。

沃尔特·霍尔姆斯（Walter Holmes）上尉驾驶"飞行之翼与祈祷者"号冲向目标，机尾炮塔机枪手小帕特里克·麦卡迪在炮塔内操纵机枪向地面目标射击。霍尔姆斯回忆："这是我第一次如此之近地看到88毫米口径高炮，这种高炮射速很快，炮口焰长度达到了9至12米。"霍尔姆斯驾驶"飞行之翼与祈祷者"号越过炼油厂围墙，投弹手艾伦·G.巴格曼（Allen G Bargmann）将炸弹投向炼油厂西南角的一座发电厂内，在整个轰炸过程中，"飞行之翼与祈祷者"号在德军高炮的拦截下毫发未损。霍尔姆斯看到另一架B-24已经被凶悍的防空炮火打伤："一架轰炸机直接从我们头顶飞了过去，高度大约比我们高了30米，我抬头看了看这架飞机，发现1号发动机和2号发动机之间有一个约2米宽的大洞，大洞流出的燃油正在燃烧，飞机蒙皮在火光的映衬下闪闪发光。"

罗兰·休斯顿（Rowland Houston）中尉驾驶"撒旦的地狱猫"号（SATAN'S HELLCAT）冲向目标，该机位于第1飞行小队最右侧。到达目标上空后，"撒旦的地狱猫"号提高了飞行高度，随后进行投弹。德军高炮阵地击中了该机1号发动机，发动机立即喷出蓝灰色烟雾。撤离目标后，休斯顿中尉驾驶"撒旦的地狱猫"号跟随编队进行右转，但是德军战斗机抓住机会，盯上了这架已经被击伤的B-24。编队里其他飞机看到已经着火的"撒旦的地狱猫"号飞向一片树林。击落"撒旦的地狱猫"号的是德国空军飞行员威廉·斯坦因曼（Wilhelm Steinmann），他是驻扎在米济尔第4战斗机联队一大队部的指挥官，斯坦因曼驾驶战斗机从"撒旦的地狱猫"号后方使用机炮击落了这架轰炸机，但机尾炮塔机枪射手米尔福德·斯皮尔斯（Milford Spears）则在座机被击落前使用自卫机枪击中了斯坦因曼驾驶的飞机发动机，斯坦因曼立即打开座舱盖跳伞，最后两架飞机撞在一起坠毁，斯坦因曼捡了一条命，但"撒旦的地狱猫"号全体机组阵亡。

第2飞行小队领队机为雷金纳德·菲利普斯（Reginald Phillips）上尉驾驶的"柠檬糖"号（LEMON DROP），菲利普斯是一名老兵，曾执行过25次作战任务。在45米高度投弹手赫伯特·莱特(Herbert Light)中尉以12米为间隔将4枚炸弹投到一座裂解厂上。机身中部机枪射手杰克·班塔（Jack Banta）和卡尔·克莱兰（Carl Cleland）对战壕和高塔上的德军高炮阵地进行扫射。"柠檬糖"号飞离目标上空后，一枚炮弹在风挡正前方爆炸，飞溅的弹片直接将前风挡打成蜘蛛网。

"柠檬糖"号左侧是威廉·休斯（William Hughes）中尉驾驶的"复仇者"号，和往常一样，领航员皮特森和自己的爱犬拉斯提跟着编队找到了目标，发动机的轰鸣声、炸弹爆炸

第44轰炸机大队B-24"高炮小巷"号全体机组成员合照。

的巨响以及自卫机枪和高炮的吼叫让拉斯提多少有些不安，这只可卡犬一直在机鼻内吼叫，飞机向目标上空飞去。机身中部左侧机枪手威廉·盖茨（William Gates）向工厂旁边一个高炮阵地开火，密集的12.7毫米口径子弹搅动着高炮阵地周围的空气和尘土，这些大口径子弹打在德军士兵身上直接撕碎了他们的躯体，一阵扫射之后，那个阵地沉寂了下来。

投弹手乔治·哈尔皮奥（George Halpiau）在45米高度将炸弹投向一座裂解塔，机尾炮塔机枪手约翰·梅里曼（John Merrigan）看到至少一枚炸弹命中裂解塔，其他几枚炸弹则落在厂房四周。哈尔皮奥战后回忆说："我们飞得太低了，炸弹不可能错过目标，事实上我们飞行高度仅比高塔高约1.5米。"

"复仇者"号飞离目标上空后遭到四架德军战斗机拦截，机背炮塔射手比尔·莫顿（Bill Morton）对准9点钟方向一架敌机进行射击，机身中部右侧机枪射手阿尔方斯·特韦（Alphonse Terwey）击落了一架Bf 109，梅里曼对准飞机后方一架Bf 110战斗机打出几个点射，曳光弹踪迹显示子弹击中了这架Bf 110，击落了这架双发战斗机。

乔治·杰森（George Jansen）中尉驾驶的"玛格丽特·安II"号（MARGARET ANN II）位于第2飞行小队中间位置，杰森以前是一名喷洒农药飞机的飞行员。在弗洛耶什蒂完成转向之后杰森中尉就看到地面上趴着的"白鬼酒吧的少女"号，他搞不明白这架飞机怎么在这里趴着。"玛格丽特·安II"号飞入目标上空后，机上的机枪射手向四周的高炮阵地进行射击，地面防空火力在机身上打出了不少弹孔，杰森中尉和副驾驶员科尔曼·惠特克（Coleman Whitaker）驾驶座机开始爬升，准备投弹。德军高炮对"玛格丽特·安II"号进行阻拦射击时，投弹手乔治·吉尔福德（George Guilford）将3枚通体涂成黄色的大炸弹投了下去，炸弹准确命中了机身下方的锅炉房。

杰森中尉回忆：

我们位于沃尔特·邦克（Walter Bunker）的左侧，邦克的座机3号发动机被击中后速度立刻降了下来，就好像轮船抛了锚一样。当我撤离目标上空时，发动机转速为2700转/分钟，弗兰克·斯劳（Frank Slough）驾驶飞机像地狱里飞出来的蝙蝠一样从我身边飞了过去，后来我问他是怎么超越我的，他说当时他把节流阀推到顶，涡轮片最后都被强大的压力压弯了。脱离目标后，我们飞得很低并保持住这个高度，编队中还有7架飞机，机身下方就是麦地和玉米地，那种感觉简直太棒了！

邦克上尉驾驶的"地震麦昆"号（EARTHQUAKE MCGOON）位于第2飞行小队中间偏右，该机飞过一座涂着巨大红十字标志的大楼时，大楼顶部的防空火力突然开火，炮弹击中了靠近机身一侧机翼前缘，切断了几条电线，另一枚炮弹击中了靠近炸弹舱右侧位置机身，打断了几条液压管线，机枪射手在对讲机大喊遭到德军高炮打击同时立即操纵机枪对准大楼顶部扫射。邦克上尉和副驾驶员迪克·巴特勒（Dick Butler）中尉驾驶飞机爬升，投弹手亨利·扎维克（Henry Zwicker）立即投弹，炸弹准确击中一座蒸馏厂。投弹后不久，一枚炮弹击中"地震麦昆"号3号发动机，邦克上尉大喊："3号发动机赶紧顺桨！"但是飞机此时恰巧撞上了一枚防空气球，巴特勒中尉混乱中按错了按钮——居然将4号发动机顺桨，此时右侧机翼完全失去动力，飞机立即向地面栽去，邦克上尉死死控制住飞机，尽量不让飞机坠毁，而巴特勒中尉也意识到自己的失误，立即恢复4号发动机和螺旋桨动力，同时按下3号发动机顺桨按钮。多年以后邦克回忆："那天真够惊险的！我们一瞬间失去了两台发动机，然后又救回来一台。"

顶部炮塔射手洛伊·尼伯（Loy Neeper）看了右侧机翼翼尖马上要碰到玉米秆了，而左侧机翼翼尖则高高翘在天上，"没想到沃尔特·邦克在顺桨时居然能让左翼抬得那么高"。邦克上尉和巴特勒中尉凭借精湛的飞行技术再加上好运气，最后将飞机姿态恢复正常，飞机继续正常飞行。

第44轰炸机大队第68轰炸机中队的B-24"柠檬糖"号全体机组成员合照。

第44轰炸机大队第68轰炸机中队的B-24"柠檬糖"号，该机8月1日在轰炸克莱迪图·米尼尔炼油厂时为第44轰炸机大队第2飞行小队领队机，行动结束后成功返回北非基地。

乔治·马丁（George Martin）中尉驾驶的"魔女封存皇后"号（HAG MAG MOTHBALL QUEEN）位于第2飞行小队最右侧，该机扑向炼油厂内一座蒸馏厂房，3枚454公斤炸弹命中目标。就在飞机撤离目标上空时，机上机组成员发现远处有战斗机出没，机枪射手立即监视这些战斗机，随时准备驱离，此时轰炸机上只有顶部炮塔可以灵活转动，但德军战斗机并未注意到"魔女封存皇后"号，最后轰炸机安全撤离目标上空。

威廉·安德森（William Anderson）少校驾驶的"林恩·巴里二世"号（LYNN BARI II）是第3飞行小队的领队机。该机左翼1号和2号发动机之间的机翼部分被高炮击中，霍尔姆斯抬头向上看到的那架轰炸机就是"林恩·巴里二世"号，尽管飞机被高炮击伤，但所幸全体机组安然无恙，四台发动机依旧全功率输出。"林恩·巴里二世"号飞过目标时，投弹手亨利·斯科特（Henry Scott）将6枚227公斤定时炸弹投到机身下方的裂解塔中，45秒之后，这些定时炸弹就会爆炸。

"林恩·巴里二世"号撤离目标上空后，立即被德军战斗机盯上了，一架Bf 109闯入顶部炮塔射程内，机枪射手沃尔特·古德森（Walter Goodson）立即向7点钟方向的Bf 109射击，这架Bf 109最后被击落。投弹手斯科特操纵前向机枪也击落一架Bf 109，他打得很准，后方编队其他轰炸机看到了这架Bf 109坠向地面。机尾炮塔射手维克多·梅纳明（Victor Menamin）对准轰炸机后方一架Bf 110点射，随后这架敌机起火旋转着坠向地面。

理查德·拉森（Richard Larson）中尉驾驶的"提姆-啊哈"号（TIMB-A-A-AH）位于"林恩·巴里二世"号左侧，这是拉森中尉第一次执行作战任务，飞机上还多了一名机组成员。机尾炮塔射手斯蒂夫·布吉（Steve Bugyie）后来提道："我们飞机上有一只名叫'黑球'的狗，当枪炮声响起时，黑球一直趴在飞行员座椅下方，直到任务完成。"投弹手理查德·菲斯格（Richard Fisger）将6枚227公斤

定时炸弹投到裂解厂上，本来应该有45秒钟延迟，但炸弹击中裂解厂后，引发厂房内其他装置发生了几次爆炸。

此前一片安静且忙碌的克莱迪图·米尼尔炼油厂在经过第44轰炸机大队的"蹂躏"后，炼油厂厂内发生了巨大的变化，被炸弹击中的目标不断起火和爆炸，子弹打穿了储油罐，投下的燃烧弹点燃了泄漏的燃油，这些燃烧的燃油汇聚成小河在厂区内肆意地流动着。等到最后一个飞行小队飞过炼油厂上空时，那才是克莱迪图·米尼尔炼油厂最"热闹"的时刻。

戈登·斯蒂文斯（Gordon Stevens）中尉驾驶的"麻烦"号（TROUBLE）位于第3飞行小队中间位置，小约翰·胡伯勒（John Huber Jr）回忆："在飞往目标途中，有一架B-24上一名机组成员身穿A-2飞行夹克向我们挥手致意。"斯蒂文斯发现炼油厂西北侧有一个机枪碉堡和水塔，水塔顶部部署了一个高射机枪阵地，斯蒂文斯立即驾机进入轰炸航路，"我打开炸弹舱舱门和照相机，想拍下投弹后的场景。当我们接近一座发电站后，在45米高度，我们投下了6枚227公斤炸弹，其中4枚炸弹命中目标"。

第44轰炸机大队投下的炸弹命中了克莱迪图·米尼尔炼油厂，引起了大爆炸。

威廉·斯特朗（William Strong）上尉驾驶的"光头和他的孩子们"号（BALDY AND HIS BROOD）飞过目标上空时没有遭到任何防空火力的拦截，在目标上空飞行1.2公里后，投弹手托马斯·弗莱厄蒂（Thomas Flaherty）中尉从60米高度投下6枚227公斤炸弹。撤离目标上空时，机身中部左侧机枪射手朗尼·阿克曼（Lonny Ackerman）操纵机枪向机身下方一辆蒸汽机车射击，子弹穿过机车的锅炉室，弹孔向四周喷出阵阵白色蒸汽。"光头和他的孩子们"号机组发现了12架至15架德军战斗机，机枪射手随时准备驱离这些敌机。在北非时地勤人员给飞机机身中部加装了双联装机枪，准备对付敌军战斗机的拦截，"但最后并未击落任何敌机"。

第3飞行小队最右侧为霍勒斯·奥斯汀（Horace Austin）中尉驾驶的"金馥力娇酒"号（SOUTHERN COMFORT），该机航向始终维持在137°，机身中部左侧机枪手戴尔·李（Dale Lee）中士看到一名德军军官让士兵排成3排，他立即抓住机会向这群德军进行扫射，这群德军立即被打散，现场留下了不少德军尸体。靠近目标后，李又看到了另一幅景象，在嘈杂且血腥的战场中，一名老妇人平静地将水从水泵中抽到水桶里，飞机后来撤离目标上空时，他又看到前方的广袤玉米地里，几头牛正拉着两轮大车，车上堆满了玉米秸秆，飞机低空飞过农田时巨大的噪音

吵得牛发了疯到处乱跑，农民则在后面紧追不舍，试图控制住它们。

"金馥力娇酒"号机尾炮塔射手格伦·希克森（Glen Hickerson）对德军高炮阵地进行射击，正在双方胶着时，忽然一群平民跑到德军高炮阵地，还没等希克森反应过来停火，已经射出的弹雨瞬间这群人打成尸块，场面血腥而残暴。投弹手谢尔顿·范德尔（Sheldon Finder）

第44轰炸机大队B-24"G.I.加仑"号机组成员合影。

威廉·安德森少校驾驶的"林恩·巴里二世"号机组成员合影。

中尉将6枚227公斤定时炸弹投到裂解厂中。当"金馥力娇酒"号飞过储油罐时，希克森报告飞机扔出的燃烧弹击中了一个储油罐，后者被击中后发生爆炸。李回忆起当时机舱内混乱的场景："自卫机枪猛烈射击时，机身右侧机枪手托马斯·珀塞尔（Thomas Purcell）一屁股坐到了装满燃烧弹的箱子，燃烧弹洒落一地，吓得我们俩发了疯一样急忙捡起全部燃烧弹扔出窗外。"投弹结束后，一枚高炮炮弹从下方穿过"金馥力娇酒"号机翼，奥斯汀和副驾驶员立即握紧控制盘和节流阀，保证受损的飞机继续飞行，李眼看着机翼已经碰触玉米秆，但几个小时后，飞机逐渐恢复正常，高度逐渐开始爬升。

最后一个飞行小队也就是第4飞行小队冲向目标时，炼油厂建筑物已经变成残砖断瓦，浓烟和蒸汽不断从锅炉房中涌出，倒塌的厂房笼罩在火光中，储油罐已经被大火点燃，等到那些定时炸弹爆炸时，这里还要再经过一次屠戮！

詹姆斯·比姆（James Beam）少校驾驶的"5×5先生"号（MISTER 5×5）担任第4飞行小队的领队机，机上的机枪射手正忙于扫射地面上的德军高炮阵地。机身中部右侧的机枪射手欧内斯特·卡特歇尔（Earnest Cutshall）对准炼油厂东北角的一座储油罐射击："我看到子弹击中储油罐中间的罐体，汽油源源不断地从弹孔里流出来，突然曳光弹引燃了汽油并发生了大爆炸，罐体上半部分直接被炸到半空中。滚烫的热油和火焰向四周飞溅。"

"5×5先生"号完成投弹后，立即撤往目标南部上空，这里刚好有几架德军战斗机在盘旋，这几架战斗机立即攻击了"5×5先生"号，而后者上的机枪射手声称击中一架敌机。"5×5先生"号右转之后，机组成员看到一架B-24正在遭受敌机攻击，该机1号发动机被击中，正在冒出滚滚浓烟。有人看到这架B-24飞过一片树丛，随后消失不见了。

"5×5先生"号左侧为谢尔比·厄尔比（Shelby Irby）中尉驾驶的"海伦·B.哈皮"号，在飞往目标上空过程中，厄尔中尉正努力驾驶飞机进入轰炸航路，但一枚高炮炮弹在后机身舱门下方爆炸，巨大的振动直接将机枪射手震倒在地，弹片切断了若干配平片管线和控制管线。

弹片击中了机身中部机枪手约翰·考科斯（John Cox）中士的手腕，而柯克帕特里克中士左身被一枚锯齿状弹片击中，伤情严重，但两人依旧不下火线，继续操纵机枪持续射击。厄尔和副驾驶员沃伦·奥克利（Warren Oakley）中尉恢复了对飞机的控制，从高炮的打击下清醒过来，继续向目标挺进。

莱因哈特中尉驾驶的"G.I.加仑"号位于

第44轰炸机大队威廉·斯特朗上尉驾驶的B-24"光头和他的孩子们"号全体机组成员合影。

"5×5先生"号右侧，在克拉约瓦以南上空，"G.I.加仑"号替补了"天堂可以等待"号的位置，这对于"G.I.加仑"号来说确实不是一个好位置。

在冲向目标的过程中，"G.I.加仑"号机尾炮塔被一枚20毫米炮弹击中，弹片卡住了炮塔的动力装置，乔治·范·森（George Van Son）中士发现炮塔出现故障后立即爬出炮塔进行清理，刚刚排除故障之后，另一枚88毫米炮弹直接命中炮塔，将其完全摧毁，虽然爆炸威力巨大，但乔治·范·森并未伤到分毫，只是帽子和夹克被弹片划破。虽然乔治·范·森没有受伤，但88毫米炮弹对飞机造成的损伤巨大，垂尾和水平尾翼之间被贯穿了一个大洞，控制缆线也被打断，"G.I.加仑"号还没进入轰炸航路就遇到如此大的麻烦。另一枚炮弹击穿了机身侧面，四溅的金属碎片打伤了机身中部两名机枪射手。莱因哈特中尉和副驾驶员查尔斯·斯塔尔（Charles Starr）中尉驾驶受损轰炸机缓缓爬升，随后向目标投弹，德军众多88毫米口径高炮纷纷调转炮口，对准"G.I.加仑"号猛烈射击。

"G.I.加仑"号4号发动机和3号油箱被击中后开始冒出浓烟，但是"G.I.加仑"号真正的致命伤是一枚直接命中左机翼的88毫米口径炮弹，飞行工程师罗素·亨特利（Russell Huntley）回忆："除了1号发动机以及旁边的机翼外，我们似乎不剩下什么了。猛烈的防空炮火将主翼梁至机翼前缘全部击毁，只剩下扭曲的翼梁苦苦支撑着我们飞行。"飞机突然失去升力导致右侧机翼向上翘起45°，莱因哈特和斯塔尔试图重新控制飞机，技巧、力量、勇气和运气结合在一起，上帝保佑，飞机再次回到水平飞行状态。几架敌机从后面接近挣扎在死亡线的"G.I.加仑"号，但发起的攻击似乎并未对"G.I.加仑"号造成什么实质性伤害，"G.I.加仑"号继续飞行，但返回北非基地的可能性极为渺茫。

詹姆斯·麦卡迪（James McAtee）驾驶的"老乌鸦"号位于"G.I.加仑"号右侧，"老乌鸦"号飞向目标的过程中，机身中部机枪手诺姆·基弗（Norm Kiefer）中士离开了自己的阵位，前往炸弹舱检查飞机投弹后炸弹舱舱门是否关闭，基弗一直盯着炸弹舱内的炸弹和舱门："由于飞行高度过低，你也看不清地面上有什么东西，一瞬间就过去了，很模糊，我能听见飞机上的自卫机枪正在疯狂开火，有一两次我看到机身下方的曳光弹嗖嗖地飞过去。"

领航员大卫·麦卡什（David McCash）中尉则看到了一个高射机枪阵地：

在第一个检查点皮特耶什蒂附近时，我看到编队右侧有一个3米×3米的小屋子，当我们靠近它时才发现，这是一挺多管高射机枪阵地，但阵位上没有操作员。30米外，一名身穿制服的士兵正在拼命向这个高射机枪阵地跑去，很明显他就是机枪射手，机身右侧机枪手立即对准他开火，编队里其他B-24也对这名士兵开火，子弹打在他周围，溅起阵阵尘土，最后他扑通倒在地上，一动不动，很明显被子弹打死了。

机身中部机枪手莫里斯中士回忆：

我们在距离地面不到30米的高度飞行着，很多平民对我们挥手，我看到了狗，甚至还有鸡在跑。有一群人正在野餐，一群妇女甚至对我们挥舞围裙，我在舷窗的窗台上放了一箱燃烧弹，摇摇欲坠地保持着它的平衡。突然间，德军向我们打出了大量的炮弹，德军高炮阵地

第44轰炸机大队完成轰炸任务后撤离克莱迪图·米尼尔炼油厂上空,此时炼油厂已经成为人间地狱,照片中远处的黑烟就是炼油厂遭到轰炸后冒出的浓烟,近处白色的烟应该是德国人释放的烟雾。

隐藏在两个粮仓里,而这两个粮仓中间区域有不少平民。我们向一个阵地扫射,然后转向扫射另一个阵地时,不少平民被击中倒地,我尽量打得准一些,但只能左手操作机枪,右手则抓住燃烧弹箱子保持平衡。这一路上飞机飞得较为颠簸,我从未听到投弹手乔·扬(Joe Young)在对讲机里喊出"投弹完毕",突然间我感觉飞机变轻了并且有一个较大的倾斜。

麦卡迪在驾驶舱内紧盯着前面的轰炸机,他看到前方的轰炸机正在投弹,后者刚刚飞过一个储油罐,正飞到一个发电厂上空,两枚炸弹离开炸弹舱直接命中储油罐,炸弹没有爆炸而是砸出两个大洞,很明显这是两枚定时炸弹,燃油从洞口喷涌而出,45秒之后,定时炸弹将会爆炸,到时这里会变成一座人间地狱。

"当我们飞过储油罐时刚好爆炸,储油罐顶部像沙丁鱼罐头盒一样被炸飞。"基弗回忆:

"轰炸机投弹完毕后,我看着炸弹舱里的炸弹全部投了下去,我赶紧关闭炸弹舱门并返回机身中部,这里似乎更安全一些,我戴上耳机,听见乔·扬在对讲机里说这里简直就是炼狱,让我们赶紧离开这个鬼地方。"

莫里斯看到"G.I.加仑"号被地面防空火力击中并逐渐开始失控,他立即将"G.I.加仑"号机尾上的字母和编号等信息记录下来,方便返回基地后向上级通报情况。就在这时,另一个高炮阵地映入眼帘,莫里斯心想报复的机会终于来了,机枪射手将所有枪口对准这个阵地一阵扫射,打掉了这个阵地。

第4飞行小队最右侧为斯劳中尉驾驶的"无情"号(RUTHLESS),在飞往目标上空时,高炮将飞机1号发动机短舱打出了几个洞,"无情"号是第44轰炸机大队最后一架飞过克莱迪图·米尼尔炼油厂的轰炸机,斯劳中尉所看到的就是此次轰炸克莱迪图·米尼尔炼油厂的最后景

第44轰炸机大队轰炸过后的克莱迪图·米尼尔炼油厂。

象。斯劳中尉驾驶"无情"号以15米高度飞临目标上空,投弹手将定时炸弹投向一座正在熊熊燃烧的厂房……

几架战斗机发现了正在撤离目标上空的"无情"号,立即展开俯冲攻击,飞机上的机枪射手立即进行还击,击落两架敌机,其中机身中部机枪射手吉姆·卡列尔(Jim Callier)对一架Bf 109疯狂射击,这架战斗机最后坠毁在一片浓烟和灰尘中,而顶部炮塔机枪射手埃尔伍德·哈比逊(Elwood Harbison)也击落了另一架Bf 109,该机最后坠毁在一片玉米地里。虽然

"无情"号是最后飞过目标上空的,但撤离时却一路向前,甚至都超过了第2飞行小队。

吉姆·波西上校率领的编队对克莱迪图·米尼尔炼油厂的打击符合上级策划者的预期。编队准时准点地将大部分炸弹以极高投弹精度投掷到炼油厂厂区。第44轰炸机大队对克莱迪图·米尼尔炼油厂的致命轰炸使得希特勒无法拥有欧洲最现代化的航空燃料工厂,而第44轰炸机大队的代价仅仅是两架B-24和两名机组人员,这次对克莱迪图·米尼尔炼油厂的轰炸堪称完美。

第十章　坎皮纳上空的"蝎子"

按照预先的计划，第389轰炸机大队在抵达第一个检查点皮特耶什蒂之后将会和其他轰炸机大队分离，成为一支独立的作战力量飞向坎皮纳。皮特耶什蒂距离最后一个检查点大约是68公里，如果轰炸机以320公里/小时的速度飞行，这段距离大约只需要12分钟。

第389轰炸机大队指挥官伍德上校的座机为"蝎子"号（THE SCORPION），该机飞行员为肯尼斯·考德威尔（Kenneth Caldwell）上尉。考德威尔是一位已经服役十年的老兵了，轰炸普洛耶什蒂是他服役生涯里第7次作战任务。在"蝎子"号机鼻内，领航员斯特尔·米多尔（Stell Meador）中尉正紧张地看着飞机前方的山麓和山谷，寻找地图上的地标，但是以当时的天气情况来看，由于山麓周围弥漫有雾，很难看清地面上的地标。

在简报中，米多尔被告知要在山麓旁边寻找一座白色大楼，这座白色大楼是一座修道院，由于山上弥漫大雾，因此这座白色大楼根本看不见。伍德上校坐在正副驾驶员中间，做着一些关于导航的工作。根据他对时间的计算，编队应该在下一个山脊附近进行转向，"蝎子"号飞过山顶，在目标的大致方向上出现了一个山谷，伍德上校向前探了探身子，拍了拍考德威尔上尉的肩膀，然后指了指右侧，考德威尔上尉领会了伍德上校的意思，立即驾

驶"蝎子"号右转，当伍德上校和考德威尔看到山谷尽头出现一个小镇并且小镇附近有一座工厂时终于长舒一口气，以为斯泰瓦·罗曼纳炼油厂找到了。

米多尔看见飞机转向后，立即按下对讲机按钮并大喊："太早了！太早了！你转向太早了！"编队里其他领航员也在向自己飞机的飞行员说明领队机"蝎子"号转向太早了，第389轰炸机大队此时已经下降高度，飞入了一个错误的山谷。

考德威尔左侧是"睡觉的莎莉"号（SACK TIME SALLY），该机副驾驶员为诺伯特·格哈特（Norbert Gebhard）中尉，格哈特中尉回忆："肯尼斯·考德威尔没告诉我他什么时候要转向，我以为我们快要到目标了，我的座机距离'蝎子'号非常近。天哪，当我们转向时我必须爬升以免撞到他！"

第389轰炸机大队副指挥官约翰·布鲁克斯（John Brooks）少校看到伍德上校转向后，领航员莫丁格立即在对讲机里提醒布鲁克斯现在转向是错误的。布鲁克斯上校头脑飞快地思考着，究竟是跟着领队机转向，还是沿着正确的航线向前飞，最后布鲁克斯少校做出决定——跟着领队机转向，虽然轰炸机将会飞入一个错误的山谷中。

领航员米多尔和飞行员考德威尔进行了

短暂的交谈，双方都认为现在航线已经出现错误。领队机向左转向，从山谷飞到山脊另一侧，完成了一个180°的转弯，此举也修正了之前提早出现的航线错误。布鲁克斯驾驶轰炸机一直跟着领队机飞行。多年以后布鲁克斯回忆这次明知领队机出现失误还要继续跟着领队机飞行时说："如果我没有遵循跟着领队机飞行这一原则，等到领队机率领编队完成180°转向

第389轰炸机大队轰炸"红色"目标的编队阵型。

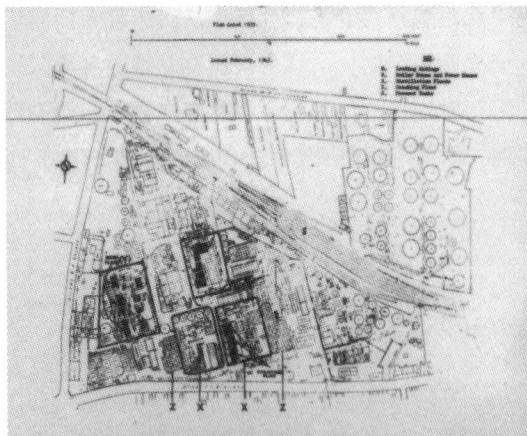

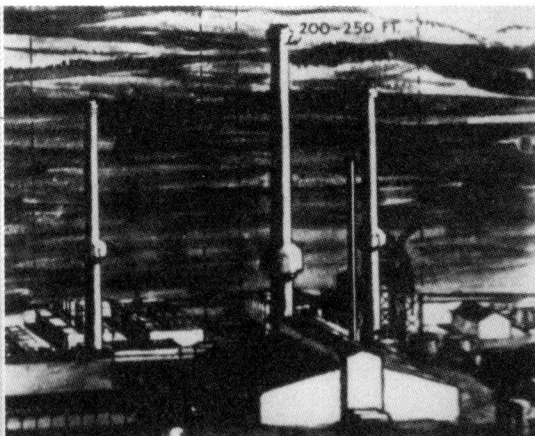

第389轰炸机大队使用的导航图中关于"红色"目标——斯泰瓦·罗曼纳炼油厂素描图以及布局图，图中注明了炼油厂一座烟囱的高度，大致为200至250英尺，也就是60米至75米。

时很有可能会发生空中相撞。"

考德威尔上尉继续驾驶"蝎子"号向检查点飞行，此时飞机已经飞出云层，机尾炮塔射手报告修道院已经在编队后方慢慢消失。几分钟之后，第389轰炸机大队领队的飞行小队抵达普拉霍瓦山谷，随后下降高度飞入山谷中，然后向右转向进入轰炸航路。

根据之前制订的计划，炼油厂每一个重要的裂解厂和锅炉房都要被几架轰炸机从不同方向进行轰炸，这就需要各个轰炸机在正确的高度，正确的时间分散和配合。在距离斯泰瓦·罗曼纳炼油厂还有6.5公里的地方，第389轰炸机大队分成三个方向展开进攻。考德威尔率领的飞行小队航向保持在143°，左侧飞行小队航向调整至129°，右侧飞行小队航向调整至168°。左侧的飞行小队在129°航线保持飞行1分钟，然后调整到170°直扑目标，而右侧飞行小队先沿着168°航线保持飞行45秒，然后向左转，再以130°航线直扑目标。

第389轰炸机大队在经过一座小镇后不久，遭遇德军部署的第一个高炮阵地，看来前方就是斯泰瓦·罗曼纳炼油厂了，而第389轰炸机大队和炼油厂之间则是大量的高炮阵地，虽然阵地

部署密集程度不如普洛耶什蒂，但这些防空火力足够第389轰炸机大队喝一壶的。

"蝎子"号带领第1飞行小队直扑炼油厂中心，考德威尔上尉在驾驶舱看到一个位于锅炉房前方的高射机枪阵地正对小队进行射击，而投弹手约翰·菲诺（John Fino）中尉已经做好了投弹准备："进入轰炸航路非常顺利，没遇到什么困难，我可以清楚看到投弹点，就是那座锅炉房，就位于炼油厂中心。"菲诺投下的4枚454公斤炸弹直接命中那座锅炉房，重达两吨的炸弹直接将锅炉房炸飞，破损的管道和炙热的高压蒸汽引发了更大的爆炸。

罗伊·布莱利（Roy Braley）中尉驾驶"睡觉的莎莉"号向目标飞行，副驾驶员诺伯特·格哈特（Norbert Gebhard）回忆："我看到了约翰·菲诺投弹的全过程，炸弹命中了一座锅炉房，这是我在整个任务过程中见到的唯一一次投弹。"当格哈特看到菲诺投弹后，投弹手梅尔文·沃伯格（Melvin Verberg）中尉立即进行投弹，四枚重磅炸弹直接命中蒸馏厂烟囱。

"蝎子"号右侧为詹姆斯·托尔森（James Tolleson）中尉驾驶的"金色风暴"号（THE GOLDEN SANDSTORM）。托尔森中尉驾驶

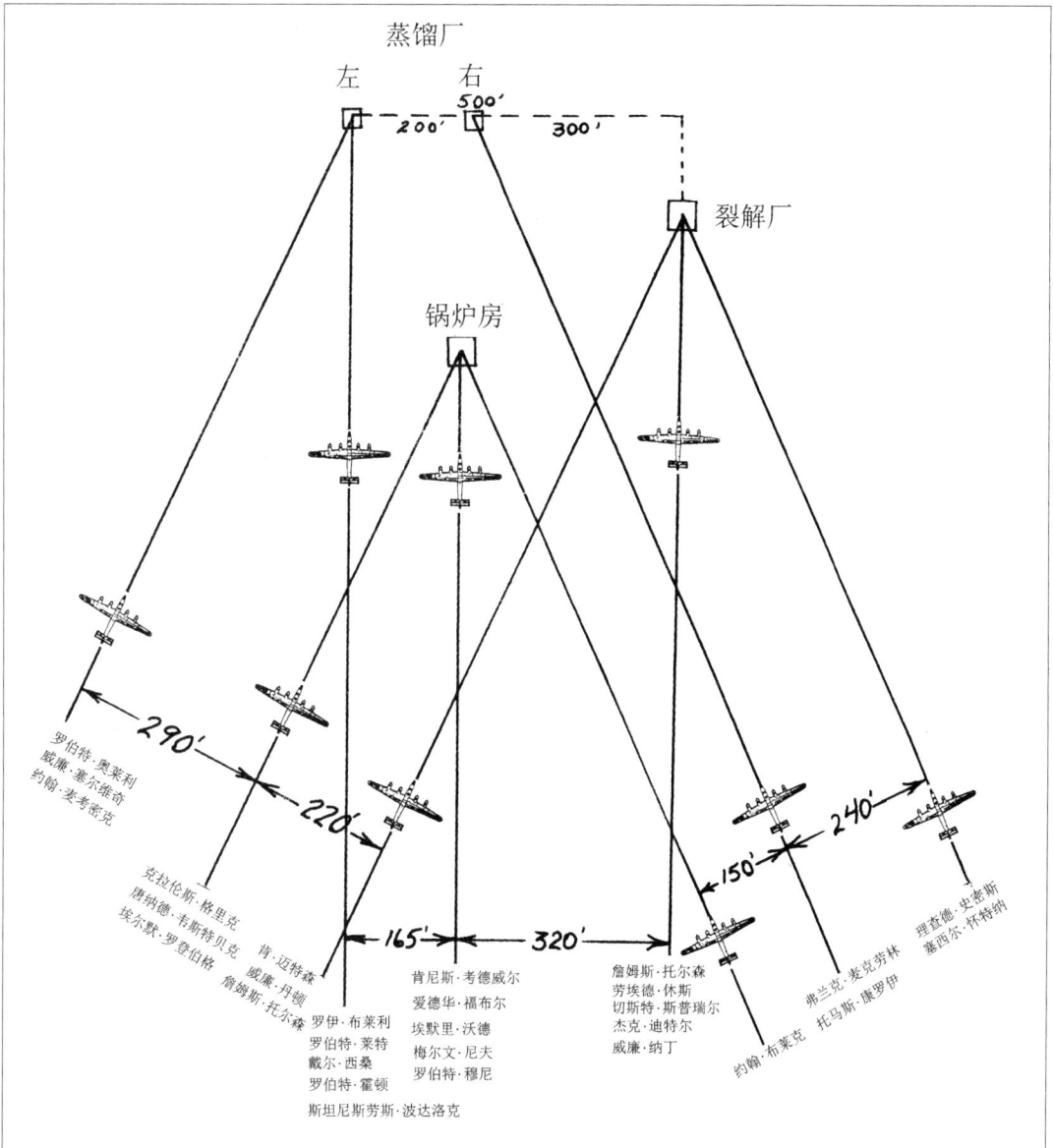

第389轰炸机大队在轰炸斯泰瓦·罗曼纳炼油厂时从三个方向同时出击，图中标注的就是从三个方向出击的轰炸机飞行员姓名。

"金色风暴"号在75米高度飞行，在飞机经过投弹点后，投弹手斯图尔特·门罗（Stewart Monroe）中尉将两吨定时炸弹投向裂解厂，炸弹向前飞行15米后钻进了正在倒塌的厂房，引发火灾。地面高炮阵地立即对"金色风暴"号进行射击，轰炸机上的自卫机枪射手对高炮阵地进行压制，由于飞行速度较快，因此无法确定是否击中飞机下方的高炮阵地。

第2飞行小队沿左侧向目标扑去，该小队领队机为埃尔默·罗登伯格（Elmer Rosenberg）中尉驾驶的"你的挚爱"号（YOURS TRULY）。轰炸机在90米高度飞行，在进入轰炸航路30秒后，投弹手乔治·哈蒙德（George Hammond）中尉将三枚炸弹投到厂区左侧的一个锅炉房内。

飞机撤离目标上空后，飞行工程师报告还有一枚炸弹留在炸弹舱内，哈蒙德听到报告后立即前往炸弹舱，一番折腾之后这枚黄色的重磅炸弹最后落在距离炼油厂6.5公里远的空地上。

"你的挚爱"号左侧为罗伯特·奥莱利（Robert O'Reilly）中尉驾驶的"查塔努加火车"号，该机领航员理查德·布里特（Richard Britt）中尉放下手中的地图，操起机枪对准机身左侧树丛中的一个较为隐蔽的高射机枪阵地进行射击，布里特后来在回忆录中写道："漫天飞舞的曳光弹令人眼花缭乱，射向四面八方，看起来就像一团意大利面。"奥莱利驾驶通体涂成绿色的"查塔努加火车"号在80米高度飞行，这样方便投弹手阿尔弗雷德·罗马诺（Alfred Romano）中尉进行投弹，布里特回忆：

我们投下的炸弹正中目标，防空炮火的爆炸声、机枪射击的声音以及重磅炸弹的爆炸声震耳欲聋，浓浓的黑烟在厂区内爆炸的火光中升起，燃烧的油料发出耀眼的黄红色光芒。

埃尔默·罗登伯格的座机就在我们旁边飞行，他们的炸弹舱门已经打开，我看到炸弹从炸弹舱掉出来，我盯住一枚正在下落的炸弹，他的飞行速度几乎和我们一样，我们躲过了几根高压线，我看到这枚炸弹砸断了高压线，断了的高压线冒出呲呲电火花，我看到这枚炸弹消失在一幢建筑物侧面，砸出了一个直径约4.5米的大洞。

"查塔努加火车"号完成投弹之后，飞机猛地向上跃起，这时一枚炮弹击中了轰炸机，控制缆线被炸断，发动机噼里啪啦发生一阵噪音之后冒出灰色浓烟，右侧机翼开始向地面倾斜，驾驶舱里的奥莱利和副驾驶欧内斯特·保尔森（Ernest Paulson）中尉拼命控制住飞机，保持左右间距。经过几个小时的飞行，在奥莱利和保尔森的努力下，飞机逐渐恢复飞行姿态，但是奥莱利很清楚飞机已经严重受损，不太可能继续飞行太久，他立即在对讲机里喊道："准备迫降！"

布里特和罗马诺听到准备迫降后立即从机鼻里爬出来，不过罗马诺在检查炸弹舱时发现里面还有一枚炸弹，布里特则撕碎了地图，将碎片从前起落架舱门中丢了出去，飞行工程师弗兰克·凯斯（Frank Kees）和罗马诺猛推炸弹，想把它从吊索上弄下来，奥莱利尽量保持飞行，争取更多的时间，清除炸弹后就可以迫降了。

"查塔努加火车"号在飞过弗洛耶什蒂之后，炸弹终于从吊索上被弄了下来，落在一处干涸的河床上。轰炸机在弗洛耶什蒂以南几公里的上空终于坚持不住了，飞机动力全部丧失，奥莱利准备进行迫降，飞机在河床上迫降时，凯斯还在炸弹舱里，而奥莱利尽量保持机头翘起，飞机速度降下来后，机头"轰"的一声砸在地上，在一阵尘土中扎进河床里，机翼的重量直接压碎了千疮百孔的机身。

布里特回忆：

接下来的几秒仿佛有几个小时那么长，可怕的撞击声，金属与金属之间的摩擦声和扭曲声震耳欲聋，飞机在河床上滑行似乎停不下来，我被夹在炸弹舱和驾驶舱之间，头顶上是顶部炮塔，两块金属板开始猛夹我的头，越来越紧，自己仿佛滑入黑暗中，一瞬间我的脑海里浮现出父亲的影子，我当时想如果这样死似乎也不算太坏。

迫降后的"查塔努加火车"号满目疮痍，

坎皮纳附近详细的地形图以及目标图。

基本没什么完好零部件，螺旋桨扎进河床中，已经全部扭断，机翼与后方机身已经断开，机鼻也从机身上断开，向右偏转45°，顶部炮塔干脆直接从机身上脱落。

第389轰炸机大队向斯泰瓦·罗曼纳炼油厂投下的第一枚炸弹，炸弹直接掀翻了一座锅炉房，照片由杰克·伍德上校的座机为"蝎子"号拍摄的。

"蝎子"号完成任务后低空撤离目标上空躲避高炮攻击时拍下的照片。

飞机停稳后，八名机组成员从破损的机身残骸中爬出来，经过快速清点，发现少了两名，凯斯和布里特还被困在机身里，凯斯就躺在布里特旁边，他已经被掉落的顶部炮塔压死，布里特也躺在那里一动不动，大家都以为他也死了，"理查德·布里特躺在那里一动不动，我们都以为他也死了，所以大家就迅速离开了迫降现场"。

肯·迈特森（Ken Matson）中尉驾驶的"野狼战车"号（WOLF WAGON）位于"你的挚爱"号右侧，飞机在90米高度飞行，投弹手R.A.富兰克林（R A Franklin）中尉将炸弹投到裂解厂内，其中一枚炸弹直接命中一个烟囱，炸出一个大洞，而机上的机枪射手也正忙着操纵机枪对准地面高炮阵地射击。"野狼战车"号向地面俯冲，避开了防空炮火打出的密集弹幕。

弗兰克·麦克劳林（Frank McLaughlin）中尉驾驶"老爱尔兰人"号（OLE IRISH）从炼油厂右侧发起进攻，"老爱尔兰人"号是从右侧发起进攻的编队领队机。麦克劳林中尉和副驾驶员李·斯勒瑟（Lee Slessor）中尉驾驶座机在90米高度飞行，投弹手里奥·特莱维斯（Leo Traivis）中尉向目标投下炸弹，"在整个战争期间，这是我经历过的最可怕的场景，我们超低空扑向目标，建筑物的窗户上透出红色的火光。"麦克劳林中尉后来在回

右上方的 B-24 为"睡觉的莎莉"号，该机已经完成投弹，正低空撤离目标上空。

左侧为第 389 轰炸机大队指挥官杰克·伍德上校，右侧为"蝎子"号飞行员肯尼斯·考德威尔上尉。

忆录中写道："2 号发动机被高炮炮火命中，两个气缸被打坏，3 号发动机也被命中，冷却装置被击毁，我立即将两台发动机顺桨。"

特莱维斯在执行此次任务时带病上阵，但并不影响他的发挥，他将 4 枚炸弹投向目标，炸弹砸到地面后弹起滚入一座裂解厂，虽然炸弹当时并未爆炸，但 4 个大家伙高速砸向工厂也会对厂房设施产生较大破坏，45 秒之后这些定时炸弹爆炸会腾起冲天火焰。麦克劳林中尉后来在回忆录中写道：

撤离目标上空后，我遇到了一根高压线，当时我在想是从上方飞过去还是从下方钻过去，最后我选择从高压线下方钻过去。

我们飞到一座钻井架附近，钻井架旁边的守军向我们射击。特莱维斯要求我立即进行 180° 转弯，这样他就能用机鼻的机枪对守军进行扫射，他确实做到了，一阵扫射过后，钻井架旁边的守军被我们全部消灭。

约翰·布莱克（John.Blackis）中尉驾驶的"天方夜谭"号（SCHEHERAZADE）位于"老爱尔兰人"号左侧，飞机直奔炼油厂中心，布莱克控制住轰炸机进入轰炸航路："投弹手米尔顿·尼尔森告诉我炸弹舱舱门被机身

中部油箱卡住，我命令他赶紧将故障排除。由于飞机下方气流紊乱，导致装满燃油的油箱移动，进而卡住了舱门，当时我全神贯注驾驶飞机修正轰炸航路。"

当锅炉房出现在尼尔森的十字光标里，他立即拨动投弹开关，4 枚 454 公斤炸弹落下，至少有两枚命中目标，呈开启状态的炸弹舱门在气流中抖动着。投弹完毕后，布莱克中尉立即驾驶"天方夜谭"号俯冲脱离目标，飞行高度之低仿佛炸弹舱门直接擦到地面，布莱克中尉之所以飞得如此之低是为了躲避敌方战斗机的追击和拦截。

在"天方夜谭"号扑向目标的过程中，顶部炮塔机枪射手约瑟夫·兰德里（Joseph Landry）中士从炮塔中爬下来，试图打开炸弹舱舱门，而无线电操作员大卫·罗森塔尔（David Rosenthal）中士则接管炮塔，操纵机枪对准高炮阵地还击，罗森塔尔后来还报告有一架 Bf 109 从高空俯冲对其进行攻击，但被他驱离。

理查德·史密斯（Richard Smith）的座机"803"号（#803）位于"天方夜谭"号右侧，该机在飞往目标上空时遇到了麻烦，就在进入轰炸航路时，一枚高炮炮弹在机尾附近爆炸，弹片在水平尾翼上炸出很多洞，几秒钟之后，另一枚炮弹击中该机，形势万分紧急。无线电

操作员柯蒂斯·卡拉汉（Curtis Callahan）中士后来在回忆录中写道：

> 一枚20毫米口径炮弹击中了炸弹舱油箱，破损的油箱卡住了炸弹舱舱门，投弹手说舱门无法正常开启就无法投弹，于是我跑到炸弹舱用尽全力踢开一侧舱门，足以投下一枚454公斤炸弹。我看到燃油正从油箱内漏出，立即用手指堵住弹孔，飞机投弹时我就站在旁边。我的手指一直堵在油箱上，直到最后把油箱内剩余燃油全部转移到其他油箱。

福布尔驾驶的"我为项目"号（I FOR ITEM）是第2飞行小队的领队机，他率领小队直扑炼油厂中央。飞机右侧驾驶位是第389轰炸机大队其他中队指挥官阿德瑞上尉。阿德瑞上尉后来在回忆录中写道：

> 我们距离前一个小队非常近，他们投弹完毕后，立即撤离目标上空。我们准备将炸弹投向厂区中央的锅炉房，那是一座很大的锅炉房，之前在侦察照片上我曾见到过。就在我们飞向目标的过程中，地面防空炮火打得非常猛，大部分都是20毫米口径自动高炮，炮弹组成的火网非常绵密。第1飞行小队投下的炸弹命中了锅炉房，锅炉房发生猛烈的爆炸，但爆炸的并不是重磅炸弹，而是高温高压蒸汽和炼油厂泄漏的油气混合物。爆炸产生的威力直接

斯泰瓦·罗曼纳炼油厂在第389轰炸机大队的空袭下已经遭到巨大破坏，左上房屋屋顶冒出的阵阵白烟是B-24投下的燃烧弹产生的。

将锅炉房房顶掀翻，飞得比烟囱还要高，火焰立即从厂房内喷出。没过几秒钟，另外3架B-24从左侧飞来，向着锅炉房和裂解厂再次投弹，引发了规模更大的爆炸和火灾。火焰高度已经超过了我们的飞行高度，我们只能向高度最高的烟囱旁边飞去，现场的烟柱和火焰高度更高了，时不时发生的爆炸照亮了黑色浓烟组成的帷幔。

福布尔驾驶"我为项目"号俯冲冲过地面防空炮火射出的弹幕，向着目标飞去。飞机尾部的无线电操作员乔治·威尔斯（George Wells）中士在对讲机里大喊："劳埃德·休斯（Lloyd Hughes）中尉的座机正在漏油，他的左翼油箱已经被击中！"威尔斯立即举起相机拍下了当时的照片。

阿德瑞上尉后来写道："我努力向前看，看到德国人正在向我们开火。我向右看时，发现劳埃德·休斯的座机左翼正在漏油。他一定知道自己的飞机已经被击中，因为漏油是如此严重，以至于我们无法看清他飞机上的机身中部机枪手。"

福布尔的左翼是罗伯特·莱特（Robert Wright）中尉驾驶的"老泡屁股"号（OLD BLISTER BUTT），该机和"我为项目"号并肩作战，同样被地面炮火包围，小乔治·梅金看到机身下方闪过的曳光弹："我记得红色曳光弹从右侧向我们射来，从机身下方飞了过去，幸好没有打向飞机前方，否则很有可能击中我们。以每小时320公里的速度飞行感觉就像坐在喷气机上。战局瞬息万变，没有时间思考其他事情，只能把自己该做的事情做好。"

梅金将炸弹投向厂区左侧一个裂解厂："我向右看了看，看见一架B-24正在着火，我打破无线电静默，呼叫休斯告诉他飞机正在起火，他回复已经知道情况，但是要先把炸弹投向目标！"

在飞机已经燃起大火的情况下，休斯依旧驾驶座机"渴望之鹰"号（EAGER EAGLES）保持编队飞行无异于自杀！飞机飞临目标上空后，投弹手约翰·麦克劳林（John McLaughlin）中尉将炸弹准确投向目标，投弹完毕后，休斯驾驶飞机立即脱离编队进行自救，但已经太晚了！机翼泄漏的高辛烷值汽油已经被大火点燃，局势已经无法挽回。

休斯依旧想拯救飞机和全体机组。飞机在炼油厂以南几公里的空域飞行，休斯驾驶燃烧的轰炸机躲过了一根高压线电线杆后发现了右

约翰·布莱克中尉驾驶的"天方夜谭"号投下的炸弹命中斯泰瓦·罗曼纳炼油厂目标，当时飞机飞行高度为90米。

第389轰炸机大队B-24"查塔努加火车"号在干涸河床迫降后的照片。

侧有一处干涸的河床，此时左翼的大火在气流的吹动下已经掠过机尾水平尾翼和机尾炮塔，一名飞行员此时是无法控制住飞机的，副驾驶员罗纳德·赫尔德（Ronald Helder）也一起控制飞机，准备进行迫降。在炼油厂以南5公里的地方，"渴望之鹰"号拖着一条长长的尾焰向下面的河床飞去。

"我为项目"号上的投弹手弗里斯特·菲弗（Forest Phifer）中尉投下的四枚炸弹中有两枚命中锅炉房，另外两枚落在锅炉房前方空地，机身中部的威尔斯拍下了炼油厂的照片。阿德瑞上尉被黑色的浓烟呛得一直咳嗽：

我们飞进目标上空后，我心里开始默默祈祷。当时那种情况我认为自己不可能活下来，我知道休斯他们挺不过来。投完炸弹后，飞机闯入一阵浓烟中，有几秒钟周围的一切都是黑色的，飞机冲向前方的烟囱，福布尔立即向后拉动控制盘，飞机从烟囱上方掠过，差一点撞上厂房房顶。我回头看看休斯，他的飞机还在密集的编队里，火焰已经铺满整个左翼，正在向机身蔓延。

梅金在机鼻内看到了飞机下方的大火："你能看到地面上有些人面对轰炸显然不知所措，有些人四处乱跑，有些人在挥手，有些人则直接趴在地上。"

威尔斯举起手中的摄像机开始拍摄影片，但拍摄的大部分都是自然风光，绿色的山丘、广袤的玉米地以及一条小溪穿过的林场，但每张胶片中间都能隐约看到一架燃起大火的B-24，没错，这架B-24就是"渴望之鹰"号，

此时休斯和赫尔德正在竭力控制飞机，突然间在没有任何征兆的情况下，"渴望之鹰"号右侧机翼突然断裂，飞机立即侧翻，撞击河床之后飞机起火爆炸。

如此猛烈的爆炸中不可能有机组成员幸存，但机身后方的机枪射手托马斯·赫夫（Thomas Huff）和埃德蒙·史密斯（Edmond Smith）从燃烧的机身后方残骸中跌跌撞撞走了出来。投弹手麦克劳林随着部分机身残骸被甩了出去，但早已经被大火烧死。

在坎皮纳以东的空域，克拉伦斯·格里克（Clarence Gerrick）上尉率领飞行小队从左侧扑向炼油厂。威廉·塞尔维奇（William Selvidge）中尉驾驶座机位于飞行小队左侧位置，右侧位置为威廉·丹顿（William Denton）中尉驾驶的"得克萨斯的触碰"号（TOUCH OF TEXAS）。该小队进入轰炸航路后仅过了30秒就飞临炼油厂上空。

三架B-24将挂载的所有炸弹全部投向已经燃起大火的炼油厂厂区内，小队在飞过厂区中央时，"得克萨斯的触碰"号上的机尾炮塔射手罗伯特·莱文（Robert Levine）正在与地面上一个高炮阵地进行生死对决，这个高炮阵地位于混凝土防爆墙上，莱文打得非常准，虽然飞

斯泰瓦·罗曼纳炼油厂裂解厂被炸弹命中后腾起冲天火柱和浓烟。

B-24"通德拉"号全体机组成员合影，照片拍摄于1943年8月27日。

机快速飞过厂区中央，但机尾炮塔打出的子弹将高炮阵地上的所有敌军炮手全部打碎，尸块从防爆墙上直掉下来。

托马斯·康罗伊（Thomas Conroy）上尉驾驶"战斗的山姆"号（FIGHTING SAM）率领飞行小队从炼油厂右侧展开进攻，"战斗的山姆"号右侧为塞西尔·怀特纳驾驶的"通德拉"号（TONDELAO），这两架飞机在75米高度投弹，投弹过程中均遭到地面防空炮火的拦截，机身中部机枪手立即进行反击，德军高炮炮手在尘土和浓烟中全部倒下。

埃默里·沃德（Emery Ward）上尉率领的第3攻击波从炼油厂中间进入厂区，虽然之前第389轰炸机大队飞行航向出现错误，但小队里其他轰炸机依旧保持编队飞行。当沃德上尉驾驶座机率领自己的飞行小队进入厂区上空时，炼油厂已经一片火海，前一攻击波轰炸机在厂区周围撒满了燃烧弹，这些燃烧弹落地后爆炸，温度极高的火焰变成了白色，炸弹也随之变成了白色火球。落下的炸弹摧毁了各种管道、输油管管道和锅炉房，地面一片混乱与狼藉。

投弹手安东·德伊托（Anton DeCoito）中尉在75米高度投下4枚重磅炸弹，投弹完毕后，沃德立即降低飞行高度脱离厂区上空，一枚炸弹穿过了发电厂屋顶，其他3枚炸弹命中目标。德伊托在投弹过程中，高炮炮弹弹片击中了1号发动机短舱，但是并未造成任何损伤，沃德时刻盯着仪表盘，一旦1号发动机出现险情，自己能够及时处置。

戴尔·西桑（Dale Sisson）中尉驾驶的"743"号（#743）位于沃德右侧，当飞机飞过

约翰·布莱克中尉驾驶的"天方夜谭"号投下的炸弹命中斯泰瓦·罗曼纳炼油厂。

爱德华·福布尔驾驶的"我为项目"号接近目标时，机组成员从右侧机身中部舷窗拍摄的目标上空照片。

"小灰海豚"号照相机拍摄的目标上空浓烟，镜头中还出现了大队其他 B-24。

炼油厂附近的铁路线时，一颗子弹穿过左侧机翼蒙皮，除了留下一个圆洞之外，没对飞机造成任何损伤。投弹手小约瑟夫·马丁利（Joseph Mattingly Jr）中尉在一个裂解厂上空投下炸弹，机尾炮塔机枪射手赫尔曼·迪克曼（Herman Dickman）报告有三枚炸弹命中目标，炸弹爆炸产生的巨大威力令人震惊。马丁利听到只有三枚炸弹命中目标，感到事情不对劲，于是跑到炸弹舱查看，果然舱内还剩下一枚炸弹，马丁

利返回机鼻继续拨动投弹开关，最后将这枚炸弹投了下去。

切斯特·斯普瑞尔（Chester Spurrier）中尉驾驶的"俄克拉荷马人"号（THE OKLAHOMAN）位于沃德左侧，投弹手格雷格中尉在 66 米高度将所有炸弹投向炼油厂厂区右侧的裂解装置，投弹间隔大概在 6 米，4 枚炸弹全部命中目标，灰尘和浓烟从破损的厂房中喷涌而出。投弹完毕的"俄克拉荷马人"号在距

第389轰炸机大队第567轰炸机中队的戴尔·西桑中尉座机"743"号，1943年8月1日轰炸完普洛耶什蒂后，该机跟随大队返回英国，重新加入第八航空队，照片拍摄于英国。

离炼油厂几公里空中遭遇鸟群，几只鸟撞击到飞机右侧机翼距离翼尖约1.2米的地方，造成机翼前缘轻微凹陷。

梅尔文·尼夫（Melvin Neef）中尉率领的飞行小队位于沃德后方，尼夫中尉的座机是从其他轰炸机大队借来的，原来的座机在轰炸普洛耶什蒂之前几周在墨西拿上空被击落。借来的这架飞机原来绰号为"回旋镖"号（BOOMERANG），尼夫机组称其为"大负荷"号（THE BIG LOAD）。"大负荷"号飞抵炼油厂上空后，顶部炮塔机枪射手哈罗德·戈德温（Harold Godwin）后来在回忆录中写道："虽然当时心里怕得要命，但还是拼命操纵炮塔向地面目标射击。"

投弹手查尔斯·华莱士（Charles Wallace）投掷完炸弹后，一枚40毫米高炮炮弹击中了飞机右侧机翼，弹片击毁了内侧发动机以及螺旋桨顺桨装置，导致螺旋桨在气流中疯狂旋转。

弹片还击中了右侧机翼外侧发动机，导致该发动机输出功率开始降低。由于飞机上两台发动机被弹片击中，尼夫认为飞机平安返回北非的可能性较低，因此在清除掉炼油厂西南方向的高炮阵地后，机组成员就开始设法减轻飞机自重，他们把多余的行李、弹药和防弹背心扔了下去。尽管扔出去的装备重量有几百公斤，但轰炸机几乎很难维持30米高度飞行，按照原计划返航路线飞越山脉这条路看行不通了。

尼夫中尉右侧为罗伯特·霍顿（Robert Horton）中尉驾驶的"三明治"号（SANDWITCH），该机直扑自己的目标——一座裂解塔。霍顿驾驶轰炸机飞入密集的弹幕中。罗素·海耶斯（Russell Hayes）中士是"小灰海豚"号（The little gramper）上的一名机组成员，他战后曾回忆当时的战斗场面："罗伯特·霍顿位于我们右侧，我看到一枚高炮炮弹直接击中炸弹舱油箱，'三明治'号随即抖动了

劳埃德·休斯驾驶的 B-24"渴望之鹰"号被防空炮火击中后，飞机遭到重创，图中隐约可见"渴望之鹰"号机身已经燃起大火，机翼似乎马上就要折断了。

劳埃德·休斯驾驶的 B-24"渴望之鹰"号右侧机翼突然断裂，飞机撞击河床之后起火爆炸。

一下。燃油从飞机腹部猛地喷射出来，机组成员还未意识到严重性时，轰炸机已经起火。"霍顿和副驾驶员查尔斯·霍尔（Charles Hull）驾驶已经起火的轰炸机爬升至投弹高度，投弹手埃尔伍德·艾默生（Elwood Emerson）将所有炸弹投向目标。

"三明治"号投弹完毕脱离目标上空时又被地面高炮命中了几次，其他轰炸机上的成员看到"三明治"号很明显已经准备开始迫降，海耶斯看到机身已经冒出大火："那场面简直太可怕了，你能看到那架浑身是火的轰炸机正在努力飞行，机上的机组成员一定竭尽全力地想要求生，但是我们帮不上任何忙。"

在飞离目标上空几公里后，"三明治"号再也坚持不住了，霍顿中尉试图将飞机迫降在休斯座机"渴望之鹰"号迫降的那个河床上，但此时轰炸机由于飞行高度过低，已经无法飞过旁边的树林，飞机一侧机翼直接撞在大树上，机翼被撞断，机身在巨大撞击力量的作用下转动了几圈并分裂成几块，随后飞机爆炸，其他轰炸机上的机组成员看到如此猛烈的爆炸后认为不可能有人会幸存下来。但是奇迹发生了，在撞击地面过程中，顶部炮塔从飞机上脱落，炮塔和机枪射手泽瑞尔·斯迪恩（Zerril Steen）都被抛了出去，尽管身受重伤，但斯迪恩还是从炮塔中爬出来并挣扎着站了起来。

杰克·迪特尔（Jack Dieterle）中尉驾驶的"小灰海豚"号位于尼夫中尉左侧，飞机以90米高度冲向炼油厂。投弹手罗伯特·海德（Robert Hyde）中尉将5枚炸弹投向目标，另有1枚炸弹卡在挂架上。海耶斯回忆：

当我们准备投放炸弹时，轰炸机刚好飞过一个20毫米或40毫米口径高炮阵地，由于射界

威廉·塞尔维奇驾驶的B-24"747"号拍下的斯泰瓦·罗曼纳炼油厂照片，照片中右侧一个大型储油罐已经燃起熊熊大火。

限制，我手里的机枪够不着它，当时轰炸机正以354公里/小时的速度飞过该阵地。高炮射出的炮弹向火球一样冲来，其中一枚炮弹似乎向着我的脑袋飞来，吓得我向后退，摔倒在机枪抛出的弹壳堆上。布瓦克莱尔（Boisclair）看着我，以为我中弹了。

马库斯·迪坎普（Marcus DeCamp）中士从顶部炮塔爬下来，跑向炸弹舱，处理掉那枚挂住的炸弹，"那枚炸弹落下后，从狭窄的街道一侧跳到了另一侧"。"小灰海豚"号投弹完毕后撤离目标上空，海耶斯看到了炼油厂厂区正在猛烈地发生爆炸："当我们飞过巨大的白色储油罐时，罐体顶部的小型燃烧弹正在猛烈地燃烧，我当时真担心飞过储油罐时燃烧弹刚好烧穿储油罐顶部引起爆炸，我们左侧有一个储油罐爆炸了，直径有30米的盖子贴着轰炸机左翼飞向天空，差一点击中我们。"

"小灰海豚"号飞离目标上空后遭到轻武器射击："在飞离居民区时，一名男子出现在他的房屋前廊，手中端着步枪向我们射击，3号

发动机短舱被打出一个洞，子弹并没有击中任何电线和油路，最后被气缸挡住。"

从炼油厂中间进入厂区的最后一个飞行小队由罗伯特·穆尼（Robert Mooney）中尉带领，其座机为"希特勒的灵车"号（HITLER'S HEARSE）。穆尼中尉一直在忙着驾驶飞机，忘记戴上了防弹头盔。当他们飞临到目标上空时，穆尼中尉大喊一声："就在那儿！汉克，前向机枪开火！"副驾驶员詹姆斯·"汉克"·格里茨立即按下控制盘上的开火按钮，随后听到了机鼻前向机枪猛烈开火的声音。格里茨回忆："我们向目标飞行了很长一段时间，我看到厂区周围出现了很多橙黄色的光点，很明显这些是高炮阵地的炮口焰，守军正在向我们射击。"

一名德军士兵脚踩着20毫米口径高炮扳机，对准"希特勒的灵车"号猛烈射击，一串曳光弹射向轰炸机，全然不顾周围四处乱飞的子弹。格里茨回忆起那令人感到恐怖的一幕：

本来一切都很好，突然驾驶舱传来一声巨

埃默里·沃德驾驶的B-24"619"号飞过目标上空后拍下的附近居民区房屋照片。

第3飞行小队飞过目标上空后投下的炸弹命中一座发电厂，照片是由埃默里·沃德驾驶的B-24"619"号拍摄的。

埃默里·沃德的座机B-24"619"号，虽然该机在普洛耶什蒂上空历经生死，全身而退，但1944年2月24日，该机在德国哥达市上空被击落。

响并充满了浓烟。出于本能我立即向后猛地靠在座椅上。等到舱内浓烟散去，前风挡玻璃上出现一个大洞，我转头看着穆尼，穆尼向后仰着身子，双手已经离开控制盘，鲜血顺着脸颊流了下来，穆尼已经陷入昏迷，没有知觉了。轰炸机在目标上空大约60米高度，我看到穆尼昏迷后立即接手控制盘，迟疑几秒钟后，我向右透过舷窗看了一眼炼油厂。我感到有什么东西从我脸上往下滴，左臂感到疼痛，我低头一看，发现身上有些血迹。风从前风挡的洞中灌进来，刚才的炮弹就是从这里打进来的，刚好在穆尼左侧爆炸。

我一个人驾驶着飞机，飞行工程师查尔斯·加勒特（Charles Garret）不见踪影，我当时想我们可能完了，所以我觉得在我们丧命之前要让德国佬多吃点苦头，我按下对讲机开关，喊道："好吧，实在不行就同归于尽，机枪继

续射击！"投弹完毕后，我驾驶飞机飞离目标上空，我发现飞机依然可以控制，我们还在空中飞行。我当时很激动，想立即驾驶飞机返回基地。飞行工程师查尔斯·加勒特站在我和穆尼之间，他的头部和双手也被弹片击中了，我喊道："加勒特，赶紧把穆尼从座位上拖下去！把他拖下去！"

加勒特把穆尼放在驾驶舱后方的飞行甲板上，让他平躺着，自己则坐在驾驶舱座椅上帮我一起控制飞机，他的双手都是血，只能用手掌根推动控制装置。有人通过对讲机报告3号发动机已经冒出浓烟，领航员J.D.威尔逊（J D Wilson）也在对讲机里说如果现在不马上将3号发动机顺桨，那一会儿工夫这台发动机将永远无法顺桨。我立即让加勒特将3号发动机顺桨，但加勒特对控制飞机并不熟悉，折腾了一番之后，加勒特成功将3号发动机顺桨。与此同时，

我们发现4号发动机也出现故障，已经失去对4号发动机的控制，除了让它继续工作外，我们什么都做不了。

这时我想起了穆尼，我向加勒特询问穆尼的情况，此时机身中部机枪手斯宾塞（Spencer）已经过来帮忙照看穆尼，加勒特对我说："斯宾塞对我说穆尼已经死了。"穆尼的死对我来说是一个巨大的打击，但我必须表现得坚强一点。我驾驶轰炸机继续飞行，通过对讲机告诉投弹手洛基·特里安塔费鲁（Rocky Triantafellu），让他赶紧把炸弹投下去，洛基告诉我说他早就把炸弹投在炼油厂。洛基从机鼻来到驾驶舱，我用手指了指前方的一块平地，询问他我们应不应该在前面迫降，洛基表示反对，他说我们应该尽可能地保持飞行。

顶部炮塔机枪射手莱博维茨（Leibowitz）也被弹片击中，他从炮塔来到驾驶舱，洛基看到他之后，立即要求他返回自己的岗位操纵机枪。洛基返回机鼻后，领航员威尔逊来到驾驶舱，他一脸惊恐，驾驶舱一片狼藉，死者和伤员浑身是血，无线电操作员鲁本（Leuben）也被弹片击伤躺在地上，到处都是碎玻璃，气流从前风挡呼呼地灌进来，看来我们是坚持不下去了。

斯坦尼斯劳斯·波达洛克（Stanislaus Podalok）中尉驾驶的"甜心阿迪丽娜"号（SWEET ADELINE）位于"希特勒的灵车"号左侧，轰炸机以75米高度飞临炼油厂上空，投弹手梅尔文·布拉肯多夫（Melvin Brackendorf）中尉将6枚炸弹全部投向目标，机身中部机枪手理查德·克里平（Richard Crippen）拿起手中的相机拍下了前几个飞行小队轰炸过后的炼油厂景象，照片清楚地显示了炼油厂中到处都是大火、浓烟以及燃烧弹燃烧时发出的耀眼白光。

这两张图片是由"甜心阿迪丽娜"号上照相机拍摄的，照片中斯泰瓦·罗曼纳炼油厂众多起火点是由燃烧弹爆炸引起的。

红色目标 ◎ 坎皮纳

弗洛耶什蒂

普洛耶什蒂

白色II目标

第389轰炸机大队航线

塔哥维斯特 第98轰炸机大队航线

白色I目标

皮特耶什蒂

白色IV目标

蓝色目标

第376轰炸机大队航线
第93轰炸机大队航线

第376轰炸机大队撤出航线

错误转向

◎ 布拉齐

第93轰炸机大队航线

斯纳戈夫乡

北

布加勒斯特 ◎

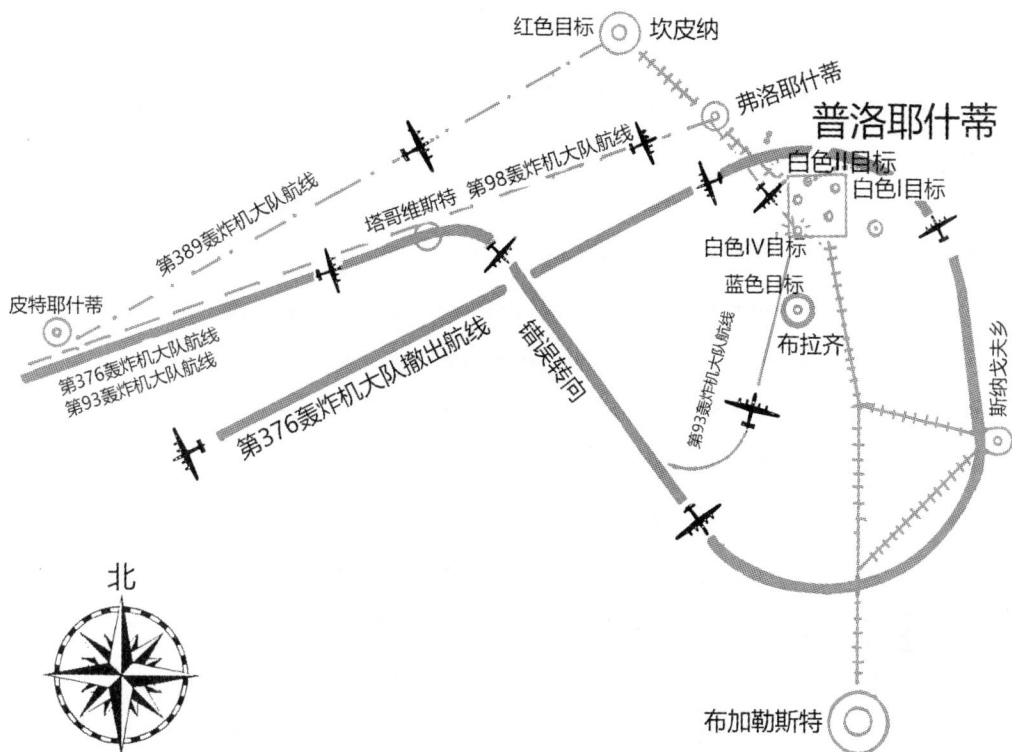

1943 年 8 月 1 日，5 个轰炸机大队轰炸普洛耶什蒂航线图。

　　威廉·纳丁（William Nading）中尉驾驶的"金发飘飘"号位于"希特勒的灵车"号右侧，飞机以80多米高度飞向炼油厂。副驾驶员克里斯滕森面对德军密集的防空炮火，心里感到不安："德国人做了周密的部署，高炮阵地近距离向编队射击，我们位于整个大队后方，因此能看到前方有些B-24被高炮击中。编队中第三架飞机是休斯的座机，飞机已经被击中并燃起大火，但还是继续保持编队飞行并投下炸弹，我和威廉·纳丁商量了一下，决定驾机穿过浓烟和大火。我们直接飞向锅炉房前方的一座裂解厂。"投弹手赫伯特·纽曼（Herbert Newman）将定时炸弹投向裂解厂，投弹完毕后大喊："让我们赶紧离开这儿！"炸弹击中目标到爆炸共有45秒时间，足够轰炸机飞离炸弹

杀伤范围。

　　"金发飘飘"号右后方为约翰·麦考密克（John McCormick）中尉率领的飞行小队，该飞行小队从炼油厂左侧杀入。麦考密克中尉座机为"流浪之王"号（VAGABOUND KING），该机投下的6枚炸弹命中了一座蒸馏厂，无线电操作员马丁·范·布伦（Martin Van Buren）中士跑到轰炸机机尾用摄像机拍下了这一幕，结果一枚20毫米口径炮弹迎面打来，布伦的脸部、手臂和胸口被弹片击中。

　　唐纳德·韦斯特贝克（Donald Westerbeke）中尉驾驶的"623"号（#623）位于"流浪之王"号左侧，飞机在投下6枚定时炸弹后撤离目标上空，虽然机身中部机枪射手投下的燃烧弹没有命中厂房和储油罐，但却击中了一个高

1943年8月1日
"浪潮" 行动全过程

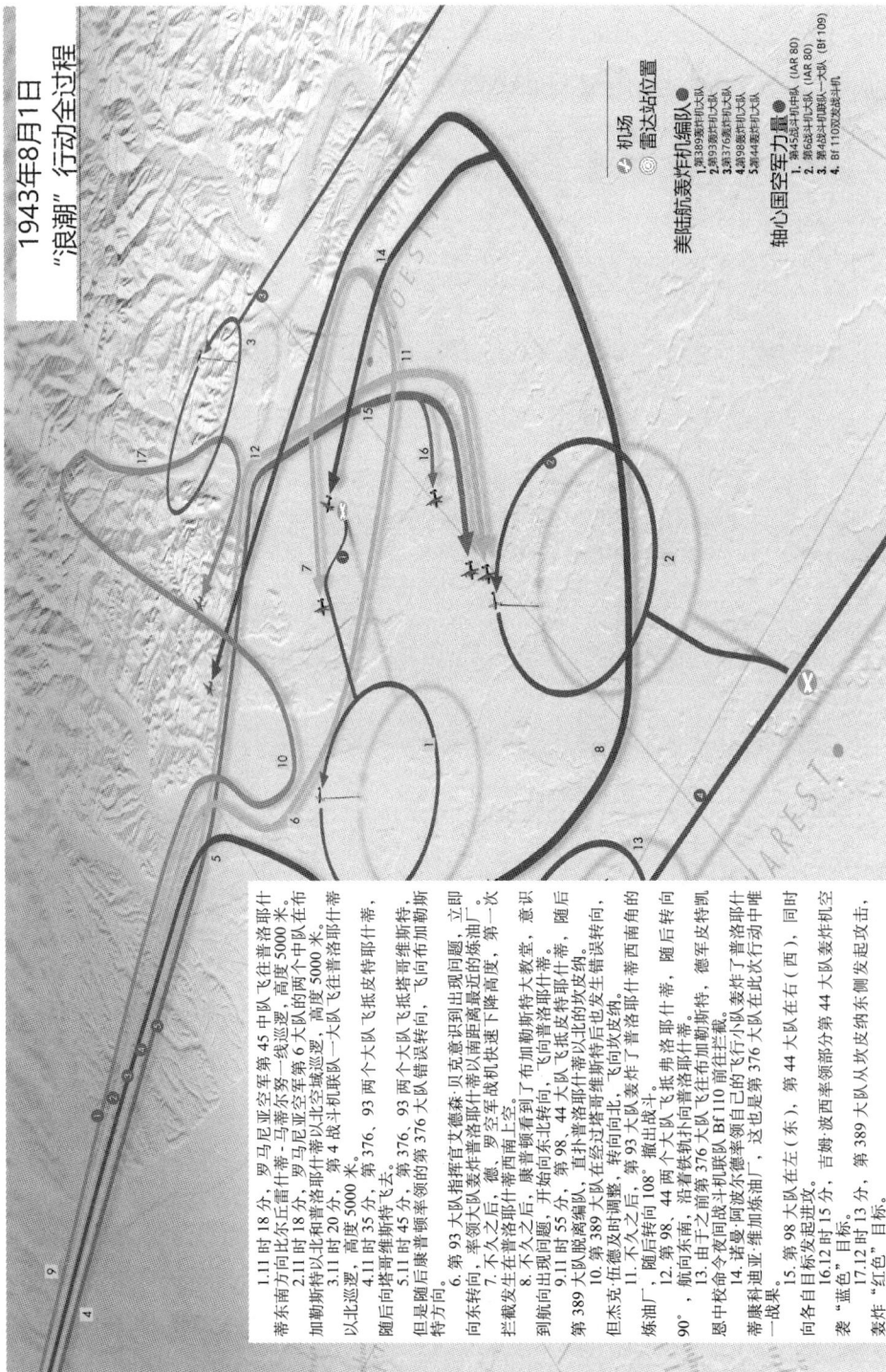

✈ 机场
◎ 雷达站位置

美陆航轰炸机编队 ●
1. 第45混成大队　（IAR 80）
2. 第6战斗机大队
3. 第376轰炸机大队
4. 第98轰炸机大队
5. 第44轰炸机大队

轴心国空军力量 ●
1. 第45混成大队　（IAR 80）
2. 第6战斗机大队　（IAR 80）
3. 第4战斗机联队一大队（Bf 109）
4. Bf 110双发战斗机

1. 11时18分，罗马尼亚空军第45中队飞往普洛耶什蒂东南方向比尔丘雷什蒂—马蒂努东第一线巡逻，高度5000米。
2. 11时18分，罗马尼亚空军第6大队的两个中队在布加勒斯特以北和普洛耶什蒂北空域巡逻，高度5000米。
3. 11时20分，第4战斗机联队一大队飞往普洛耶什蒂以北空域巡逻，高度5000米，第376、93两个大队飞抵皮特耶什蒂，随后向塔哥维斯特飞去。
4. 11时35分，第376、93两个大队飞抵皮特耶什蒂，但是随后康普顿率领维斯特哥特方向。
5. 11时45分，第376、93两个大队错误转向，飞向布加勒斯特方向。
6. 第93大队指挥官艾德森·贝克意识到出现问题，立即向东转向，率领大队轰炸普洛耶什蒂以南距离最近的炼油厂。
7. 不久之后，德、罗空军战机快速下降高度，第一次拦截发生在普洛耶什蒂南部上空。
8. 不久之后，康普顿看到了布加勒斯特大教堂，意识到航向出现问题，开始向东北转向，飞向普洛耶什蒂，随后发生皮波"脱离编队，
9. 11时55分，第98、44大队飞抵普洛耶什蒂北的坎皮纳，转向向北。
10. 第389大队脱离编队，直扑普洛耶什蒂以北的坎皮纳。
11. 不久之后，第93大队轰炸了普洛耶什蒂西南角的炼油厂，随后转向108°撤出战斗。
12. 第98、44两个大队随着铁轨扑向普洛耶什蒂，随后皮特凯恩中校命令夜间战斗机联队第376大队飞往普洛耶什蒂，
13. 由于之前第376大队飞往皮特耶什蒂，德军Bf 110前往拦截。
14. 诺曼·阿波尔德率领自己的小股飞行小队轰炸了普洛耶什蒂，这也是第376大队在此次行动中唯一战果。
15. 第98大队在左（东）、第44大队在右（西），同时向各自目标发起进攻。
16. 12时15分，吉姆·波西率领部分第44大队从坎皮纳东侧发起攻击，轰炸"蓝色"目标。
17. 12时13分，第389大队轰炸"红色"目标。

1943 年 8 月 1 日 "浪潮" 行动全过程和编队航线图。①

① 该图援引自 Steven J Zaloga. Ploesti 1943: The Great Raid on Hitler's Romanian Oil Refineries, Osprey Publishing, 2019：52-53.

炮阵地，把这个阵地炸成了一团"烟花"。正当"623"号准备穿过弹幕时，一枚20毫米口径炮弹击中3号发动机，弹片不仅击中了螺旋桨，而且切断了输油管。韦斯特贝克立即按下了顺桨开关，同时和副驾驶员约翰·马丁（John Martin）中尉猛推控制盘，飞机穿过防控火力组成的火网，咆哮着撤离目标上空。

哈罗德·詹姆斯（Harold James）中尉驾驶的"744"号（#774）是第389轰炸机大队最后一架飞临目标上空的轰炸机。整个机组都知道，由于飞机消耗燃油过高，已经无法返回北非基地。詹姆斯回忆：

当目标出现在视野中时，我的注意力从编队飞行转移到炼油厂上，黑色的浓烟和橙色的火焰从燃烧的储油罐中喷出。前面轰炸机投下的定时炸弹有些还没爆炸，对我来说是潜在的威胁，投弹手格罗弗·埃德米斯顿（Grover Edmiston）准确无误地投下炸弹。穿过浓烟后，我们遭到德军交叉防空火力的拦截，每六发炮弹中就有一枚曳光弹，曳光弹组成的图案好似渔网。子弹打在机身上的声音有点像雨点打在汽车玻璃上发出的声音。机组成员中没有人受伤，机上系统完好无损，可怜的坎皮纳居民这一天一定吓坏了。

就在"744"号飞离斯泰瓦·罗曼纳炼油厂上空后，投下的6枚炸弹依次爆炸，第389轰炸机大队已经将斯泰瓦·罗曼纳炼油厂完全摧毁。虽然第389轰炸机大队在飞行过程中偏离航线一段时间，但该大队依旧按照原定计划成功摧毁了炼油厂，在整个轰炸过程中，共有3架轰炸机被击落，1架在罗马尼亚迫降，另有2架飞往土耳其，总体来说在五个轰炸机大队中损失还是比较小的，轰炸之后的战果评估显示对斯泰瓦·罗曼纳炼油厂的轰炸堪称完美。

第十一章 归　　途

各个轰炸机大队完成轰炸任务后，等待他们的将是漫漫归途之路，已经投弹完毕的轰炸机尽最大可能飞离普洛耶什蒂上空，发动机输出功率已经接近极限。原计划返回北非基地的航线与他们奔袭普洛耶什蒂的航线基本平行，主要是为了获得最近的飞行距离，以确保飞机能有足够的燃油，制订计划时还特意要求各个轰炸机大队最好组成编队返航，主要是为了防止敌方战斗机中途拦截。

由于在执行轰炸任务时，整个编队遇到了各种各样的问题，再加上轰炸普洛耶什蒂动静太大且不少轰炸机已经被地面防空火力击伤，想要按照原计划呈编队有序撤退已经无法做到，基本上是三三两两抱团撤退，遇到其他B-24会自动加入一同撤退。有些燃油无法支撑回到北非基地或者飞机已经遭到重创的，机组

B-24 轰炸机机群飞越地中海，返回北非基地。

成员都在想办法尽量飞行，尽量飞到安全地带再做打算。

轰炸机如果受损严重或无法长时间飞行，最理想的降落点是中立国土耳其，不过一旦轰炸机在土耳其降落，机组成员将会被土耳其当局扣留，但不会关进监狱。如果飞过土耳其，将会抵达当时还是英国殖民地的塞浦路斯，那是最好的，机组成员将会从塞浦路斯通过其他途径返回北非基地。

第376轰炸机大队在完成轰炸普洛耶什蒂任务之后，康普顿上校带领大队绝大部分轰炸机准备长途飞行直接返回北非基地。除了阿波尔德少校率领的飞行小队外，大部分第376轰炸机大队的轰炸机保持原有的阵型返回北非。在"泰姬·安"号机鼻内，领航员维克兰为康普顿上校指明了航向，随后第376轰炸机大队在康普顿上校的带领下航向西南返航。

第一批飞抵安全地带的是"女兵"号（WARMAID）和"38"号（#38），这两架B-24在普洛耶什蒂南部上空与20架敌方战斗机展开激战，虽然两架轰炸机均有不同程度受损，但依旧挣扎着飞向塞浦路斯。在敌方战斗机的攻击下，"女兵"号3号发动机被击毁，左侧的发动机虽然也被弹片击中并出现漏油，但依旧能提供部分动力。

米勒中尉驾驶的"38"号左外侧发动机被击伤，无线电操作员盖伊·罗斯（Guy Russ）被20毫米口径炮弹的弹片击中大腿，但依旧坚守岗位。飞机发动机被击中，人员被击伤，米勒中尉决定"38"号和"女兵"号一起飞行，彼此有个照应，毕竟这两架B-24此时依旧在敌国领空飞行。

两架B-24穿过多瑙河之后，"女兵"号由于受损严重，逐渐脱离编队，米勒中尉试图降低"38"号的飞行速度，但依旧于事无补。詹姆斯·米勒中尉驾驶"38"号逐渐拉开与"女兵"号的飞行距离。在飞越土耳其托鲁斯山脉后，"女兵"号开始坚持不住了，2号发动机逐渐失去动力，"女兵"号已经无法飞到塞浦路斯。威尔弗雷德·海恩斯（Wilfred Hines）中尉驾驶"女兵"号躲过几个山峰后选择一处山谷迫降。

米勒中尉的"38"号飞越崇山，穿过土耳其。当机组飞越海岸线飞到海面上空时，他们想着只要再坚持一下，飞机就能飞抵塞浦路斯并在那里降落。所有机组成员屏住呼吸，心脏都跳到了嗓子眼，想尽一切办法让飞机在塞浦路斯降落。

在"乔伊的住宅区"号上，霍尔特中尉一直在为漏油的4号发动机担心，到目前为止，发

刚刚着陆的恩特准将和康普顿上校（右侧）。

B-24"黛西·梅"号正拼尽全力，步履蹒跚地试图返回北非。

动机还没有到必须切断油路的地步，飞机需要发动机提供动力飞越前方的山峦。霍尔特中尉担心的另一件事是领航员费希尔的病情，此时费希尔正躺在飞行甲板上剧烈地呕吐，投弹手德勒维尔（DeLerville）中尉负责进行导航，他为霍尔特中尉指明回家的航向。当飞机飞过海岸线后，机身中部机枪射手将所有燃烧弹投到大海里。

阿波尔德少校率领的飞行小队撤离普洛耶什蒂上空之后，尽可能地保持低空飞行，他们始终没有找到其他B-24轰炸机，因此阿波尔德少校只能率领飞行小队在罗马尼亚上空借助河流和山峦掩护自己撤退。

遭到重大损失的第93轰炸机大队在撤离普洛耶什蒂上空后尽力维持编队完整性，不少3架、4架或若干架B-24组成的飞行小队分散在罗马尼亚各地上空。布朗中校率领的第2飞行中队损失较小，在布朗中校的带领下，其座机"爆炸事件"号利用山谷和山脊躲避高炮和战斗机的拦截和攻击。斯图尔特上尉驾驶"犹他男人"号试图将两枚炸弹投到油田上，但一直没有成功，斯图尔特上尉稳稳控制住飞机："前面有一座高耸的铁塔，很像一座铁路桥，我向上拉起飞机飞过一座小山，投弹手大喊'投弹！'但炸弹卡在炸弹舱里。"几名机组成员爬到微风吹动的炸弹舱里，试图用螺丝刀把挂弹钩撬开，他们小心翼翼地操作着，必须让两个钩子同时释放，否则炸弹很有可能头部或尾部朝上挂在架子上。大约经过十多分钟的艰苦工作，两枚重磅炸弹终于落在田野里。

斯图尔特上尉回忆：

拉里说："让我们在这里降落吧。"我说："让我们先离开这儿，你在别人家后院扔下一吨炸弹然后降落，这不是找死吗？3号发动机还能工作，只要出现任何异常，我立刻进行迫降。"

第93轰炸机大队的朗格内克中尉依旧与奥利弗的"让我们撕裂"号和罗珀上尉的"怪物终结者"号组成编队飞行，该编队与其他7架B-24组成了大型编队，沿着原计划的撤退航线飞行，该编队在空中甚至遇到已经遭到重创的"犹他男人"号。

沃尔特·斯图尔特上尉看到朗格内克中尉的编队喜出望外，因为他以前是罗珀上尉的副驾驶员，他们两人"臭味相同"，而且都是罗门教的教友。斯图尔特看到罗珀上尉的座机很高兴，但还是跟不上他们，一旦"犹他男人"号空速表指针达到130，飞机就会像旧洗衣机一样振动和摇晃，斯图尔特上尉只能眼睁睁地看着战友飞过去。

特尔策驾驶的"矮胖子"号成功撤离普洛耶什蒂上空，但机组成员中有人受伤，飞机发动机也被击中。尽管特尔策中尉做了很多努力，但飞机还是无法爬升。特尔策觉得局势稳定之后，准备飞向土耳其，希望能挽救飞机和机组。是时候使用炸弹舱内的备用燃油了，几分钟之后，飞机机翼油箱容量指针有所回升。如果再坚持飞行几小时，"矮胖子"号一定会飞抵土耳其，但就在飞机距离普洛耶什蒂大约96公里上空时，两架Bf 109偷袭了"矮胖子"号，"矮胖子"号的好运气用完了！

鲍勃·洛基（Bob Locky）中士看到了德军战斗机："当时我们正经过保加利亚上空飞往土耳其，突然之间，两架Bf 109骑到我们头顶上，当时我们正准备抛弃一些物资和弹药减轻飞机重量。"领航员为特尔策指明了飞往土耳其的航线，但是要经过保加利亚。如果他们真的能在战斗机给他们致命一击之前离开罗马尼亚，那真是一个完美的计划。

一架 Bf 109 从"矮胖子"号右侧飞过，轰炸机机身中部的炸弹舱被敌机打得千疮百孔，第二架 Bf 109 从高空俯冲下来，打出的子弹击中了轰炸机 1 号发动机，发动机被子弹打穿后立即喷出了火焰和烟雾。伯纳德·希金斯（Bernard Higgins）在轰炸普洛耶什蒂时被高炮击伤，华莱士·米利根（Wallace Milligan）顶替希金斯操纵机身右侧机枪，但一发子弹直接打中米利根的胸部，后者倒在血泊中。

"矮胖子"号机身中部炸弹舱已经起火，大火顺着机身向后蔓延，机枪射手只能放弃自己的阵位，抓住降落伞开伞索，随时准备跳伞。驾驶舱的特尔策也知道飞机坚持不了多长时间，左侧机翼开始向地面倾斜。"俯冲是为了加快飞行速度，防止侧翻，但飞机准备迫降时，左侧机翼的两台发动机已经全部失效，机翼已经无法抬起。"

各轰炸机群返回北非基地或飞往土耳其、塞浦路斯航线图。

"矮胖子"号在玉米地迫降时，巨大的撞击力在地面留下了一条沟壑，泄漏的油箱发生爆炸，爆炸导致左侧机翼被炸飞，机身顶部被掀翻。机鼻在巨大的撞击力下缩进前机身，领航员和投弹手全部阵亡，顶部炮塔机枪射手万斯·泰勒（Vance Taylor）中士当时正在与敌方战斗机空战，后来被脱落的炮塔压死。洛基后来在回忆录中写道："迫降时我呈站立姿态，后来被甩出机外，醒来时已经熔化的铝滴滴在我脸上，我挣扎着爬出残骸但却无法站立。"特尔策松开安全带后昏死过去，"我不记得我是如何爬出飞机的，我的头发和眉毛已经全部烧没了"。

副驾驶员威廉·巴塞特（William Bassett）和机枪射手威拉德·博蒙特（Willard Beaumont）中士从飞机左侧逃离残骸。弗兰西斯·多尔（Francis Doll）和洛基从机尾逃离残骸，其他人则被困在燃烧的残骸内，幸存者即使逃出生天，皮肤和呼吸道也被大火严重灼伤，惨不忍睹。他们逃出飞机后，立即被一群手持干草叉的农民包围，这群农民以为轰炸机来自苏联，

对于飞机迫降时损毁玉米地十分愤怒，虽然特尔策用蹩脚的罗马尼亚语试图和他们沟通，但这群农民根本不理会，直到一名当地官员赶到现场后才将幸存的机组成员解救出来。

伏击"矮胖子"号的正是保加利亚空军战斗机，前文提到过，轰炸机编队在飞向普洛耶什蒂时，保加利亚空军错过了截击窗口，燃油快耗尽时这些战斗机返回基地进行加油，等待轰炸机编队返航时再次出击。当时保加利亚空军从博朱里谢（Bozhurishche）空军基地出动了7架B.534双翼战斗机，从弗拉日德布纳（Vrazhdebna）空军基地出动了4架B.534双翼战斗机和4架Bf 109G-2。

4架Bf 109G-2在斯托扬·斯托扬诺夫（Stoyan Stoyanov）的带领下截击轰炸机编队，在激战中，斯托扬诺夫声称击落两架B-24，另外飞行员彼得·博内夫（Petr Bonev）和克里斯托·克里斯特夫（Kristo Krystev）声称各自击落一架B-24。

麦克法兰中尉驾驶的"自由小伙子"号在编队中找到了一个相对安全的位置，虽然3号

"哥伦比亚万岁"号在塞浦路斯迫降后拍摄的照片。

发动机已经被弹片击中，但还能工作。麦克法兰中尉准备启用炸弹舱油箱内的燃油，但飞行工程师约翰·海耶斯（John Hayes）中士报告由于油路受损，炸弹舱油箱内的燃油已经无法转移到其他油箱。"自由小伙子"号现在还在罗马尼亚上空飞行，此时飞机发动机被击伤，无线电被击毁，燃油也不足以支撑其回到北非基地。

麦克法兰中尉不想让整个机组在罗马尼亚上空跳伞，也不想迫降，他想努力控制住飞机，尽量驾驶飞机往北非飞。史马瑟斯坐在无线电设备旁边，伤口包扎的绷带已经被染成血红色，他看到麦克法兰中尉依旧在努力控制飞机，自己也开始琢磨无线电设备，希望能把设备修好。

"公爵夫人"号上的飞行工程师赫尔曼·克莱（Herman Clay）中士此时忙于修理控制缆线，尽量维持轰炸机飞行。"突然之间，发动机停止了轰鸣，变得很安静，没有人射击，没有炸弹投放，对讲机里没有任何声音，变得好安静。"波茨上校对飞机当前的情况感到有些悲观。

第93轰炸机大队编队中的飞行员开始调节节流阀并观察了燃油表读数，整个编队的飞行高度开始逐渐升高，越过编队与海岸线之间的高山。朗格内克中尉的飞行小队在南斯拉夫和保加利亚边境上空时，他们的飞行高度略高于其他人，朗格内克中尉把"闪电怪脸"号向左拉以增加轰炸机之间的间距，待云层变薄，可视条件变好之后，"闪电怪脸"号开始向罗珀上尉的"怪物终结者"号靠拢。此时一团云向小队飘来，朗格内克中尉想不到的是，"死神"就藏在这朵云团里！

奥利弗的"让我们撕裂"号由于控制缆线被炮弹弹片削断，飞机控制出现问题，在云团里与"怪物终结者"号相撞，螺旋桨直接将"怪物终结者"号的机尾部件切下来！机枪射手哈罗德·默里（Harold Murray）中士回忆："我们在飞机上对于发生的事情毫不知情，发生碰撞时飞机里满是红色的灰尘和弹药箱，碰撞后飞机俯冲产生的惯性让我动弹不得。"

"让我们撕裂"号撞山之前，机枪射手哈罗德·默里、埃德加·皮尔森（Edgar Pearson）、尤金·恩达尔（Eugene Engdahl）和克利福德·科恩（Clifford Koen）奋力挣扎，从紧急出口跳伞，皮尔森的降落伞在气流中并未打开，最后坠地身亡，其他几个人落在保加利亚边界，后被保加利亚人俘获，"让我们撕裂"号撞山后爆炸，机上剩余机组成员全部身亡，"怪物终结者"号最后坠毁，整个机组虽然完成了第25次作战任务，但全部身亡。飞行小队一下子失去两架轰炸机，只留下"闪电怪脸"号独自飞行。

朗格内克中尉和琼斯中尉看到前方的B-24编队后，本想增加发动机输出功率追上去，但燃油已经不足，如果追上编队，那剩下的燃油无法支撑轰炸机返回北非基地。朗格内克中尉决定按照现有速度继续飞行，领航员斯坦利·瓦尔西克（Stanley Valcik）中尉为朗格内克指明了返回北非基地的航线后，静下心来开始阅读自己带的一本书。

"小女士"号独自飞行返航时，一架B-24慢慢靠了过来，两架轰炸机组成了临时编队，但"小女士"号后面发动机出现问题，飞机无法维持现有飞行速度。"小女士"号燃油不足，一台发动机已经被击毁，控制系统也出现问题，威尔金森和贝克只能驾驶飞机飞向土耳其，最好的结果是飞到塞浦路斯。

每次"小女士"号试图增加飞行高度，飞机飞行速度都会下降，有时飞机会接近失速。

逃离地狱！第98轰炸机大队机群正在普洛耶什蒂南部超低空掠过一片玉米地。

当时"小女士"号的飞行高度是450米，但飞机正前方的山峰高度足有1950米，看来想飞过山峰已经做不到了，因此"小女士"号只能飞进山谷，贝克后来写道："在我们生命中玩得最刺激的一场游戏。"

第一个山谷尽头是一个岔口，呈Y字形，贝克驾驶"小女士"号向左飞，没过多久又遇到一个岔口，这次选择向右飞，就这样在左左右右的飞行中，"小女士"号终于穿过山峰，但遇到一个问题，飞机现在已经无法确定自身位置和航线。威尔金森向领航员赫伯特询问位置和航线，但赫伯特此时也不清楚，他需要几分钟寻找地标来确定方位和航线。

"小女士"号此时的燃油储备只够飞行一小时，他们要赶紧找个地方降落，飞往塞浦路斯已经不现实了。赫伯特发现了一个地标并给出了飞往土耳其一座小型机场的大致航线。贝克在回忆录中写道：

我祈祷着我们的好运能长一点，最后我们找到了那座机场，我们先驾驶飞机在机场绕了一圈，查看一下周围情况，但我们很快发现这座小型机场的跑道有些短。我们看到有其他B-24降落，如果他们能做到，那我们也能做到，我们挑了一个长度最长的跑道准备降落，威尔金森开始驾驶轰炸机对准跑道飞去。由于飞机控制系统还有问题，所以我告诉威尔金森只有一次机会。由于没有电力，起落架和襟翼也无法放下，我立即跑到手摇泵旁边，手动释放起落架。当我开始缓慢放下起落架时，我明显能感觉到飞机飞行速度在降低，我摇得越来越快，感觉自己的手臂都快摇断了。威尔金森喊着要放下襟翼，我也不管起落架是否释放到位，赶紧把手摇泵开关调到襟翼上，帮着威尔金放下襟翼。威尔金关闭了另外三台发动机，我感到飞机进场速度太快，角度太陡，于是回到驾驶舱拼命向后拉动控制盘，双脚用力踩在方向舵控制踏板上，控制盘似乎都贴到自己肚皮上了。轰炸机在跑道上重重地撞了一下，随后弹到半空中，然后再次接触跑道。虽然飞机已经在跑道上滑行，但没有刹车。轰炸机最后冲出跑道，一头撞在跑道尽头的山坡上，到处都是灰尘和发动机尾气，我大喊一声，让大家在飞机爆炸前赶紧离开飞机！我疯了一样地向山坡上跑，直到自己觉得足够安全。其他机组成员也跟着我一起跑，最后所有人坐在山坡上，就这么傻愣愣地看着轰炸机，轰炸机既没起火也没爆炸。

特纳中尉驾驶的"乌金处女"号撤离目标上空后，一台发动机被击毁，机组成员有人受伤，弹片击穿了炸弹舱油箱，大部分燃油已经漏光，轰炸机已经无法返回北非基地了。特纳中尉最后驾驶轰炸机在土耳其安全着陆。

第98轰炸机大队凯恩上校的座机"哥伦比亚万岁"号被高炮击伤后，凯恩上校就意识到飞机已经无法返回北非基地，领航员惠伦为凯恩上校指明了飞向塞浦路斯的航向。哈德利的座机"哈德利的后宫"号几乎已经失去飞行能力，发动机熄火、机组成员死伤、油箱泄漏，哈德利驾驶轰炸机飞到"哥伦比亚万岁"号旁边。

勒布雷希特中尉驾驶的"女人"号此时燃油已经不足，远处的"冒失鬼"号发现"女人"号立即追上来组成编队。这个小编队后来与"哥伦比亚万岁"号和"哈德利的后宫"号组成四机编队，希望能穿过土耳其飞抵塞浦路斯。斯特恩菲尔斯中尉驾驶的"睡魔"号也加入编队，此时斯特恩菲尔斯中尉关注的是发动机耗油情况，"令人感到讽刺的是，我刚刚才摧毁了几百万升的燃油，现在却在为100升的燃油发愁，如果我们真的因为燃油不足跳伞，那

真是凶多吉少"。为了节约燃油，斯特恩菲尔斯中尉放慢了飞行速度。

凯恩上校驾驶座机转向塞浦路斯，右手轻推节流阀以增加发动机输出功率并提高轰炸机飞行高度，"哥伦比亚万岁"号前方就是高耸入云的山峦，飞机空速一旦升到135以上，机体就会剧烈摇晃。"哥伦比亚万岁"号伤得太重了，机身重量太大导致飞机无法爬升，投弹手科格抓起一把应急斧头，大声喊："扔掉一切不需要的东西，减轻机身重量。"随后开始砍掉机鼻内不需要的零部件，惠伦也一起帮忙，只留下了机鼻内的导航设备和飞行日志。"哥伦比亚万岁"号旁边的"女人"号机组看到前者扔出了不少东西，立即通过无线电联络，勒布雷希特中尉在无线电里说："你们在做什么？难道在打扫屋子吗？"凯恩上校此刻并不想开玩笑，他回答得很干脆，要么飞到塞浦路斯，要么迫降。

在编队中凯恩上校和哈德利中尉的座机是飞得最低的。来自山谷的上升气流为飞机提供了足够的升力，使得两架飞机终于飞过山顶，飞机在最后阶段终于飞过土耳其，凯恩长舒了一口气。编队飞过安塔利亚附近的土耳其海岸线后，哈德利的座机"哈德利的后宫"号3号发动机油压突然降为零并开始冒烟，4号发动机的增压器开始燃烧，现在飞机仅剩下一台发动机还在工作，在距离陆地还有37公里的地方，仅剩下的一台发动机油压也开始下降，"哈德利的后宫"号上全体机组的心都提到了嗓子眼，形势万分紧急！

夜幕逐渐笼罩编队，哈德利知道在黑夜中迫降无异于自杀，他现在想返回土耳其，于是在无线电中大喊："返回土耳其，我们可能坚持不住了！"如果飞机能再坚持飞行5至10分钟，"哈德利的后宫"号或许真的能得救。高

度计指针一直向下走,整个机组已经做好迫降准备,佩奇打开了顶部舱门,机身中部的机组成员脱掉鞋子,紧紧倚着舱壁。

在没有任何征兆的情况下,剩下的最后一台发动机突然安静下来,"哈德利的后宫"号完全失去动力,仅仅飞行1.5公里之后,飞机就像一块石头一样坠向水面。哈德利和副驾驶员林赛希望轰炸机能滑翔着飞向岸边,对于完好的B-24来说似乎可行,但对于已经遭到重创的"哈德利的后宫"号则完全做不到。"哈德利的后宫"号就像砖头一样,飞行速度一直往下掉,最后在夜幕中一头扎进海水中,就好像一艘紧急入水的潜艇一样沉了下去,水平尾翼在拍打水面时完全折断,海水通过破损的机鼻直接灌入机体,在强大的水压下,顶部的舱门被紧紧压住!佩奇曾试图推开舱门,但水压实在太大,最后只好回到顶部炮塔。他想打破炮塔有机玻璃逃出去,但并未成功。佩奇深吸一口气潜入水中,当哈德利和林德赛逃出驾驶舱时,佩奇几乎看不见他们在水中的背影。佩奇最后找到了机身上的一个大洞,逃出飞机冲出水面后大口喘着粗气。

机身中部的伦纳德·霍尔韦格(Leonard Holweger)、罗伊·牛顿(Roy Newton)和潘兴·沃普尔斯(Pershing Waples)设法从机身裂缝处逃生。算上佩奇,这四人逃出飞机后发现领航员塔布考夫正在水里挣扎,他们四处寻找飞行员和其他机组成员,但却不见踪影,"哈德利的后宫"号带着正副驾驶员和其他机组成员永远沉入海底。

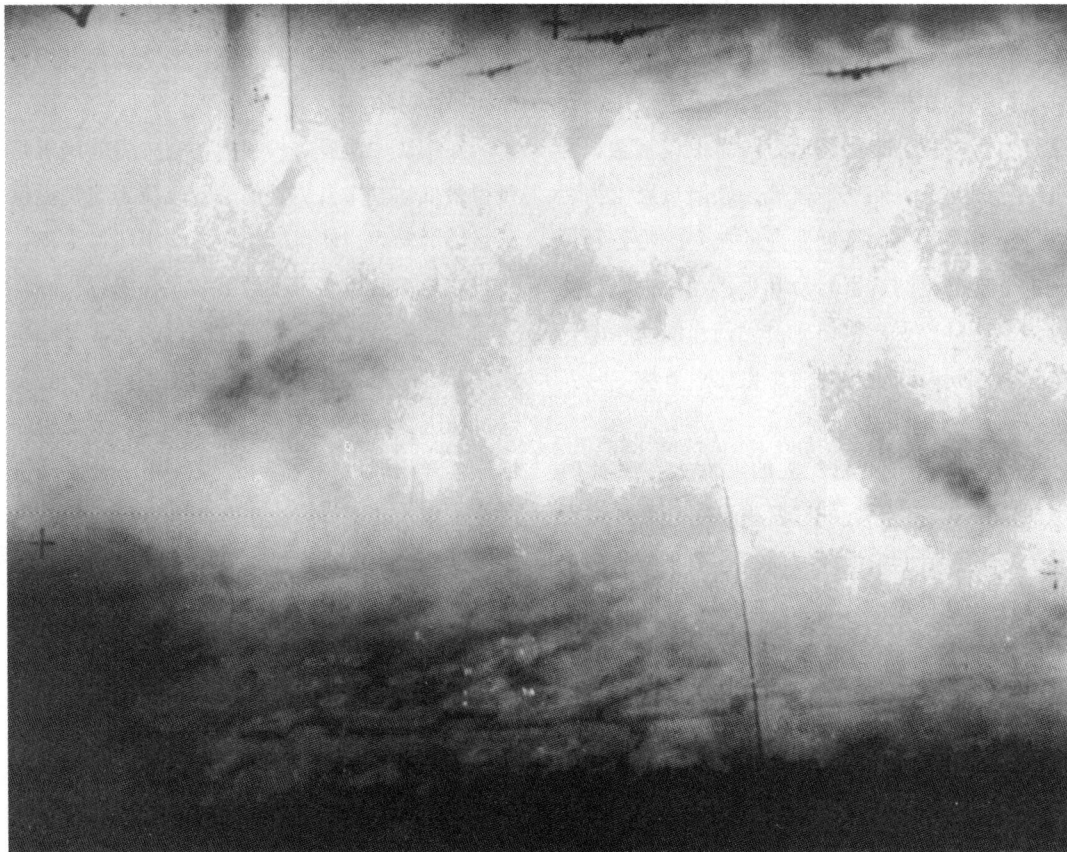

第44轰炸机大队在返航途中拍摄的普洛耶什蒂南部的起火点以及敌军释放的烟雾。

佩奇把自己的救生背心脱给了受伤的塔布考夫，牛顿抓住了漂浮在水面上的氧气瓶，这些幸存的机组成员向岸边游去，最后他们倒在马纳夫加特附近的沙滩上，血流不止，但至少还活着。不久之后，"哈德利的后宫"号幸存的机组成员被15名荷枪实弹的土耳其士兵拘留。土耳其士兵让他们趴在岩石上，佩奇和霍尔韦格的状态不错，但牛顿的脚踝骨折，塔布考夫此前已经被弹片击伤，飞机坠海后又伤了一条腿，沃普尔斯则摔断了一条腿，扭伤了脚踝。佩奇希望能和美国大使馆通个电话或者写封信，至少能得到一些医疗帮助，但由于语言不通，土耳其人并未理会佩奇。夜色渐深，7名幸存者在海滩上的篝火旁边挤在一起，瑟瑟发抖。

惠伦来到"哥伦比亚万岁"号驾驶舱，告诉凯恩上校轰炸机预计飞到塞浦路斯的大致时间。惠伦估算的时间很准，轰炸机在预定时间点飞抵塞浦路斯。轰炸机在飞抵尼科西亚机场时，机场上的工作人员打出了一颗绿色信号弹，"哥伦比亚万岁"号作为回复也打出一颗绿色信号弹，后来凯恩上校在日记中写道："轰炸机降落时我已经精疲力尽了，太累了，

机身已经无法克服发动机带来的不平衡力矩，最后我试图通过滑翔的方式让飞机着陆。"

"哥伦比亚万岁"号着陆时右侧主起落架被一条沟渠卡住，整个机尾翘了起来，凯恩上校向后拉动控制盘才将翘起的机尾拉回来，飞机重重地砸在跑道上。轰炸机右侧靠近机身的螺旋桨轴已经断裂，整个螺旋桨已经不知去向，一个机轮已经脱离起落架，这架破旧的轰炸机用尽最后的力气在跑道上滑行，直到在跑道尽头主起落架陷入沙子中，这架已经连续飞行将近14个小时的重型轰炸机才算真正停下来。

凯恩上校他们并不是此次轰炸普洛耶什蒂行动中第一架在塞浦路斯降落的轰炸机，在他们之前，第98轰炸机大队最后一波攻击波中唯一一架幸存的轰炸机——"宝贝"号在普洛耶什蒂上空经历了血与死的考验后，飞越罗马尼亚、保加利亚、土耳其和大海，终于飞抵塞浦路斯，领航员沃伦菲尔茨中尉这样描述他们史诗般的飞行：

我们航向向南飞抵布加勒斯特以西，乔看到我们正飞过一座机场，机场上的战斗机正在

第389轰炸机大队一架B-24在撤退时用机枪轰爆了一个储油罐，照片由威廉·塞尔维奇座机上的机组成员拍摄。

一架B-24在45米高度对目标发动攻击。

起飞, 飞过机场后我们随即飞过了多瑙河。

我告诉维斯勒向东转, 那里有积雨云可以躲避敌方战斗机的追击。在战斗机追上我们之前轰炸机就钻进了云层。积雨云里雷雨交加, 雨水穿过破损的机鼻打在地图上。大约经历半个小时的艰苦飞行后, 我们决定冲出云层, 我告诉维斯勒一直向前飞是暴风雨最薄弱的地方, 穿出云层后前方风和日丽, 飞机飞行高度大概300米, 我告诉了维斯勒飞往土耳其、塞浦路斯的方向。我们以300米至450米高度飞越了达达尼尔海峡。

我告诉维斯勒要增加高度, 但后者告诉我仅仅依靠三台发动机办不到, 所以我们只能冲着前方高度最低的山峦飞行。纳吉趴在飞行甲板上, 看着下面的树木嗖嗖地从机身后方消失, 飞机的飞行高度大概只比树木高了5米。

我告诉维斯勒向西南飞, 沿着一条山谷飞到地中海上空, 然后转向去塞浦路斯, 他想看看地图, 我爬上驾驶舱拿出地图给他看, 随后我们向塞浦路斯进发。我们抵达塞浦路斯时已经天黑了, 机场四周都是山, 我看见房屋的灯光高度似乎和飞机飞行高度差不多。

维斯勒听见外面有B-24飞行的声音, "哈德利的后宫" 号已经在黑暗中坠海, 凯恩他们跟在我们后面, 我们是在塞浦路斯第一个降落

的, 为了让轰炸机停下来, 维斯勒猛踩刹车甚至烧坏了刹车盘。

第98轰炸机大队大多数幸存的轰炸机在布莱耶的座机 "噩梦" 号的带领下组成松散的队形。整个编队飞越多瑙河, 开始翻山越岭, 这可比轰炸普洛耶什蒂简单多了, 但不少人依旧紧张地看着窗外, 生怕敌方战斗机突然出现进行拦截, 毕竟他们还在敌方领空飞行。布莱文斯的座机 "蛇眼" 号在普洛耶什蒂上空被防空火力打得满是窟窿, 机组成员有人受伤, 飞机燃油也不足, 布莱文斯设法驾驶 "蛇眼" 号飞到哈恩少校驾驶的 "黑杰克" 号左侧, 而右侧则是 "酋长" 号 (CHIEF), 萨莱尔中尉驾驶的 "战斧" 号也见缝插针飞了过来。轰炸机越多, 编队越安全, 但 "蛇眼" 号处境并不妙, 投弹手摩尔跑向炸弹舱, 在编队飞越多瑙河时, "蛇眼" 号将炸弹投到了河里。

编队里的一名机枪手在无线电里大喊: "战斗机, 三点方向。" 这些保加利亚空军的战斗机在盟军轰炸机编队飞向普洛耶什蒂途中错过了拦截目标, 现在已经重新加油完毕, 在编队返航途中守株待兔。此时此刻, 在保加利亚索菲亚和普列文之间共有46架B.534和6架Bf 109准备向返航的B-24编队发动猛攻。

"苏瑞Q步" 号返回北非基地途中, 飞机右侧方向舵已经被打得破烂不堪, 照片是由 "布津熊" 号上的机组成员拍摄的。

保加利亚空军的B.534对轰炸机编队进行了两次攻击，击伤了"播玉米的人"号（THE CORNHUSKER），这种老式战斗机无法追上B-24，第98轰炸机大队的德怀特·帕奇（Dwight Patch）中尉驾机甩掉了保加利亚空军战斗机：

我看见内德·麦卡蒂（Ned McCarty）的轰炸机左翼上两台发动机被击中，飞机尾部冒出一股白烟，但该机依旧跟着我们翻山越岭，飞向亚德里亚海。该机飞行高度比我们低了600米，在群山之间左右穿行。

6架Bf 109战斗机透过云层发现了下方的一个B-24编队，立即展开进攻。达林顿的"女巫"号在四架轰炸机组成的一个编队中，他万万没想到编队已经被德国战斗机盯上了："我们当时也放松了一些，毕竟飞机正在返航，我根本没想到距离我们几公里远的地方有一架敌方战斗机。"

敌机从3点钟方向展开攻击，一串炮弹打进了"女巫"号4号发动机和机翼，"炮弹一定击中了螺旋桨调节器，螺旋桨直接飞了出去，我立即将发动机顺桨，但是我不担心发动机情况，飞机还有三台发动机，有什么意外我可以随时飞往土耳其"。

"白马王子"号机尾机枪射手斯坦利·霍林（Stanley Horine）看到旁边的轰炸机被击中后，立即在对讲机里大喊："'女巫'号被击中了！""白马王子"号飞行员詹姆斯·甘尼三世（James Gunn III）收了收油门，放慢了飞行速度，在"女巫"号旁边进行伴飞。几架Bf 109战斗机立即猛扑向"白马王子"号，将这架B-24打得千疮百孔，机身中部燃起大火，没过几秒钟"白马王子"号就变成了飞行火炬，其他轰炸机上的机组成员看到数个着火的降落伞从飞机上掉下来，霍林运气比较好，他设法从顶部炮塔中爬出来进行跳伞，他的降落伞并未起火，但全身被烧伤，他是"白马王子"号中唯

第98轰炸机大队第343中队的B-24"白马王子"号，该机在斯科普里（Skopje）上空被保加利亚空军飞行员彼得·波切夫（Petar Bochev）中尉驾驶 Bf 109G-2 击落，整个机组仅有一人生还。

——名幸存者。

尝到"血味"的Bf 109就好像鲨鱼一样追击着受伤的"鱼群"，达林顿回忆：

他们一看见轰炸机受伤就立即发起进攻，这次他们从右侧发起进攻，轰炸机右侧机身被打出很多大洞，击中了3号发动机。机身后方一名机组成员大喊3号发动机漏油了，副驾驶员指了指油压表，油压确实开始下降，我们只能将3号发动机顺桨，此时我只能用力踩下右侧方向舵踏板，保持飞机沿直线飞行，同时让机组成员赶紧跳伞，我当时想我应该是最后一个跳伞的。

机身后方机组成员内德·霍华德（Ned Howard）、安哈尼·劳巴（Anhony Rauba）和约瑟夫·特利（Joseph Turley）听到跳伞命令后立即跳伞。

之后达林顿控制住"女巫"号。

飞行工程师布里斯比躺在飞行甲板上，他的腿受了重伤，一直昏迷不醒，我也不知道他现在是死是活。副驾驶员达里尔·埃普中尉说看看能否进行迫降，不要让大家跳伞。我透过舷窗向左看了看，看到了一处山谷，有点像庄稼地，我随即降低飞行高度，看看下面是什么情况。埃普提醒我戴上头盔，此时2号发动机开始逐渐失去动力，但我们还有一台发动机能够运行。我驾驶飞机进行180°转弯，然后在庄稼地上进行迫降。

飞机在地面迫降成功后，机组成员从机身残骸中爬出来，达林顿和埃普从顶部舱口把受伤的飞行工程师布里斯比拉了出来，达林顿后来回忆："这是一次惊险刺激的迫降。"副驾

驶埃普、吉列特、戴尔·赫尔西和沃尔特·哈迪克逃进树林里，领航员乔·奎格利中尉留下来帮助达林顿照顾布里斯比。达林顿后来讲述了这次遭遇："布里斯比以为自己要死了，我在他腿上绑了止血带，洒了一些硫黄粉，我们以为飞机会起火，但实际上没有，飞机之所以没起火要感谢布里斯比，因为他在油箱中扔进了灭火器。我们离开飞机时把无线电和文件全部销毁。"

保加利亚边境巡逻队发现了达林顿以及其他人的踪迹，后来他们被带到了索菲亚，与之

德国空军第27战斗机联队三大队在伊奥尼亚海附近的凯法利尼亚岛以西40公里处的拦截点与轰炸机机群交战航线图。

前跳伞的霍华德、劳巴和特利团聚，逃进树林的四人后来找到了南斯拉夫游击队，不过后者说要过一段时间才能将他们移交给盟军，所以埃普等四人加入了游击队，与他们并肩战斗长达一年的时间。

约翰逊上校领导的第44轰炸机大队16架B-24撤离普洛耶什蒂上空时，共损失了5架轰炸机，波西上校率领的20架B-24撤离克莱迪图·米尼尔炼油厂时，损失了1架轰炸机，另有几架受损严重。在战斗机和地面防空火力的联合绞杀下，几架受损严重的B-24甚至没有机会返回北非基地。

约翰逊上校率领的前两个飞行小队在撤退时还能保持良好的秩序，但是后面的飞行小队在混战中有些轰炸机被战斗机和高炮切割成碎片，这些飞行小队在撤退时没有丝毫秩序可言，毕竟为了活命，不少轰炸机甚至和第98轰炸机大队的飞机混在一起，当然后者也是混乱中撤退逃命的。

卡梅伦率领他的飞行小队靠近约翰逊上校的飞行小队，彼此之间靠得非常近，卡梅伦驾驶轰炸机缓缓靠了过去："我们沿着地势飞，有一个人正在耕地，他没有放下他的犁，只是抬起头看看轰炸机，感觉像是家常便饭一样。我从两棵树之间穿了过去，估计以后再也没有机会能如此刺激地飞行了。"

在约翰逊上校的飞行小队中，米切尔中尉驾驶的"马蝇"号在撤退途中调转机头飞向土耳其，希望能飞到塞浦路斯，该机燃油不足，两台发动机被击毁，机组成员中也有人受伤，因此只能离开编队，飞往塞浦路斯。没过多久，卡梅伦的僚机亨德森和希尔也驾驶轰炸机直飞马耳他寻求机会降落，卡梅伦将座机"布津熊"号飞到约翰逊上校一侧进行伴飞。

休斯中尉和胡恩中尉驾驶的B-24"弗洛西调情"号撤离普洛耶什蒂炼油厂上空时，两名飞行员就意识到飞机已经无法返回北非基地，必须调整航线飞往其他地方。胡恩中尉回忆：

我们在摆脱敌方战斗机追击之后爬升到

第98轰炸机大队B-24"蛇眼"号在西西里岛迫降后的照片。

3000米高度，飞进云层。飞机油箱中的燃油已经很少，之前一枚40毫米口径炮弹爆炸时击伤三名机组成员，虽然没有生命危险，但弹片切断了控制缆线，机身上都是大洞，感觉轰炸机很容易就会断成两截，后来我们才知道，炮弹直接在一侧机翼油箱上打出一个大洞。我们决定飞往土耳其并在乔尔卢（Chorlu）附近飞入土耳其领空，在博斯普鲁斯海峡西侧一处机场进行降落。我们毁坏了机上所有无线电设备，将投弹瞄准具扔向马尔马拉海，降落后我们就被土耳其方面拘留了。

波西上校率领的B-24机群在轰炸完克莱迪图·米尼尔炼油厂之后按照原定计划撤退，编队前方是高山和地中海，如果他们能以成建制的方式撤离，那无疑是5个轰炸机大队中损失率最低的。

波西上校率领的编队与敌方战斗机脱离后不久，几架轰炸机上的机组成员注意到莱因哈特中尉驾驶的"G.I.加仑"号开始慢慢落在后面，"G.I.加仑"号已经遭到重创，机尾炮塔被打掉，液压系统失灵，两台发动机也早已停止工作，左侧水平尾翼受损，1号发动机外侧机翼也被打掉一部分，莱因哈特中尉竭尽全力驾驶"G.I.加仑"号飞行，试图跟上编队。

飞行工程师亨特利在回忆录里写道：

莱因哈特中尉驾驶轰炸机在1050米高度飞行，整架飞机摇晃得像调酒师手里的摇酒瓶。不得不说，普惠公司造出了好发动机，能让我们坚持飞行那么远，最后莱因哈特中尉下达了跳伞命令，我毫不犹豫地跳伞了。

乔治·范·森中士也立即准备跳伞：

跳伞命令下达时，我不得不更换自己的安全绳，因为绳子无法和英国产的降落伞连接在一起，之前经常使用的降落伞包已经被燃油浸透了，我真害怕它打不开，我最后穿好装具，穿过炸弹舱跳了出去，落地后我在树林里大约迷路了4小时。

莱因哈特中尉在确定每名机组成员都跳伞后，他命令副驾驶员斯塔尔中尉跳伞，但后者跳伞后降落伞没有及时打开，最后坠地身亡，而莱因哈特中尉跳伞后则落在一片玉米地里，他落地收好降落伞后，听见远处轰炸机撞击地面的爆炸声，"G.I.加仑"号坠机地点距离克莱迪图·米尼尔炼油厂大约130公里。

伍德上校率领的第389轰炸机大队在轰炸完斯泰瓦·罗曼纳炼油厂后撤退得井然有序，大队计划飞往科孚岛然后返航，该大队在轰炸斯泰瓦·罗曼纳炼油厂时损失两架B-24，而奥莱利驾驶的"查塔努加火车"号也已经在弗洛耶什蒂以南迫降，尼夫驾驶的"大负荷"号也因为被地面防空火力严重击伤，已经无法返回北非基地。

"大负荷"号此时飞行高度大概只有30米，右侧两台发动机已经停止工作且无法顺桨，产生的飞行阻力给尼夫造成了极大困扰。在撤离斯泰瓦·罗曼纳炼油厂130公里后，"大负荷"号再也飞不动了，尼夫命令所有机组成员准备迫降。尼夫发现前方有一大块玉米地，刚好满足迫降条件，投弹手华莱士回忆："飞机迫降前，我赶紧抓了一块坐垫垫在后背上，紧靠着飞行员后方的装甲板。飞机撞击地面后向上弹起几次，我心里想着，这还不算坏，飞机滑行着穿过农田和一条小溪，最后在小溪另一侧停了下来。顶部炮塔掉下来砸到我头上，万幸的是我当时戴着头盔。"这次迫降直接将机鼻撞进机身里，整个机鼻什么都没留下，尼夫和副驾驶员汉森从残骸中爬出来，领航员克莱·弗格森（Clay Ferguson）和几名机组成员被困在机身残骸里。顶部炮塔机枪射手戈德温被压在炮塔下长达4个小时。华莱士回忆说："到处都是燃油挥发的气体，我们被困住了，附近不少居民跑过来拆飞机，把拆下来的东西据为己有当做纪念品，飞机没有爆炸真是个奇迹。他们拿着斧子在机身上一阵乱砍，砍的大洞刚好能让我们逃生，有几个当地人甚至把我的头盔抢走了，他们还抢走了我的坐垫，我则向他们讨水喝。"经过4个小时的艰苦努力，所有被困机组成员全部获救。

格里茨中尉驾驶的"希特勒的灵车"号驾驶舱已经破损，在与领航员威尔逊中尉商量之后，格里茨中尉决定驾驶轰炸机飞往土耳其，最好能飞到塞浦路斯。整个机组的处境十分危险，尽管炸弹舱油箱上的漏洞已经用皮夹克堵上，但里面的燃油已经差不多漏光了。穆尼中尉已经死亡，尸体就躺在飞行甲板上，其他受伤的机组成员也迫切需要救治。投弹手特里安塔费鲁试图将燃油转移到机翼油箱中，转移成功之后，"希特勒的灵车"号可以飞得更远，滞空时间开始延长。

"希特勒的灵车"号遇到了詹姆斯中尉驾驶的"744"号，后者燃油也不够了，他们希望能飞到塞浦路斯。詹姆斯中尉回忆："轰炸机离开坎皮纳向南爬升，我们遇到了另外一架B-24。我立即驾驶飞机飞到其右侧进行伴飞，彼此可以相互照顾。"

格里茨中尉让投弹手特里安塔费鲁返回机身中部，使用一盏手提闪光信号灯对着右侧的"744"号发送信息，后者的无线电操作员齐默尔曼中士看着闪烁的灯光想搞明白他们是什么意思："当时看明白了是摩尔斯码，后来反应过来了，传递过来的信息是穆尼中尉已经死亡，我们要去土耳其。"

詹姆斯中尉意识到他们可能飞不到塞浦路斯了，所以决定直接降落在土耳其。格里茨中尉让机组成员处理掉任何敏感的或是能被敌人使用的设备和文件，包括敌我识别设备、投弹瞄准具以及相机里的胶卷等，事后詹姆斯中尉有些后悔，毕竟胶卷里有大量轰炸普洛耶什蒂时的珍贵照片。

"744"号和"希特勒的灵车"号绕过海岸向伊兹密尔（Izmir）靠近，两架轰炸机飞入云雾中后彼此失去目视接触，詹姆斯中尉后来在回忆录中写道："一架土耳其空军的P-40战斗机靠近我们左翼，我猜应该是想引导我们去就近的机场，我并没有太注意这架P-40，最后我们降落在伊兹密尔附近的加齐埃米尔（Gazi Emir）机场。"

格里茨中尉也驾驶"希特勒的灵车"号在伊兹密尔降落：

我们没能放下襟翼，刹车也失灵了，降落的话多少有些困难。放下起落架后产生的飞行阻力使得飞机开始下降高度，领航员威尔逊中尉做得非常好，直接引导我飞到机场。我飞过机场后试图转弯，但害怕飞机侧倾太多和失去高度，我几乎要发疯了。我们处于两座山峰之间的山谷里，只能沿着山谷飞行，我在驾驶舱里大喊："机场在哪里？"随后我下达命令，要求全体机组将没用的东西全部扔出去，减轻飞机重量。不一会儿土耳其空军两架P-40出现在飞机周围，嗡嗡作响，我此时手忙脚乱，根本没有精力去管这两架P-40。

我不知道该怎么办，飞机一直在下降，最后我发现左侧120米的地方有一大片田野，我立即用力踩下左侧方向舵踏板，飞机转向270°对

1943 年 8 月 3 日，南非空军第 60 中队一架"蚊"式轰炸机从北非基地起飞，前往普洛耶什蒂进行侦察和照相，这张照片就是当时拍下的高空侦察照片。

准空地，我缓缓向后拉动节流阀，尽量保持飞机不失速。在最后时刻，我发现前面出现一条沟渠，我立即猛地向前推节流阀，发动机立即轰鸣起来，飞机高度开始缓缓上升。飞机越过沟渠后，我向后拉动节流阀，开始迫降。飞机的速度还是太快了，在地面反弹几次后向前滑行一段距离，飞机终于停在另一条沟渠前，有惊无险！

一架土耳其P-40也跟在"希特勒的灵车"号后面一同降落，最后机轮深深陷入草地中，起落架生生被折断。格里茨中尉回忆：

太阳藏在山后正在慢慢落山，当地时间已经18时30分，夜幕就要来了。落日的余晖景色很美，应该会是一个美丽、宁静的夜晚。一些羊在附近吃草，一辆卡车载着几名士兵来到迫降现场，把我们押上卡车送到不远处的一个村子内，那里有一个急救站，里面的医生为我们清洗伤口。在夜幕中，我们又被押往伊兹密尔，穆尼中尉的遗体就躺在卡车上，身上盖着几件皮夹克，我们都为他感到难过。

此次轰炸任务过后，考虑到格里茨中尉单枪匹马驾驶轰炸机飞行了将近800公里，三台发动机停止工作，燃油也即将耗尽，在如此恶劣的情况下还能完成迫降，除了阵亡的穆尼中尉，大部分机组成员都平安无事，格里茨中尉最后获得了杰出飞行十字勋章。除了德国空军和保加利亚空军的战斗机对编队进行拦截外，大部分仍在空中飞行的轰炸机此时最关心的就是长途飞行时油箱内的燃油，在大多数轰炸机上，飞行工程师都在仔细检查油箱内剩余油量，计算着飞机能否返回北非基地。

返回北非基地最直接的方法就是直飞，但是轰炸机将会穿过希腊，有可能遭到轴心国战斗机的攻击。如果飞机已经被击伤或者有机组成员受伤，飞机就只能飞往马耳他、西西里岛或者试试运气——直接穿过地中海。飞机只要飞过南斯拉夫国境线附近的山脉或者第一个检查点科孚岛，就意味着已经脱离希腊或者意大利战斗机的作战半径了，如果再飞上三至四个小时，飞机就会平安着陆。

德国人通过布置在切林山山顶的雷达站知道了美国人正在撤退，于是向周围几个国家做了通报，要留意和拦截这些轰炸机。既然美国人来时Bf 109进行拦截过一次，那美国人撤退时，德国人还可以再拦截一次！

当轰炸机编队飞抵科孚岛附近准备转向时，当天早上发现轰炸机的轴心国的地面观察哨再次发现了庞大的轰炸机编队。轰炸机编队被发现的消息立即发送到位于雅典的德国国防军总部，几分钟之后，德国空军第27战斗机联队三大队（III./JG27）战斗机立即升空，他们朝着位于伊奥尼亚海（Ionian Sea）附近的凯法利尼亚岛（Keffallinia）以西40公里处的拦截点飞去。德国战斗机机群调整了位置，太阳位于机身后方，这样在发起攻击时刺眼的阳光可以作为掩护，此时时间是15时30分。

轰炸机编队准时飞抵凯法利尼亚岛附近，德国战斗机立即发现了这些"衣着褴褛的乞丐"，这些战斗机很有经验，拼命压榨着副油箱里的燃油。轰炸机编队中的一名机枪手发现了远处的黑色斑点："战斗机！三点方向，在太阳里！"

这些梅塞施密特战斗机抛弃了机腹下方的副油箱，盘旋下来准备进攻，轰炸机上的机枪射手并没有着急反击，而是静静地等待"猎物"进入射程。Bf 109进入轰炸机射程后，双方立即爆发了激烈的空战，响彻不断的枪声回荡在伊奥尼亚海上空。

第一波战斗机与轰炸机打成平手，一架德军战斗机在经过编队时被打得凌空爆炸，被轰炸机编队击落的是第27战斗机联队10中队（10./JG 27）的飞行员马克斯·格拉夫（Max Graf）驾驶的Bf 109G-6。第44轰炸机大队的"有效的琼斯"号被战斗机击中，轰炸机一头扎进水中，机组全部丧生。击落"有效的琼斯"号的是第27战斗机联队12中队（12./JG 27）飞行员恩斯特·哈克尔（Ernst Hackl），德国战斗机编队飞过轰炸机编队后再次调整集结，准备折返发动第二次进攻。

战斗机编队发起第二次进攻时，他们在轰炸机编队下方找到一个"软柿子"捏，这个"软柿子"就是麦卡蒂驾驶的"播玉米的人"号，该机已经被击毁的两台发动机就像是受伤的鲸鱼流出的血液，吸引着无数嗜血的"鲨鱼"对其进行围攻，其他轰炸机上的机组看着德军战机对其进行攻击却无法出手相助。"播玉米的人"号拼命反击，吸引了绝大多数火力，无形中保证其他轰炸机的安全，最后轰炸机机身起火，坠入大海中，飞机撞击海面时，两侧机翼在冲击力的作用下向上折起，整架飞机最后消失在一团水花和水雾中。击落"播玉米的人"号的是第27战斗机联队12中队飞行员格奥尔格·奥特诺斯霍夫（Georg Altnorthoff）。第98轰炸机大队的伯根目睹了整个战斗过程："我看到一名机组成员跳伞，降落伞打开了，皮特看见两个人跳伞，但有一个人降落伞还没打开就已经落在了水里。"

在第三轮进攻中，德军战机吸取了攻击"播玉米的人"号的教训，他们认为集中全力攻击一架轰炸机浪费了太多时间，所以在第三轮进攻中，他们决定分散力量，从四面八方对轰炸机进行围剿，就好像一群非洲猎狗挑战受伤的狮群，到目前为止，轰炸机编队已经损失两架B-24，而德国人只损失一架Bf 109。

一架战斗机单枪匹马地攻击了第93轰炸机大队麦克布莱德少校驾驶的"乔乔的特殊快递"号，该机遭到重创，最后被德军战斗机击

第 98 轰炸机大队第 415 中队的 B-24"播玉米的人"号，该机返航时在伊奥尼亚海附近的凯法利尼亚岛以西 40 公里空域被德国空军第 27 战斗机联队 12 中队飞行员格奥尔格·奥特诺斯霍夫击落，机上无人生还。

身心俱疲的朱丽安·布莱耶与副驾驶员大卫·瓦特，第98轰炸机大队B-24"噩梦"号。

落，其他轰炸机机组没有看到任何降落伞打开。击落"乔乔的特殊快递"号的是鲁道夫·菲利普（Rudolf Philipp）。几架战斗机转过头来，开始攻击埃利斯中尉驾驶的"黛西·梅"号，曳光弹直接打进飞机后机身，将机尾炮塔击毁，防弹玻璃被打碎，转动轨道和炮塔动力装置悉数被毁，炮塔机枪射手尼克·亨特（Nick Hunt）爬出破损的机尾炮塔来到机身中部，操纵一挺机枪继续对德军战机进行射击。

编队中其他轰炸机看见"黛西·梅"号被群殴之后，意识到这架轰炸机已经无法带着机组返回北非基地。德军战机继续对着机身中部扫射，击伤了领航员詹姆斯·埃尔斯（James Ayers）和投弹手吉奥加纳，为了保卫这架伤痕累累的轰炸机，机组成员将所有的弹药搬到机身中部，尽全力驱逐来犯的敌机。

一架德军战机打出的20毫米口径炮弹击穿了"黛西·梅"号的方向舵和升降舵，随后机身中部发生两次爆炸，投弹手吉奥加纳在此次爆炸中全身有35处受伤，鲜血直流。飞溅的弹片打断了控制缆线，"黛西·梅"号开始缓缓坠向大海。

"黛西·梅"号副驾驶员卡尔·菲哥（Cal Fager）中尉对着埃利斯中尉大喊，让他赶紧驾驶轰炸机返回编队，埃利斯中尉回答说现在已经无法做到了，即使拉动控制盘飞机也无法做出任何反应。"黛西·梅"号机鼻依旧在下沉，飞机缓缓向海面冲去。无奈之下，抱着试试看的想法，埃利斯中尉打开了自动驾驶仪，这是"黛西·梅"号服役以来第一次启动自动驾驶系统，谁也没想到自动驾驶仪居然起作用了。机头缓缓抬了起来，此时"黛西·梅"号在整个编队下方150米处，依旧在坚持飞行。

在攻击完"黛西·梅"号之后，德军战机因为燃油不足不得不掉头返航，第27战斗机联队11中队（11./JG.27）的几架战机对轰炸机编队进行最后一次扫射，目标是第44轰炸机大队卡朋特驾驶的"迷人的女巫"号，德军战机将"迷人的女巫"号一台发动机击毁，后者飞行速度立即下降，逐渐落后于编队，击中"迷人的女巫"号的是德国空军汉斯·弗洛尔（Hans Flor）中尉，时间是17时13分。

在8月1日的较量中，在普洛耶什蒂附近空域，德国空军第4战斗机联队一大队（I./JG.4）共损失2架Bf 109G-2，4架被击伤。在伊奥尼亚海附近的凯法利尼亚岛上空的激战中，第27战斗机联队共损失2架Bf 109G，1架被击伤。第6夜间战斗机联队（NJG.6）损失一架Bf 110E-4，另有4架被击伤。罗马尼亚空军损失2架IAR.80和1架Bf 110C，另有3架IAR 80和至少2架Bf 109G-2受损。

"迷人的女巫"号此时正在漏油，飞机也受损严重，卡朋特驾驶轰炸机尽量往北非飞。在 1500 米高度，发动机突然熄火，看样子一切都玩完了！驾驶舱里的卡朋特努力重启发动机，经过几次重启之后，发动机重新运转起来。等到发动机消耗完最后一滴燃油后，卡朋特立即按下顺桨开关，准备进行迫降。

"迷人的女巫"号刚刚接触到水面就被反弹向天空，第二次撞击水面的力度远比第一次要强烈，激起一片水雾。机尾直接从机身断裂，机组成员从慢慢下沉的机体中爬出来，开始给救生衣打气。领航员约翰·鲍威尔（John Powell）非常幸运，他当时在顶部炮塔下方，迫降时并未遭到严重的冲击，只是救生衣被刺穿，无法充气。鲍威尔逃出机身后，又返回飞机拉出了救生艇，最后 7 名机组成员挤在一个小艇上，沃尔特·布朗（Walter Brown）和弗里德里克·杜兰德（Fredrick Durand）在此次撞击中丧生，随飞机沉入大海。

飞机在坠向大海的时候，鲍威尔抓住一个急救箱塞进飞行服里，在如此危急的情况下，他还能想到为受伤的机组成员治伤，十分难得。太阳已经在西方慢慢落下，浑身湿透、饥肠辘辘的 7 名机组成员挤在救生筏上，孤零零地在大海上飘着。编队从科孚岛向南飞行时，几架状态不佳的轰炸机离开了编队，试图飞往马耳他或西西里岛，不过他们还是处于意大利南部的战斗机作战半径之内，危险依旧存在，但不得不冒这个险。

哈恩少校驾驶"黑杰克"号带领"蛇眼"号、"战斧"号和"酋长"号飞往西西里岛的安全地带。四架飞机中，"蛇眼"号的情况最糟糕，发动机熄火时，全体机组非常紧张，飞行工程师急忙切换油箱，三台发动机立即重新工作。飞行几百公里之后，1 号和 3 号发动机的油压开始下降，布莱文斯别无选择，只能按下顺桨按钮。"蛇眼"号现在仅依靠一台发动机飞行。四架轰炸机靠近西西里岛海岸后，三架英国"喷火"战斗机加入到编队中，在近距离观察完编队后，其中一名"喷火"战斗机飞行员向编队敬礼致敬，随后将他们引导到位于锡拉丘兹（Syracuse）的一处战斗机基地，在余下的飞行中至少有一架"喷火"战斗机为其护航。

由于"蛇眼"号受损最严重，因此"蛇眼"号最先着陆。布莱文斯和奥格雷迪检查了仪表，发现轰炸机无法放下襟翼，除此之外，左侧机轮已经爆胎，布莱文斯告诉机组成员做好紧急迫降准备。"蛇眼"号以表速 210 公里/小时的速度碰触跑道，由于左侧机轮已经爆胎，飞机降落时机身突然向左转，布莱文斯立即调整方向舵和节流阀，让飞机重新沿直线滑行。"蛇眼"号前起落架折断，机鼻一头扎进地面，顶部炮塔脱离了滑轨，在地面上

第 44 轰炸机大队第 512 中队的 B-24"迷人的女巫"号全体机组成员合影，该机虽然从普洛耶什蒂上空全身而退，但在伊奥尼亚海附近的凯法利尼亚岛以西 40 公里空域被德国空军第 27 战斗机联队三大队（III./JG27）的汉斯·弗洛尔中尉击落，时间是 17 时 13 分。

滚了几圈，飞机最后撞在一排树和一堵石墙上停了下来，2号螺旋桨在巨大的撞击中飞向了空中。惊慌失措的机组成员从石墙缝里爬出来，他们聚集在飞机周围回忆着刚才惊悚的一幕。机枪射手巴纳·克莱门斯（Barner Clemens）从机身右侧舷窗跳下时崴伤了脚踝，除了碰伤和擦伤，其他机组成员基本安然无恙，而已经身受重伤的马丁也被抬出飞机，后来被卡车运走，在医院里接受了救治。其他三架飞机在"蛇眼"号降落后，依次完成降落。他们在这里过了一夜后，第二天收拾好行囊，重新加油后返回到北非基地。

肯德尔中尉驾驶的"幸运"号由于在战斗中受损，已经无法返回北非，当飞机飞抵西西里岛时，机组发现了一处小型战斗机机场，肯德尔中尉驾驶轰炸机降落时，飞机发动机还在运行，但在着陆时飞机刹车突然失灵，"幸运"号冲出跑道，撞向了几架刚刚修好的英国战斗机后停了下来。

在"611"号上，杰隆中尉把控制权交给副驾驶员后，立即抽身去机舱查看多尔蒂中士胸口的伤势，多尔蒂中士恳求杰隆中尉给他一枪结束自己的痛苦，但后者并没那样做，而是给他打了一针吗啡，杰隆中尉握着多尔蒂中士的双手为他祈祷并把他抱在怀里，后者在平静中慢慢闭上眼睛睡着了。

地中海上空，在麦卡迪驾驶的"老乌鸦"号上，机身中部机枪手莫里斯中士看着自己的手表，发现手表停在14时10分："这一刻一定是我扔下燃烧弹然后操作机枪的准确时间，在非洲也没办法修好这块手表，我索性把手表从手腕上取下来扔进大海里。"

第一批返回北非基地的是"泰姬·安"号，康普顿上校和恩特准将走下飞机时脸上依旧带着执行任务时的紧张神情，不一会，阿波尔德

少校率领自己的飞行小队也在班加西安全降落，他们拖着疲惫的步伐走进汇报室，把普洛耶什蒂上空看到的激战场面复述一遍并记录下来，不少轰炸机陆陆续续从北方的天空中散乱地出现，有时会三三两两地出现，只要轰炸机向天空打出红色信号弹就意味着飞机上有伤员。

当斯图尔特上尉驾驶的"犹他男人"号穿过希腊海岸线时，斯图尔特上尉提醒飞行工程师约翰·康纳利（John Connelly）中士检查各发动机油压，"好的，3号发动机油压为0，1号、2号和4号发动机油压都很低"。斯图尔特上尉想要更确定的报告，康纳利回答："机长，这么跟你说吧，我们从来没有遇到过这么缺油的情况，无论是在空中还是在地面。"

斯图尔特上尉询问其他机组成员下一步该怎么做时，一个声音从对讲机里传来，是巴特利特，这位来自蒙大拿州大瀑布市的机枪手大声嚷道："你们管这个叫海？我们那里的河都这个宽，我们直接飞过去！机长可以向玩弄小猫一样控制飞机飞过地中海。"毫无疑问，巴特利特的话激励了全体机组。

"飞行之翼与祈祷者"号经过13小时45分钟的飞行后，霍尔姆斯上尉终于看到了非洲海岸，海天交际的地方隐约出现了陆地："非洲可真够荒凉的，但是当时我看到非洲大陆后觉得它是地球上最漂亮的陆地，我们直接冲了过去，飞机快没油了。"霍尔姆斯上尉祈祷着燃油再坚持几分钟，"当我们平稳着陆走下飞机时，所有机组成员都亲吻了地面"。

就在"犹他男人"号收听着基地短波广播时，麦克法兰中尉的座机"自由小伙子"号只剩下一个半发动机和一大堆祈祷，哪怕其中一个祷告被上帝听见了，他也会让这架飞机在空中保持飞行足够长的时间。大约16时15

经过轰炸机编队狂轰滥炸的哥伦比亚·阿奎拉炼油厂俯视图。

分，"自由小伙子"号左侧两台发动机突然熄火，麦克法兰中尉和副驾驶员帕德古尔斯基（Podgurski）全力踩下左侧方向舵踏板，保持轰炸机按预定航线飞往北非基地。麦克法兰中尉命令其他机组成员将能扔的全部扔下去，不管是什么。当"自由小伙子"号下降到1500米高度后，飞机终于保持住了高度。

身负重伤的史马瑟斯设法修好了千疮百孔的收音机，这样可以接收到来自班加西的无线电波。麦克法兰中尉已经死死踩住左方向舵踏板长达两个小时，身体早已虚脱，座椅一度快要脱落滑到飞行甲板上，几名机组成员将他绑在座椅和装甲板之间，避免座椅脱落，帮助飞行员继续控制飞机。

"自由小伙子"号进入基地上空时，电气系统的保险丝突然烧断，约翰·布朗（John Brown）拿着手电筒照在仪表盘上，轰炸机在没有刹车的情况下以表速193公里/小时的速度降落，飞机在滑行1.6公里后终于停了下来，飞行了将近14个小时后，疲惫不堪的机组成员终于

1943 年 8 月 1 日晚，已经返航的第 376 轰炸机大队疲惫不堪的陆航队员准备享受晚餐。

"泰姬·安"号在北非班加西降落后，布里列顿上将（左侧）迎接恩特准将（中间）和康普顿上校（右侧）。

从破损的飞机中走了下来。

在地中海上空，奥普萨塔中尉驾驶的"毒刺"号命悬一线，奥普萨塔正竭尽全力控制轰炸机："当时大家已经做出决定，一旦燃油不足以支撑飞机返回北非基地，不得不弃机跳伞时，大家要一起跳伞，彼此之间能有个照应，至少还能待在救生筏上。如果只有一个人跳伞落在水里，被救起的概率微乎其微。"

为了减轻飞机重量，奥普萨塔中尉下令扔掉任何不需要的东西，包括自卫机枪和所有子弹。"虽然我不知道这么做有没有用，但至少让自己感觉好一些。黑夜快速来临，在黑暗中迫降无疑意味着死亡。只要还有机会，我们绝不迫降，可供我们选择的方案并不多。"奥普萨塔中尉回忆。

"毒刺"号上的飞行工程师设置了燃油阀，将剩余燃油均等分配给四台发动机，如果一台发动机停止工作，那就意味着剩下三台发动机距离停止工作也不远了。飞行工程师前脚刚离开飞行甲板，四台发动机的油压指示针就开始抖动，最后慢慢降至 0。发动机停止工作后，奥普萨塔中尉立即按下四台发动机的顺桨按钮。

飞机开始滑翔后，奥普萨塔中尉驾驶轰炸机做了一个小小的转向使得飞机可以迎风滑翔，这时脸色苍白的飞行工程师跑进驾驶舱，告诉奥普萨塔中尉赶紧解除顺桨，因为飞机还有一些燃油，只是他刚才设置燃油阀时犯了一个错误。飞行工程师立即拧开了阀门，往里面倒进一些燃油，几乎是一瞬间，四台发动机重新发出怒吼，"毒刺"号开始缓缓爬升获得高度，此时海浪距离轰炸机机腹已经很近了。

奥普萨塔中尉透过舷窗向外看了看："飞机外面一片黑暗，领航员乔·拉郎德（Joe Lalonde）给我们指明了飞往班加西的方向，他对方位了如指掌，飞机最后飞抵班加西时距离基地仅仅偏差800米。"

"黛西·梅"号此时还在空中飞行，但已经非常勉强了，德军战斗机的最后一击几乎是致命的。埃利斯中尉让大家尽可能地把东西扔出去并将发动机转速调整到1700转/分钟，飞机此时表速大概是250公里/小时。输出功率较低的3号发动机似乎工作更稳定，尽管裸露出来的火花塞电线在气流的作用下拍打着发动机短舱。

全体机组成员决定一直留在"黛西·梅"号上，直到燃油耗尽。受伤的投弹手因为失血过多已经昏迷，其他受伤的机组成员已经包扎好伤口，经过几个小时的飞行，轰炸机通过了非洲大陆海岸线，燃油表显示此时燃油储量已经为零。

埃利斯中尉打算使用自动驾驶仪让轰炸机着陆，飞行工程师布莱斯·迪尔曼（Blasé Dillman）手动释放了起落架。在150米高度，副驾驶员菲哥开始释放襟翼，埃利斯中尉将发动机转速调整到2100转/分钟，心里祈祷着，希望燃油再坚持几分钟，菲哥操纵着节流阀和升降舵，"黛西·梅"号以表速160公里/小时的速度着陆，轰炸机接触跑道后反弹回到半空中，埃利斯中尉将节流阀向前推了推，机轮刚刚接触地面滑行时，发动机发出阵阵喘振声，然后就熄火了。"黛西·梅"号在跑道上滑行，飞机停下后，机头直接扎进土里。领航员看了看手表，夜光发光表盘上清楚地显示时间是18时45分，他们已经整整飞行了14小时35分。

"黛西·梅"号着陆前打出了红色信号弹，已经在跑道旁待命的急救车将身负重伤的吉奥加纳中尉火速送往医院，后者经过输血保住了性命。整个基地所有人都在等待着他们的归来，14个小时前，一支庞大的轰炸机编队从这里起飞，不少地勤人员满怀希望地等待着自己负责维护的飞机能回来，但有些人一直在跑道两侧等待，却一直等不到飞机的归来，终于，他们沮丧地低下头，擦干眼泪，转身回到自己的帐篷，痛苦地哽咽着……

1943 年 8 月 1 日黄昏时分，第九航空队的军官们和其他人正在跑道旁苦苦等待即将归来的勇士们。

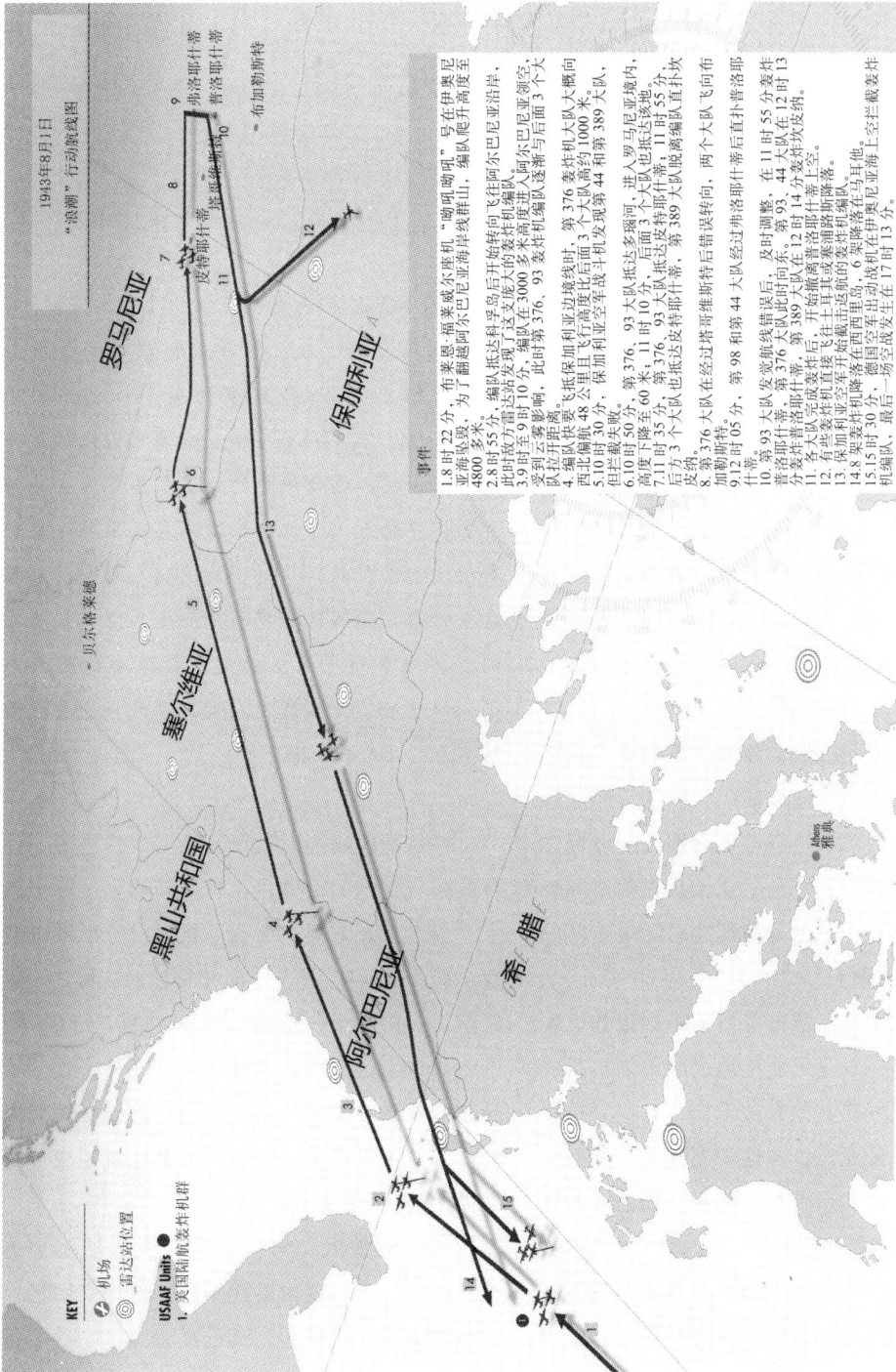

1943年8月1日
"浪潮"行动航线图

KEY
● 机场
◎ 雷达站位置
USAAF Units
■ 美国陆航轰炸机群
1. 美国陆航轰炸机群。

罗马尼亚

弗洛耶什蒂
普洛耶什蒂
· 布加勒斯特

保加利亚

塞尔维亚

· 贝尔格莱德

黑山共和国

阿尔巴尼亚

希腊

● 雅典 Athens

事件

1.8时22分，有莱恩·荷莱威尔斯中校、"呦呦呦呦"号在伊奥尼亚海坠毁。为了翻越阿尔巴尼亚海岸线群山，编队爬升到高度4800多米。

2.8时55分，编队抵达科孚岛后开始转向飞往阿尔巴尼亚海岸，此时故方雷达发现了这支庞大的轰炸机编队。

3.9时5分至9时10分，编队在3000多米高度进入阿尔巴尼亚领空，队伍到开始爬高，受到云雾影响，此时第376、93轰炸机编队落在后面3个大队。

4.编队要飞抵保加利亚边境线时，第376轰炸机大队大概向西北偏航48公里且飞行高度比后面3个大队高约1000米。

5.10时30分，保加利亚空军战斗机编队落离第44和第389大队，但拦截失败。

6.10时50分，第376、93大队抵达多瑙河，进入罗马尼亚境内，高度下降至60米，11时10分，后面大队也抵达该地。

7.11时35分，第376、93大队抵达特耶什蒂，11时55分，第389大队也抵达皮切什蒂，第389大队脱离主编队直扑普洛耶什蒂，后方3个大队则经过特耶什蒂后错误转向。

8.第376大队经过哥维斯特后直扑布加勒斯特。

9.12时05分，第98和第44大队经过弗洛耶什蒂后直扑普洛耶什蒂。

10.第93大队发觉航线错误后，及时调整，第93、44大队在12时11分发往普洛耶什蒂，第389大队在12时14分表针坎皮纳。

11.各大队完成发炸后，开始撤离普洛耶什蒂上空。

12.保加利亚空军出动战机在伊奥尼亚海上空拦截发炸机编队。

13.有些发炸机降落在西西里岛、6架降落在马耳他，德国空军出动的战机在伊奥尼亚海上空拦截发炸机编队，最后一场空战发生在17时13分。

14.8架发炸机降落在西西里岛。

15.15时30分，德国空军出动战机在伊奥尼亚海上空拦截发炸机编队，最后一场空战发生在17时13分。

"浪潮"行动航线图和主要事件发生时间和地点。[①]

—————
① 该图授引自Steven J Zaloga. Ploesti 1943: The Great Raid on Hitler's Romanian Oil Refineries, Osprey Publishing, 2019：32-33.

第十二章　九死一生

枪炮声停止时，普洛耶什蒂原本平静的星期天被打破了，白天已经变成了一种超现实主义的黄昏，滚烫的黑烟在普洛耶什蒂上空飘过，呛人的浓烟灼伤着当地居民的眼睛和肺部。炸弹爆炸产生的冲击波震得附近房屋玻璃嘎嘎作响，地面似乎也在晃动着，定时炸弹和储油罐的爆炸更是时不时地敲打着当地人的神经，短短30分钟的作战行动已经永远改变了普洛耶什蒂周边的景象和地貌。空气在颤抖，仿佛大地在燃烧。

德国人的反应很快，轰炸普洛耶什蒂结束之后，消防队立即冲向炼油厂试图扑灭熊熊燃烧的大火，工兵部队也赶忙拆除那些还没爆炸的定时炸弹。德国和罗马尼亚士兵在普洛耶什蒂周围加紧巡逻，试图寻找那些已经被击落的轰炸机上的陆航队员。

瓦拉几亚平原上散布着35架B-24轰炸机残骸，这些遗落在罗马尼亚土地上的美国机组成员状况都不太好，有些人被击伤，有些人被烧伤，有些人已经死亡。从这一刻开始，他们要为自己的生存而战。首批迫降在罗马尼亚的飞机中包括第376轰炸机大队帕尔姆中尉驾驶的"啤酒厂货车"号，帕尔姆中尉和副驾驶员洛夫设法将受损的轰炸机降落在野外，帕尔姆中尉盘算着如何逃避追捕：

我们在玉米地里躺了几分钟，突然听见有人正在靠近，我立刻拿出柯尔特手枪准备射击，但亚历山大·P.罗金森（Alexander P Rockinson）立刻阻止了我。向我们靠近的是一群德国士兵，远处跟着的则是罗马尼亚士兵。我告诉罗金森，让他通知罗马尼亚士兵这里有美国人需要帮助，当时罗马尼亚人对美国人还是友好的，果然几名罗马尼亚士兵留下来陪我们，其他罗马尼亚士兵则继续跟着德国人走了，但没过多久，德国人听到了风声，将我们从罗马尼亚人手里抢走了。

帕尔姆中尉当时被罗马尼亚人拖进了一处释放防空气球的窝棚里，然后转移到一辆卡车上，卡车上还有另一架轰炸机的机枪射手以及罗金森，最后花了5个小时才将他们转移到一家医院。在医院里，格奥尔格·佩特雷斯（Georg Petrescu）医生为帕尔姆中尉做了手术，切除了帕尔姆中尉右腿的一部分，随后他躺在医院里养伤，"啤酒厂货车"号上的其他机组成员则被关押在布加勒斯特。

"欧洲季风"号上的幸存者沃纳跳伞落地后躺在一条小溪内昏迷不醒，他后来回忆："我把降落伞收好后，天已经快黑了，我准备徒步逃往土耳其，我沿着小溪一直走，最后走到一处农舍，准备在那里过夜，碰巧附近有两名罗马尼亚士兵，我只能选择投降，他们把我带进了农舍里。"

罗马尼亚士兵最后将沃纳带到了一幢楼里，里面都是受伤的美国机组成员，他和其他受伤的战友被安置在一处角落里，后来他发现角落里的不少人最后都因为伤重不治而丧命！

温布尔中尉驾驶的"白鬼酒吧的少女"号在一处开阔地迫降，大部分机组成员从飞机残骸中爬了出来，但利特尔被压在机身下，其他人试图将机身撬开，但没有成功。温布尔中尉躺在地上，腿上缠着止血带，为了减轻疼痛，他让其他人用手枪把自己敲晕，但打了两下之后，他就放弃了，因为头疼的程度已经远远超过了腿疼，最后有人找到了急救箱给他打了一针吗啡来减轻他的痛苦。机尾机枪射手詹姆斯·巴克（James Barker）在迫降时身负重伤，他和温布尔最后留在飞机上，其他机组成员则逃命去了。

罗马尼亚士兵发现"白鬼酒吧的少女"号后将巴克和温布尔解救出来并送往普洛耶什蒂附近的一处军事医院，飞行工程师马克·菲茨杰拉德（Mark Fitzgerald）逃离迫降地点后，直到

普洛耶什蒂以南玉米地里迫降后的 B-24"锅炉制造者 II"号。

第二天晚些时候才获得自由。几个小时之后，罗马尼亚士兵才将利特尔从机身残骸中解救出来，但此时因为吸入过多燃油蒸汽，利特尔的肺部被灼伤，身体也被烧伤。

"棒球衫"号迫降后，机组成员被押往一个高炮阵地看押，战斗结束后，他们被押往普洛耶什蒂附近的一处收容站（应该是关押雷蒙德·沃纳的地方），身上的伤口已经被包扎好。萨拉斯中士伤得最重，他的双腿布满弹片，莫里斯·皮特森（Maurice Peterson）中士在迫降中也身受重伤，头部遭到撞击引起了脑震荡，最后这两人均伤重不治而死亡。亚当斯记得当时这里关押了大概20至30名美国陆航队员，他们中的绝大多数均在战斗中负伤。

特尔策驾驶的"矮胖子"号在普洛耶什蒂西南96公里处的玉米地里燃烧，当地官员将机组成员从愤怒的当地居民手中解救出来，避免他们被私刑处死。"矮胖子"号全体机组被押到一辆马车上，一路被带到一座小镇，然后被押到一间酒吧里，洛基惊奇地发现这里居然有人会说英语："一个人走过来用英语和我们交谈，说当地人都跑到酒吧里看望我们这群受伤的美国人，他说他是这家酒吧的老板，想知道底特律老虎队现在怎么样了，还说自己退休之前是福特汽车公司的工人。"

第98轰炸机大队第一位踏上罗马尼亚领土的是"猥琐"号上的希夫马赫，身上的伤口和烧伤产生的剧痛让他昏死过去，当他醒来时，身体正趴在一处小河边，德军士兵已将他重重包围，扒掉他身上的所有衣服将他赤身裸体塞进挎斗摩托里，然后带他去了战地医院，那里都是伤员。

德军军医简单为希夫马赫进行了包扎，然后将他关在一处马厩里，德国人就在马厩为他治疗。

一架尾部悬空的B-24是很难藏进玉米地的，所以"锅炉制造者II"号迫降后，全体机组成员立即弃机逃命。奥普回忆："德军距离我们大约90米远时就向我们开枪，当时我们还在玉米地里，逃跑看来是没希望了。我不知道玉米秆有多高，但我肯定德国人能看到我，我受够了战斗，成为战俘是我最后的愿望。在战斗中你会发现总有人会丧命。"

德国人将"锅炉制造者II"号的机组成员集合起来，然后押往普洛耶什蒂，奥普回忆："我不记得德国人让我们走了多远，我们一直猜测德国人接下来会对我们做什么。"奥普他们停下来的第一站是前文提到的收容站，领头的德国人问"锅炉制造者II"号机组成员，里面的美国机组成员有没有认识的，但奥普记得当时收容站里的人确实一个都不认识，但这些人身上可怕的创伤、烧伤却让他记忆犹新。

"公驴的毛线衫"号迫降后，当地居民用干草叉袭击幸存的机组成员，后来他们被押往收容站，负责收容站的一个德国军官拒绝为这些美国人救治，理由是他在德国的家人被美国人投下的炸弹炸伤，如此危急的时刻还缺医少

药，几小时后麦克劳中尉因伤重不治身亡。

根据几位目击者的报告，"粗俗的处女"号上的所有机组成员确实都跳伞了，但最后的幸存者只有泰勒上尉，他的手部和脸部烧伤严重，他降落的地点就在一个高炮阵地旁边，德国人迅速为他清理了伤口并进行包扎，随后将他押往一家医院。

"玛吉"号上的幸存者萨瓦里亚跳伞后降落在一处空地上，由于是屁股先着地，所以屁股被撞得淤青，头部还有些眩晕。在解开降落伞后，萨瓦里亚找了个地方躲起来，但是他发现自己已经被包围，最后只能投降。这帮愤怒的当地人一直以为他是一名苏联飞行员，对他拳打脚踢。

萨瓦里亚试图解释自己是美国人，但是于事无补。一名愤怒的罗马尼亚女人用罗马尼亚语对他大声吼叫，朝他脸上吐口水，萨瓦里亚的处境十分难堪：

一个强壮的男人直接把我推倒，手里拿着一把斧子，他让其他人让出点空间，随后他举起斧子，一下子就砸在我的腿上，然后又举起来，再砸向我的脑袋，我一下子就昏了过去。等我醒来后，他们还在那里，好像是在争吵，

普洛耶什蒂西北侧"白鬼酒吧的少女"号迫降现场，其他机成员已经给逃离现场，只有威廉·利特尔被卡在机身内。

一架正在玉米地里燃烧的机身残骸，根据机身图案，这架B-24极有可能来自第98轰炸机大队。

一人拿着绳子，另一人手里有猎枪，还有那个手里拿着斧子的男人，他们应该是在讨论用什么方法处决我，这场面真有点滑稽，所以我开始放声大笑。

萨瓦里亚的笑声无疑激怒了众人，两名德国士兵从人群中挤了出来及时救出了萨瓦里亚，这两名德国士兵挥舞着步枪，赶走了这群罗马尼亚人，最后用一辆牛车将他押往普洛耶什蒂附近。

沃特曼从"银图"号跳伞之后简直生不如死，他的脸、胳膊和手均被严重烧伤，俘获他的德国人看着他的伤势都认为他应该活不长了，尽管眼前的这名美国人是敌人，但德国人还是尽最大努力为沃特曼治伤。

"温·丁格"号幸存者希孔和特劳特在150米高度跳伞，特劳特落在一条小溪里，降落伞还没完全落下，他就被河水冲走了，从水里游出来后，他将降落伞藏在树林里，然后躺下睡着了，毕竟他前一晚没睡多少觉，长时间的飞行已经把他累坏了……

希孔的落地点距离座机坠毁点非常近，他在下落过程中目睹了轰炸机撞击地面的全过程："我没想到自己能活下来，落地时大腿内侧的伤口隐隐作痛。落地后我还能看到普洛耶什蒂上空一架接着一架的轰炸机被击落。"两架Bf 109看到希孔落地后立即俯冲过来，后者原本以为德军飞行员会对他进行扫射，但他们只是观察了一阵，然后就离开了。

希孔很快就被德国人抓获并被押往附近的一处村庄：

当时我被关押在一间房屋中，有两名守卫负责看守。我当时特别疲惫，什么都说不出来，于是躺在桌子上睡着了。等我醒来时已经

到了第二天早上，我走出房间坐在门廊上，点着一根烟，一边抽烟一边试着回忆昨天的激烈战斗，守卫就站在我身后。一位上了年纪的老妇人走了过来递给我一个托盘，你能相信吗？托盘上居然有一杯热可可和两块黄油面包！我心里暗下决心，以后一定要报答这位老妇人。

特劳特一直在树林里睡到第二天黎明时分，他醒来后走了一段时间，环顾乡间后，他见到一名农夫，于是特劳特靠近他并递给他一封信，这封信是使用罗马尼亚语书写的，大意是"我是美国人，正在寻求帮助，请帮助我"。但这名农夫把这封信摆弄一番，并不知道上面写的是什么，很明显他不识字。特劳特非常努力地尝试与其沟通，试图让他明白自己是美国人，但特劳特并没留意身后有人靠近，另一名农夫用干草叉将特劳特打倒，随后这两名农夫将他扔进一辆马车里，向最近的德军据点驶去。

"豪猪II"号唯一的幸存者布里奇斯从飞机残骸爬出来后遇到了德军巡逻队，巡逻队队长抢走了他的逃生装备并将他暴打一顿，随后丢下他让他自己等死。布里奇斯挣扎着站了起来，却看到一名罗马尼亚士兵向他走来，正当这名士兵拉开枪栓准备上膛时，布里奇斯立刻举手投降，大喊了一声"同志"。布里奇斯第二天从布加勒斯特的一家医院中醒来。

"李·艾布纳"号的幸存者韦弗中尉和其他机组成员从燃烧的机身残骸中爬了出来，韦弗中尉向天空望了一眼：

一架Bf 110战斗机正在我们头顶盘旋，很明显，这架敌机正在通报我们的位置信息。领航员索伦森、杰西·L.亨利（Jesse L Hinley）和我朝着一个方向逃走，其他人则向相反方向逃

德国人绘制的关于1943年8月1日美国陆航B-24机群轰炸普洛耶什蒂时部分轰炸机被击落以及迫降的地点。

走。索伦森的左腿、侧身和手臂被烧伤，我右侧身体、手臂、手和脸部也被烧伤。尽管我们的衣服没被烧毁，但皮肤却是二级烧伤，皮肤表面出现了大水泡。亨利没有受伤，本来可以逃走，但他却选择和我们在一起，直到我们得到了良好的治疗。

我们遇到的第一个陌生人是一位罗马尼亚男孩，通过使用情报部门发放的罗马尼亚语小册子，让这位男孩知道我们需要帮助，这位乡村男孩很友好，愿意帮助我们。

走了大约15分钟后，我们来到一个村庄边上的农场。在这里许多村民聚集在一起，递给我们水喝，还有人用羽毛蘸着某种油来为我们

治疗烧伤。村民们后来把我们领到村子中心，几乎每个房屋门口都有人为我们提供牛奶和其他饮品。

我们街角遇到了其他人，小罗伯特·斯奈德的手被烧伤，苏普尼克的后背被弹片击伤。布里顿、布里德洛夫和里斯伤势较轻。一名士兵将我们带到一间办公室，在这里待了几分钟后，这名士兵将我们带到一个急救站，在这里我们得到了简单救治，有一位能说英语的女士对我们很友好，问了我们一些问题，在这里等待我们的是一支罗马尼亚上校领导的小分队。

他们用卡车将我们带到格耶什蒂，这里位于村庄以北大约10公里处，在这里我们被安

置在一家小型医院内，我们吃得还不错，不少居民出于好奇心赶到医院看望我们。运抵医院大概三个小时后，我们再次得到治疗。晚间时分，包括"大负荷"号上的耶格尔少校（Yeager）等其他人也被押送到这里。

"冒失鬼II"号幸存的四名机组成员从飞机残骸中逃离，迪克瑞福和谢弗已经负伤，其中谢弗伤势最重，一条腿被打断，全身多处创伤和烧伤，迪克瑞福一直在飞机附近徘徊，他试着想找到一名罗马尼亚人帮忙，拉斯科中尉和基尔中尉的身体状况都不太好。

拉斯科中尉后来回忆：

我们迫降在一片玉米地里，我能看到的只有基尔、飞机残骸和大片玉米地。我的脸一直在流血，额头上有一道伤口，头发已经烧焦，全身上下还有多处创伤，当时我没意识到左大腿上有一块弹片，只知道血流不止。我解下腰带，用它勒住大腿进行止血，但却不起任何作用。我没看见其他机组成员，飞机似乎已经解体，零部件散落在广阔的玉米地里，我和基尔的情况都不太好，也没想到如何逃生和躲避敌人的搜捕。

我想寻求帮助，走了一段时间之后，我看到一群农民，当我靠近他们时，他们立刻跑开，我想我的出现一定吓到他们了。我一直跟着他们，他们继续向远处跑，然后开始向我扔石头，最后抓住我后抢走了我的手枪、戒指、派克钢笔、逃生装备和钱。每个人看我的眼神都怪怪的，有的人甚至吓哭了，我想我看起来一定很吓人。我被他们带到院子里，躺在一张躺椅上，不一会我就昏了过去，等我醒来时，我看到基尔和弗兰克·拉斯波特尼克（Frank Raspotnick）躺在地上，后者一动不动。我原本以为他们会用烧红的烙铁烫我的嘴防止感染，但最后发现是我想多了，他们只是用了热水为我清洗伤口。

就在拉斯科中尉向罗马尼亚农民寻求帮助时，另外几个农民在玉米地里找到了基尔，他们抢走了基尔的手表和戒指，掏空了他的口袋，然后对他一顿暴打。基尔在后来的回忆录中写道：

这群农民围成了一个圈，用叉子指着我，

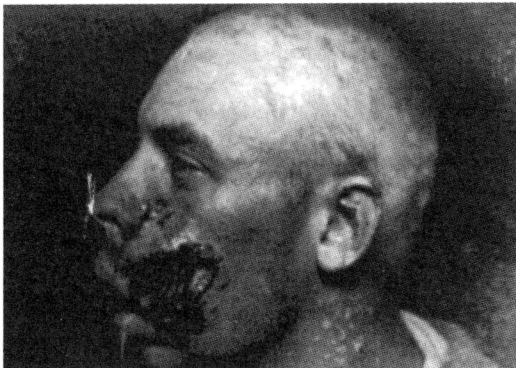

拉斯科，脸部的严重创伤让人不寒而栗，这种创伤显然是无法进食的，在罗马尼亚被俘的日子让他痛苦不已，口水和口腔脓液的混合物让他狼狈不堪。照片拍摄于 1943 年 8 月 13 日，地点在罗马尼亚锡纳亚第 415 号军队医院。

B-24"查塔努加火车"号在埃卡特琳娜公主的领地迫降后，一名罗马尼亚士兵正看管迫降现场。

我估计他们想把我刺死，他们嘴里一直在说着Rushky，我突然明白过来，他们以为我是苏联人，随后我大喊一声Americany，这句话引起了不小的轰动，他们对我的态度也就慢慢好转了。其中一位农民走过来，问我会不会德语，我说会一点，他让我用德语从1数到100，我从1一直数到100以上。最后我和他们聊了很久，他们则把我搀扶进一个教堂里。

在教堂的院子里，我见到了拉斯科等人，他们的情况很糟糕，罗马尼亚人手里拿着我们的急救箱，我让他们给拉斯波特尼克打了一针吗啡。

已经痊愈的汉克·拉斯科。

基尔还回忆拉斯科中尉接受了罗马尼亚人的审问，虽然拉斯科伤势很重，但他的思维还是很清晰，他写下了受伤机组成员的姓名和编号，特意在名字前面加上一个字母"O"，表明这些人都是军官，希望能安置在战俘营里面的军官营地。

拉斯科回忆：

我们坐在四轮马车上，下面垫着干草，我坐在侧面，腿伸出车外，每经过一个村庄，总会有人驻足看着我们，眼神里充满同情。

我被送到一家小诊所之后，他们为我刮了胡子，清理了伤口，头部和腿部的伤口进行缝合，然后我躺在病床上，一切似乎那么平和与安静。过了一会，我发现旁边病床上躺着的是谢弗。谢弗和我说他是坠机受伤的，一条腿被高炮打断，他又说他是拉斯科的机组成员，我不能说话，于是拿出一张纸，写下"我就是汉克·拉斯科！"他看看纸上的字，又看看我，脸上一副吃惊的表情："天哪，中尉，我真的看不出是你！"

那天晚上，罗马尼亚人将我们押上一辆大巴，送往布加勒斯特一家医院，去布加勒斯特的旅途对我们每个人来说都很痛苦。后来的几个晚上，我在医院里听到很多因为创伤和烧伤引起的那种痛苦的呻吟声，这里很多战友都有烧伤。我不得不坐起来，让自己的身体前倾，让口腔里的脓液和口水混合物流出来，我自己又不能清洁喉咙和口腔，只能通过这种办法把脓液排出来。

基尔回忆在布加勒斯特医院的一段日子："在这里我第一次入睡是靠着吸入乙醚麻醉来实现的，感谢上帝。"

莱因哈特中尉跳伞后则落在一片玉米地里，他落地收好降落伞后，听见远处轰炸机撞击地面的爆炸声，"G.I.加仑"号坠机地点距离克莱迪图·米尼尔炼油厂大约128公里。他拿出纽扣式指北针，确定了一下方向，沿着一条小河试图逃命，为了躲避追捕，他特意弯着腰放低身体姿态。傍晚时分，莱因哈特中尉遇到了一位正在放羊的牧羊人，后者被莱因哈特吓了一跳。莱因哈特试图向牧羊人解释自己并没有恶意，最终这位牧羊人将莱因哈特带到一间小农舍，但没过多长时间，这位牧羊人就带领罗马尼亚士兵重返农舍，最终莱因哈特被投入当地一间监狱。

一位罗马尼亚官员来到监狱，用手铐铐住莱因哈特的双手之后将他带到另一座村庄。在警察局里，一位会英语的官员审讯了他，不过根据日内瓦公约的要求，莱因哈特只透露了姓名、军衔和编号。莱因哈特在房间发现了副驾驶员蒂科瑞沃的匕首和手枪，但这位会英语的官员拒绝透露蒂科瑞沃的下落，随后，莱因哈特被塞进吉普车，押往斯拉蒂纳，在这里他见到了其他几名机组成员。

乔治·范·森中士落入一片树林中，他藏好降落伞后躲避追捕长达4个小时之久，另外几名机组成员被当地农民抓到后遭到暴打，阿尔格雷德·马什（Algred Mash）后来写道："这群农民可能把我们当成苏联人了。"

"查塔努加火车"号在弗洛耶什蒂以南迫降后，布里特昏迷了大约四个小时，有几只喜鹊在飞机附近叽叽喳喳，布里特醒来后大声呼喊其他机组成员的姓名，但没有人回应。布里特被压在顶部炮塔下面动弹不得，他的右腿在身体下面，而左腿被压在炸弹舱附近的机身残骸下方，他感觉到旁边有一个人。布里特以为是他的战友保尔森，但是一位女士的声音将他惊醒："你是美国人吗？"布里特回答："是的。"这位女士的英语说得非常好，她继续说："别着急，我们马上把你救出来！"

在拆掉几个氧气瓶和机身侧面剪开一个大洞后，布里特终于获得了自由，由于鞋子也被压在机身下，因此不得不脱下鞋子才能彻底脱困，周围的罗马尼亚人又拉又拽，才将布里特解救出来。

布里特慢慢清醒过来，看了看周围的环境，他听到周围的人在说罗马尼亚语，应该是在讨论失事的轰炸机，现在这架轰炸机已经变成了残骸。在八月的阳光下，布里特不受控制地开始颤抖，那位灰色头发的女士用英语问他是否还好，她有

埃卡特琳娜公主，其在8月1日营救了不少美国陆航队员。

一双闪闪发光的蓝色眼睛，脸上带着美丽的微笑，布里特的皮肤已经被灼伤，皮肤开始起水泡，有些地方皮肤已经脱落。奥莱利落地的地方还不错，是一块河床，该河床属于罗马尼亚埃卡特琳娜公主的领地。这位公主是坎塔库泽努斯家族的一员，在欧洲受过良好的教育，她不仅是皇室的一员，还是一位人道主义者，她在自己的庄园里开办了一家孤儿院。埃卡特琳娜公主十分厌恶德国人和俄国人，她十分愿意从德国人手里营救出这些美国飞行员。

布里特见到的这位能说英语的女士就是埃卡特琳娜公主，埃卡特琳娜公主知道现在必须

罗马尼亚锡纳亚第415号军队医院餐厅一角。

最左侧站立者为沃登·韦弗，照片拍摄于1943年8月26日，地点在罗马尼亚锡纳亚。

赶紧送布里特就医接受治疗。他命令四位手下抬起布里特送上她那辆1937年的"普利茅斯"牌轿车。当他们乘坐的轿车抵达医院时，刚好有两名德军，这两名德军要押走布里特，但埃卡特琳娜公主根本不同意，毫不客气地对两名德军说："你们见鬼去吧！"此举引起了双方激烈的冲突。埃卡特琳娜公主直接将布里特重新送上车，大喊着让司机赶紧开车，车子开往位于菲利佩什蒂（Filipesti）的一家医院，埃卡特琳娜公主并没和布里特待太长时间，她随后重返坠机现场，希望能找到其他机组成员。

保尔森和另外几名机组成员在轰炸机迫降后躲进玉米地里，赶来的罗马尼亚士兵开始向玉米地里射击，在躲避将近20分钟后，保尔森他们几个人放弃了，这群士兵将保尔森等人通过马车押往内德莱亚（Nedelea）。保尔森在战争结束后回想起当时的场景仿佛还历历在目："他们把我们关到一个又黑又湿的地窖里，我们在里面待了一会，没过多长时间，地窖的门就开了，站在门口的就是埃卡特琳娜公主，她对我们说的第一句话是：'你好，男孩们。'"公主救出美国人后，递给他们食物，"她给了我们奶酪、牛奶和面包，这是我们离开非洲后吃的第一顿饭"。

随着时间的推移，越来越多的美国机组成员被德国人或罗马尼亚人抓住，那些不需要急救的机组成员被押往布加勒斯特。"第一个晚上，我们头脑一片空白，我们在想着自己的家，自己的爱人以及将要发生在我们身上的事情。"有不少机组成员接受了德国人的审讯，由于奥普能说一口流利的德语，因此他充当两边的翻译，但他说话时总是小心翼翼的，谈话尽量局限在很小的范围内。

德国驻罗马尼亚最高指挥官格斯滕贝格将军对于如何处置俘虏的113名美国机组成员感到头疼，他们大张旗鼓地来到普洛耶什蒂，却不知道如何处置这些人。一开始的解决方案也很简单，直接将美国机组成员押往德国战俘营，但实际上最后定下的是把所有美国机组成员留在罗马尼亚，作为罗马尼亚战俘。

埃卡特琳娜公主竭尽全力营救这些"美国男孩"，帮他们摆脱德国人的魔爪，她已经成功解救了布里特和其他几位机组成员。在几个小时的时间里，埃卡特琳娜公主正在实施自己的营救计划。

在营救出奥莱利等机组成员后，埃卡特琳娜公主急忙赶往布加勒斯特寻求帮助，她的不少好友是罗马尼亚内阁成员的家人。罗马尼亚内阁会议结束后，确定由于这些轰炸机是在罗马尼亚上空被击落的，因此俘虏的机组成员应归罗马尼亚处置，格斯滕贝格将军对此表示赞同，这件棘手的问题就归罗马尼亚处置好了，

劳瑞尔第 18 号监狱，这里以前是罗马尼亚王室的度假酒店，四周装上铁丝网就成了战俘营。

后者将会为美国人提供食宿，只是现在的问题是没有地方安顿这一百多名机组成员。

经过初步治疗后，不少受伤的机组成员被送往布加勒斯特军队医院，这些人得到了罗马尼亚国内最好的救治，远比落在德国人手里的机组成员要强得多。

到了8月8日，几乎所有的受伤机组成员全部转移到罗马尼亚锡纳亚第415号军队医院。锡纳亚位于普洛耶什蒂以北56公里的南喀尔巴阡山脉上，山上的低温似乎对伤者的治疗更有利，不少机组成员后来回忆，这里的护士容貌比布加勒斯特医院里的护士更好看，他们要在这里忍受数周甚至数月的痛苦，直到身上的创伤痊愈，完全恢复健康。

轰炸普洛耶什蒂结束两周之后，罗马尼亚终于将战俘营建好准备迎接这些美国人，实际上也不需要准备什么，房屋都是现成的，就是将普洛耶什蒂附近没人住的几幢房子周围安上铁丝网，这里以前是罗马尼亚王室的度假酒店，几百米之外则是一所女子学校，现在则驻扎着一些士兵，整体来说，环境上比德国战俘营强不少。

被俘虏的美国机组成员乘坐大巴车从布加勒斯特转移至130公里外的新战俘营，在经过普洛耶什蒂时，大巴车里的守卫开始巡视并将车窗的窗帘拉上，试图阻止美国人看到炼油厂，但好奇的美国人哪里管得了这些，是时候好好欣赏自己的杰作了。他们不停地拉开窗帘，偷看着已经被炸成废墟的炼油厂。当大巴车经过克莱迪图·米尼尔炼油厂厂区时，他们看到不少劳工正在瓦砾中忙碌，试图在这片瓦砾中重建工厂。

大巴车最终停在这片欧洲闻名的蒂米苏尔德乔斯（Timisul de Jos）旅游胜地，穿过铁轨，他们抵达了自己的"新家"，官方称其为"劳瑞尔第18号监狱"，美国机组成员称这里为"镀金的笼子"。在战俘营的日子里颇为无聊，接下来的一年里，这些机组成员每天在玩纸牌，打排球，有些人也试图越狱逃跑，和罗马尼亚守卫斗智斗勇，战俘营里的生活是另一场看不见硝烟的战场。

关押在劳瑞尔第18号监狱的陆航队员合影，在这里平静地度过战火纷飞的日子直到二战结束似乎是不错的选择。

第十三章　平静的周一

　　和数万年前一样，太阳从北非沙漠的东方准时升起。前一天早上，庞大的轰炸机群从这里腾空而起，但是今天早晨，北非沙漠里却是死一般的宁静，没有往常发动机启动时的轰鸣声。清晨太阳升起时，跑道周围停满了降落时没有足够燃料滑行到停机坪的轰炸机。

　　早饭过后，众多地勤人员结伴走向停机坪，他们想知道哪一架轰炸机成功返回，哪一架轰炸机下落不明，返回的轰炸机受损程度究竟如何，等他们真正看到历经血战的轰炸机后，他们才会明白后面还有很多艰苦的工作要做。

　　埃利斯中尉使用自动驾驶仪让"黛西·梅"号着陆，他看了看飞机，检查了飞机状态：

　　地勤人员正在维修它，他们在这架轰炸机上发现了150多个弹孔，都是高射机枪和20毫米口径高炮留下的，3号发动机状况不佳，高炮在整流罩上打出了几个大洞，击穿了冷却装置。两个气缸被打坏了，弹片切断了四根火花塞电线。油表已经无法测量剩余燃油量，不知道油箱里的燃油还能否支撑飞机再飞5分钟。

　　第98轰炸机大队的帕奇中尉回忆第二天清晨整个基地停机坪

空空的，他所在的第415轰炸机中队在轰炸普洛耶什蒂时损失了四名成员，他赶往战地医院看望受伤的战友，"从医院出来后，我摇摇晃晃回到自己的帐篷，想好好休息一下，但帐篷里面特德·海林机组留下的空床铺让我无论如何也无法安睡，尽管那时我已经非常疲倦"。

　　海耶斯被一只狗的哀嚎声吵醒，很显然，狗的主人在此次行动中没有安全返回基地，他们尝试想安抚这只狗，但却无法靠近它，人类最好的朋友因为失去自己的主人而悲痛欲绝。海耶斯看着空空的帐篷，不禁思索此次轰炸普洛耶什蒂是否值得。迪坎普找到海耶斯，告诉他"小灰海豚"号返航后，他用测量棒测量了一下油箱里燃油储量，发现油箱底是干的，海耶斯心想："我们已经尽了最大努力了。"

　　史密斯回忆返航后心里十分悲伤："我感

"哥伦比亚万岁"号，1943 年 8 月 2 日，塞浦路斯。

"黛西·梅"号左侧水平尾翼和垂尾被防空炮火打出的大洞。

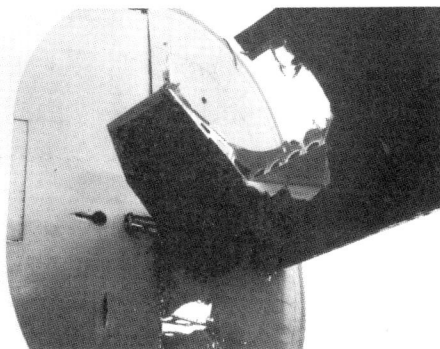

到失去了很多挚友，我应该感谢上帝，我也觉得应该感谢拉姆齐·波茨，告诉他我从心里认为他是一名优秀的飞行员。"

霍尔特返航之后整个早上都想好好休息，但是他的神经太紧张了，他的领航员已经被送往医院，《星条旗报》的记者后来将霍尔特的照片刊登在报纸上，称其为"第一位携带美国国旗在罗马尼亚上空飞行的飞行员"。

巴威尔在没有得到上级允许的情况下，执行多次任务，毕竟他来到这里是教授射击的，而不是参加作战行动的。也许是因为回来后太累了，他在汇报完任务报告后迷迷糊糊地把自己名字列在了执行任务名单里，这份文件传回总部后，巴威尔接到了命令，要求向位于开罗的皇家空军总部报告，他会因为未经授权与美

国人一起飞行而受到惩罚。

返航的众多机组成员还在休息时，这次行动中拍摄的照片陆续冲洗出来了，第98轰炸机大队的伯根回忆说看到两个巨大的罐子里面盛满了照片，罐子里面放的是显影剂，随着照片在阳光下被晒干，这批照片被紧急送往第九航空队总部，用于评估此次任务的轰炸效果。

这些照片拍摄出的画面令人难以置信，很多照片显示普洛耶什蒂附近的炼油厂浓烟和大火肆虐，也有一些照片捕捉到了一些B-24正穿过浓烟，还有一些照片显示有些B-24已经起火或坠毁，乔斯维科是唯一一名受过专业训练且平安返回基地的摄影师，他花了一整天时间来回忆照片的拍摄地点，出自他手的照片还容易些，其他人拍摄的照片他几乎无法确定照片拍

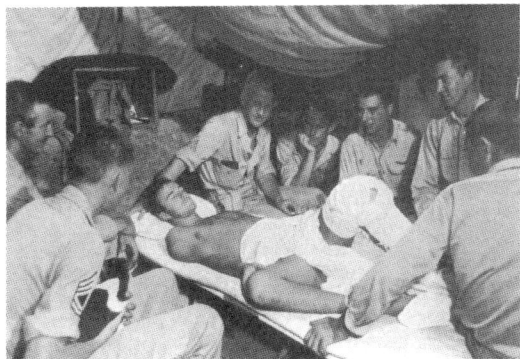

"黛西·梅"号投弹手吉多·吉奥加纳，他似乎失去了右臂。

某一架B-24机身上被防空炮火打出的大洞。

摄地点。

地勤人员花费整晚的时间来检修轰炸机，有些轰炸机损伤严重，能平安返回基地简直就是奇迹。有些轰炸机上找到了一些很奇怪的东西，奥尔回忆说："地勤人员告诉我，他们在一个发动机短舱内居然发现了一只死鸡。"另外一些地勤人员忙着清理炸弹舱内的玉米秆，这些玉米秆是轰炸机在进行超低空飞行时刮进炸弹舱内的，有几架轰炸机的螺旋桨桨梢已经被粉碎的玉米秆飞溅出的汁水染成绿色，必须重新刷漆防止腐蚀，这些地勤人员根本不敢相信轰炸机能飞得这么低，感觉飞机是在田野上拖着肚子在地面滑行。

奥普萨塔回忆：

第二天清晨，我们来到停机坪检查我们的飞机。"毒刺"号已经变成了一堆残骸，顶部炮塔布满弹孔，双联装机枪在撤出普洛耶什蒂上空时已经被打坏，但飞机抵达南斯拉夫海岸线时我们修好了一挺，摄影舱舱门上留下的大洞足以爬过去一个成年人，机身上还有数不清的弹孔，都是高射机枪和高炮留下的，幸好驾驶舱和机鼻部分还算完整。

斯图尔特上尉和几名机组成员检查"犹他男人"号，他们站在那里看着这架全身布满弹孔的轰炸机，随后转向飞机右侧查看。他们盯着扭曲的机翼忍不住摇头，有一名机组成员问斯图尔特上尉："机长，你有没有想过当时在普洛耶什蒂穿过那条街的对面可能有高压线。"斯图尔特上尉回答得干脆利落："想都没想过！"

当斯图尔特上尉听到自己的挚友罗珀上尉驾驶的"怪物终结者"号坠毁的消息后，他无比沮丧，直到他回到英国后心情才逐渐好转，他后来在回忆录中写道："在战斗中是无法思考的，直到平安归来后才有时间仔细思考之前发生的事。"

"迷人的女巫"号在地中海海面迫降后，幸存的机组成员挤在救生筏上度过了艰难的一夜，领航员鲍威尔尽自己最大努力为大家讲笑话，试图鼓舞士气并对受伤的战友进行急救。清晨5时25分，他们隐约听见了飞机发动机的声音，那是一架英国"惠灵顿"式轰炸机。英国皇家空军很早就出动了，一直在寻找那些在地中海迫降的轰炸机机组成员，那架飞机从救生筏上空飞过时晃动了机翼，告诉他们已经发现你们了，救援马上就到，然后向他们空投了饮

"咕咚咕咚"号右侧机翼，在普洛耶什蒂上空该机被防空气球下方的钢索击中造成右翼翼梁受损。

这架 B-24 水平尾翼前缘在飞机超低空飞行时被大树击中，蒙皮表面明显和其他地方看起来不一样。

第 93 轰炸机大队第 330 中队 B-24D "犹他男人" 号，经过此次血战，飞机上共有 376 个弹孔，返回基地后被修复一新。随之更名为 "乔西弹跳" 号（JOISEY BOUNCE），1943 年 11 月 23 日，该机在德国不来梅市上空执行任务时与另一架飞机相撞后坠毁。

用水、食品和烟雾弹。

"惠灵顿" 式轰炸机在救生筏上空盘旋一段时间后就返回了基地，不一会儿另一架飞机又出现在救生筏上空盘旋，19 时 30 分，一艘摩托艇出现在附近，将所有幸存者接到摩托艇上，在大海上漂了将近 30 个小时后，他们终于在距离迫降点 48 公里的地方被己方人员救起。

"蛇眼" 号的机组成员在西西里岛的一家英国医院里度过了一夜，早餐后，他们几个人聚在一起商量着如何返回北非基地，哈恩少校提出乘坐 "黑杰克" 号返回北非基地。在为

"黑杰克" 号维修和加油的过程中，他们仔细打量了 "蛇眼" 号。返回基地之前，他们拍了不少照片，又去当地的农场 "以物换物" 疯狂购物，花了一美元买了尽可能多的柠檬，把这些农作物全部搬到飞机上。

英国人为 "黑杰克" 号加满了燃油，足够飞机飞到马耳他。经过必要的检修和加油后，"黑杰克" 号离开西西里岛飞往北非基地，22 时 47 分，黑杰克" 号平安降落在北非基地，圆满完成此次轰炸普洛耶什蒂炼油厂的任务。

在土耳其马纳夫加特附近的沙滩上，"哈

"咕咚咕咚" 号被高炮击毁的顶部炮塔，机枪射手詹姆斯·范·内斯阵亡。

带着满身伤痕返航的 B-24 "毒刺" 号机尾特写。

德利的后宫"号上幸存的机组成员挤在一起，看着朝阳从东方缓缓升起，在没有任何帮助的情况下度过了难熬的一夜。佩奇花了整晚时间试图让当地人明白他们是美国人，应该允许他们联系附近的美国领事馆。第二天中午11时整，佩奇等人听到了远处飞机发动机的轰鸣声，原来是一架从塞浦路斯起飞的英国"惠灵顿"式轰炸机，佩奇等人看到轰炸机后立即挥舞手中的帽子和救生衣，试图吸引英国飞行员的注意。这架"惠灵顿"式轰炸机在他们的头顶上盘旋，晃动着机翼，随后扔下来一个罐子，里面的纸条上写着他们是不是B-24机组成员，佩奇立刻用石子在沙滩上写下答案，但是英国飞行员看不清写的是什么，随即又扔下一个罐子，经过几次询问和回答，英国飞行员确定佩奇等人就是等待救援的B-24机组成员，随后向附近基地发送电报"7名幸存者，需要救援"。

这架"惠灵顿"式轰炸机晃动机翼之后向海面呼啸飞去，大约20分钟之后又飞回到沙滩上空，飞过土耳其士兵头顶时打出了一颗红色信号弹，这种明显的敌对行为让一名土耳其下士感到异常紧张，他命令将佩奇等人押上一辆牛车，准备离开沙滩，但"惠灵顿"式轰炸机死死咬住他们不放，继续在上空盘旋，每次飞过头顶都会打出一颗红色信号弹，局势似乎更加令人感到紧张。

没过一会儿，佩奇就发现海面远处驶来一艘快船，正朝着他们快速驶来。他和霍尔韦格走在队伍后面放慢速度，试图拖延时间。快船停靠岸边之后，下来一小队英国士兵，领头的告诉土耳其人，他们是专门过来解救美国机组成员的，怕事的土耳其人答应了英国人的要求，但前提是前往内陆，尽量远离海滩。

土耳其人将佩奇等人装上牛车后，送往马纳夫加特，一路上英国人都在照顾伤员，佩奇等人抵达马纳夫加特后，当地群众对这帮陌生人很好奇，他们拿来一些食物招待这群陌生人，佩奇等人已经饿坏了，接过食物后狼吞虎咽地吃起来。

英国人要求受伤的机组成员必须回到船上，但土耳其人断然拒绝。英国人则解释，既然他们是在海面上迫降的，按照国际法他们就应该转交给来营救他们的人，但土耳其人可不懂这些，他们认为手里面攥着七名美国飞行员总比没有强，他们说英国人可以走，但是这七名美国"客人"必须留下。

一周之后，七名机组成员被送到安卡拉，佩奇给妻子写了一封信，虽然信里没有提到具体地址，但佩奇说自己现在很安全，信里特别提到如果一切顺利，自己应该能在感恩节吃到很多的"火鸡"。佩奇的妻子收到信后，立刻明白自己的丈夫一定身在土耳其。

"哈德利的后宫"号的机组成员并不是被土耳其拘留的唯一一批。在伊兹密尔，美国副领事埃利斯·约翰逊（Ellis Johnson）正忙着照顾新来的美国飞行员，他后来证实，有两架B-24机组成员留在伊兹密尔，他们还为穆尼安排了一场葬礼。穆尼的战友获准可以参加此次葬礼，下午晚些时候，美国副领事约翰逊接到了土耳其军方的电话，土耳其方面追授穆尼中尉一枚勋章，凡是参加葬礼的美国军人均可身穿美国军队制服。

当地时间下午5时30分，悼念阵亡美军官兵的队伍开始游行，由弹药箱做成的棺材上披着星条旗，穆尼领导的机组成员跟在棺材后方，随后是詹姆斯的机组。葬礼按照美国国葬的传统路线进行，在行程的最后，棺材被转移到一辆灵车上，前往位于伯尔诺瓦乡的一处英军公墓。墓地中的仪式由威斯科特博士主持，穆尼中尉带着现场所有的尊敬和同情被安葬在土耳其，仪式结束后，土耳其仪仗队鸣枪三声。

此次葬礼还引起了国际外交政治争端，德国驻土耳其大使弗朗茨·冯·帕彭（Frans von Papen）向土耳其政府提出抗议，理由是游行队伍经过德国大使馆时打出了美国国旗，美国国旗几乎和德国国旗碰在一起，这是对德国人民的侮辱，更何况美国人刚刚轰炸了德国最重要的炼油厂。帕彭还指出，土耳其政府允许美国军人下葬在中立国是侵犯人权，土耳其政府针对德国的指责进行抗议，但并未采取什么措施安抚德国。

贝克上尉及其机组成员花了将近一天时间乘坐火车赶到安卡拉，他在车上仔细回忆了战斗和撤离的全部过程，就像电影一样在脑子里过了一遍。土耳其人在审问他们后，还让他们去洗了个澡。刚开始时，贝克上尉在浴池里泡着热水，一名肌肉发达的土耳其服务员手里拿着刷子和香皂走了进来，尽管贝克上尉对他说："请离开这里，你这只大猴子。"但这名服务员还是拿起刷子和香皂为他搓澡，尽管结束后贝克上尉感觉自己脱了几层皮，但真的舒服。

共有76名美国机组成员被土耳其政府扣押，但是在安卡拉的日子还算比较自由，虽然土耳其当局对他们的态度并不友好，但并未为难他们。在英国情报部门和大使馆的帮助下，不少人开始尝试逃亡，他们中的大部分人都逃离了土耳其人的控制，不少逃亡的故事在今天看来还是颇为惊险和刺激，如果能拍成电影相信一定会很精彩。

布加勒斯特的证券交易所在周一照常营业，由于大宗交易集中在石油，因此美军轰炸普洛耶什蒂之后，所有关于石油的交易全部暂停，炼油厂实际受损程度是最大的未知数，交易无法开放。证券交易所在开始营业10分钟后就不得不关门休市了。

美国轰炸机编队出现在普洛耶什蒂上空后，格斯滕贝格将军就变成了大忙人，手下陆续向他报告各个炼油厂的受损情况。高炮部队痛击美国轰炸机的消息迅速传往柏林，戈林向格斯滕贝格发出一封贺电表示祝贺，但后者认为，既然美国人愿意付出如此巨大的代价来轰炸普洛耶什蒂，说明这里十分重要，美国人可能随时杀一个回马枪。考虑到这一点，格斯滕贝格下令所有人要保持警惕。

周一下午晚些时候，普洛耶什蒂周围的大火要么已经熄灭，要么已经得到了控制。德国

一架 B-24 受损机翼特写。

"哈德利的后宫"号幸存机组成员在土耳其被拘押时的合影，旁边是土耳其士兵，时间为1943年8月2日。

人很快开始了清理工作，他们让苏联战俘来到普洛耶什蒂附近进行清理。石油生产转移到那些没有遭受轰炸的炼油厂，为了能让石油尽快地开采出来，首先修复的就是输油管主干道。

虽然德国人已经尽了最大努力，但坎皮纳附近的大火还在燃烧，炼油厂附近的几个街区已经被大火烧毁，坎皮纳上空附近的黑色浓烟还要继续笼罩好几天。埃卡特琳娜公主继续营救美国机组成员，不得不说一句，埃卡特琳娜公主的姐姐伊莲娜·瑟尔布（Elena Sarbu）在美军空袭中身亡。瑟尔布由于之前支持盟军而被德国人投入监狱，该监狱恰好是"乔奥·卡里奥卡"号撞向的普洛耶什蒂女子监狱，瑟尔布死于此次撞击中。埃卡特琳娜公主确认了瑟尔布的遗体，继承逝去亲人的意志。

马歇尔·奥特雷斯（Marshall Autores）查看了几处B-24迫降地点，美国陆航此次轰炸普洛耶什蒂炼油厂的任务让德国人和罗马尼亚人有机会近距离接触B-24重型轰炸机。有三架B-24在着陆时机体状态相对完好，"啤酒厂货车"号迫降时机腹炸弹舱舱门被压碎，"白鬼酒吧的少女"号迫降时由于速度较快，机身撞击地面后向上弹起了几次，飞机在滑行时撞击到铁轨，起落架全部折断，受损严重。"锅炉制造者II"号是三架中状态最好的一架，仅是机鼻受损，另外机身被防空火力打出若干个弹孔。奥特雷斯下令修复"锅炉制造者II"号，修理工作于9月6日开始，直到12月才结束。"锅炉制造者II"号终于飞出了玉米地，飞行员为罗马尼亚试飞员亚历山大·菲尔姆（Alexander Firm），他将这架轰炸机飞到布拉索夫（Brasov）附近的IAR工厂重新进行粉刷和测试。

凯恩上校在塞浦路斯降落后，在一名英国皇家空军医生的房间里睡着了，他后来写道：

我朦胧中听到一个声音呼唤我，我恢复了意识，这名医生给我烧了热水，还把剃须刀借给我，好好刮了胡子之后，我感觉自己才像个正常人，我很感谢他能把床让给我，而不是让我睡在地板上。他和我说，如果想吃早餐可要抓紧时间起床了。

凯恩上校想尽快返回北非基地，但问题是飞机现在需要修理，"哥伦比亚万岁"号受损极为严重，已经无法进行维修。在吃过早饭后，凯恩上校乘车回到"哥伦比亚万岁"号旁边，大部分机组成员都在飞机周围转来转去，查看飞机的受损情况。"宝贝"号上的领航员沃伦菲尔茨拿出相机，为"哥伦比亚万岁"号机组成员拍了一张合影。

"希特勒的灵车"号飞行员罗伯特·穆尼中尉葬礼现场照片。

凯恩上校走向"哥伦比亚万岁"号后，仔细察看了一下座机的状态：

飞机停在两个碎石坑之间，前起落架和右侧主起落架已经断裂，只留下一根支柱撑在

地面上。螺旋桨已经从发动机上脱落，露出了里面的齿轮。由于飞机发动机在普洛耶什蒂上空被炮弹直接命中，因此部分气缸也损坏了，发动机短舱也破损了，左内侧发动机也已经损坏。一个螺旋桨扇叶被炮弹打出一个洞，足以

以上两图为罗马尼亚人正在玉米地里修复受损的"锅炉制造者 II"号。

穿过一枚银币，着陆时扇叶在地面的撞击下向后弯曲，整个螺旋桨在失去平衡的情况下引起了振动，但发动机状况还算良好。

整架飞机布满弹孔，飞机上没人受伤简直就是奇迹。我数了数，20 毫米口径和 40 毫米口径炮弹留下的弹孔大概有 20 个，子弹留下的弹孔不计其数，一侧机翼已经被弹片严重损毁，我们没有受伤，飞机还能坚持飞行这么远，简直不可思议。

"哥伦比亚万岁"号已经完成了自己的使命，降落在塞浦路斯后几乎没有修复的可能，是时候让她退役了。我让机组成员把机枪等能用的零部件拆走，最后一次拍了拍机身，然后我转过身去，不让其他人看到我眼中的泪水。

"宝贝"号的机组成员正在找合适的发动机和替换的保险丝，除了螺旋桨控制马达，飞机其他零部件状态似乎都还不错，沃伦菲尔茨回忆："我的太阳镜丢了，所以我返回机鼻进行寻找。当初穿上防弹衣的时候，太阳镜从鼻子上脱落，滑到领航员工作台后面裸露的电线旁边，把保险丝弄短路了。"乔伊斯回忆："我们的飞行工程师把凯恩上校座机上好的螺旋桨控制马达拆下来替换到我们的飞机上去。"只需要加满油，"宝贝"号就能飞回北非。

斯特恩菲尔斯及其机组成员被安置在一家旅馆里，"虽然条件不太好，但好赖有张床"，他们需要的就是一张舒服的床。几乎所有机组成员都被当地蚊子咬得满身包。吃过早饭之后，他们前往机场检查"睡魔"号的受损情况。

机组成员清理了"睡魔"号炸弹舱和发动机舱的玉米秆，机枪射手伯伦还隐约记得，当塞浦路斯的英国人知道他们飞得有多低时，都认为这帮"美国佬"简直就是疯了，因为飞机上的玉米秆证明了一切。

除了缺少电线扎带和燃油外，"睡魔"号状态良好，斯特恩菲尔斯后来在回忆录中写道："没有加油车和加油泵，只有 18 升的罐子，每个罐子里面只有 15 升燃油，我们只能爬梯子将一罐罐燃油倒进机翼油箱内。"

下午三点钟时，大部分能起飞的轰炸机已经起飞，他们奉命先飞往巴勒斯坦，在特拉维夫停留八小时后，再飞往北非基地。由于凯恩上校没有飞机，因此只能将机组成员分散乘坐其他轰炸机完成这次旅行。

经过三个小时的飞行，"睡魔"号全体机组飞抵特拉维夫，普洛耶什蒂上空的勇士们受到了热烈的欢迎。他们被安排在红十字会大楼附近的一家当地酒店里，洗完澡后，他们被带到红十字会参加聚会，伯伦回忆起当时的情景："我们吃了桃子罐头和三明治，喝了可乐和咖啡，当我开始吃东西时，突然感到很恶心，我去找了红十字会护士，告诉她我身体不舒服。她给我量了量体温，告诉我应该去医院。"伯伦乘坐"睡魔"号完成了第一次作战任务，但却在塞浦路斯由于跳蚤叮咬患上了沙蝇热。

第九航空队司令部花了整整一天时间想搞清楚轰炸机编队在普洛耶什蒂上空的情况。和往常一样，周一早上，司令部对前一天的轰炸任务进行评估和复盘，找出不足之处和问题所在。傍晚时分，此次轰炸普洛耶什蒂的照片被送到司令部，交到高层手中，以便进行目标损伤评估，各个轰炸机大队的伤亡报告也陆续提交上来。到目前为止，各轰炸机大队的情况并不乐观，因为当时还不知道有部分轰炸机降落在西西里岛、塞浦路斯等地方。

恩特准将对任务没有按照预期计划进行赶

已经被罗马尼亚人修复一新的"锅炉制造者Ⅱ"号。

到遗憾，如此高的伤亡率已经超出了他可以接受的范围，浏览过报告后，他发现自己派出的整整5个轰炸机大队现在只有33架轰炸机能够投入使用，第九航空队轰炸机部队已经丧失作战能力。

周一晚间，布里列顿上将将此次行动的报告发给华盛顿，报告依据的是已经洗出的照片所作出的评估。如果想更准确一些，必须飞到普洛耶什蒂上空进行侦察，南非空军第60中队负责此次任务，周二一大早，一架"蚊"式轰炸机从北非基地起飞，前往普洛耶什蒂进行低空侦察和照相。

西边的太阳已经缓缓落下地平线，沙漠笼罩在一片黑暗中。或许"毒刺"号飞行员奥普萨塔能将鏖战过后的平静总结得最好：

我们在灯光昏暗的帐篷中享受着晚餐。作为特别的款待，我们吃了很多新鲜的煎蛋，我已经想不起来当时还吃了什么，但煎蛋让我印象深刻。离开美国两年的日子里，我很少能吃到煎蛋。

疲惫、疼痛的身躯需要休息，可是一闭上眼睛，白天的战斗场面就不断从脑海里涌现，似乎在讲述一个令人难以置信的梦。昨天还在罗马尼亚上空激战，今天却有很多笑容消失了，完全消失了。活下来的人到了明天还是原来的老样子，但在我们的内心，对于生和死的看法从没改变。

对于在轰炸普洛耶什蒂中幸存下来的人来说，星期一是他们穿过鬼门关后的第一天。即使战争结束后，只要一提到普洛耶什蒂，这些曾经参加过"浪潮"行动的老兵脸上都会流露出骄傲的神情，这可是第二次世界大战中最惨烈的低空轰炸任务！

参加完"浪潮"行动的"哥伦比亚万岁"号机组成员合影。

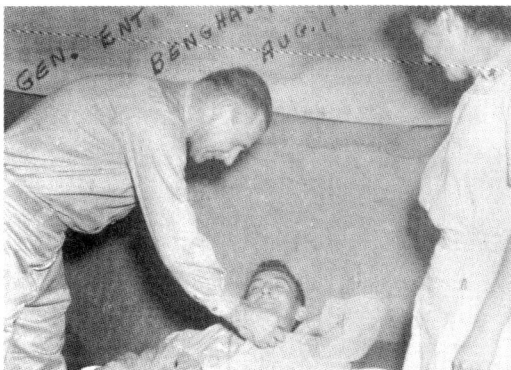

1943年8月3日，恩特准将为"小朱海德"号投弹手博伊登·苏皮亚诺颁发紫心勋章。

1943年8月1日普洛耶什蒂地区伤亡情况

	死亡	受伤	总数
德国军队	3	19	22
罗马尼亚军队	12	29	41
罗马尼亚平民	80	170	250
总数	95	218	313

罗马尼亚方面报告落弹数量

	普洛耶什蒂	坎皮纳	布拉齐	其他	总数
高爆炸弹	217	131	52	100	500
未爆炸炸弹	22	11	2	—	—
燃烧弹	1430	2000	90	763	4283
未爆炸燃烧弹	430	500	—	—	—

第十四章　终　章

"浪潮"行动是美国陆航针对普洛耶什蒂附近炼油厂发起的第二次轰炸，但绝不是最后一次。此次行动的策划者们曾希望他们能大胆地改变高空轰炸的作战模式，采用高精度低空轰炸对目标进行彻底的打击，但高昂的伤亡率让日后试图采用低空轰炸的作战方式成为泡影。

1943年9月，特别情报报告第43—15号中写道："……本次行动摧毁炼油厂的核心部分，使之彻底失去产油和储油能力。""浪潮"行动计划轰炸普洛耶什蒂周边9个大中型炼油厂，这些炼油厂每年大约能开采和提炼859.5万吨燃油，这一数值已经占到罗马尼亚全国一年产油量的90%。

9个大中型炼油厂中有3个炼油厂此次并未遭到轰炸，被轰炸的6个炼油厂中有3个炼油厂产能下降了100%，总产能下降至392.5万吨，或者说经过此次轰炸行动，总产量已经下降了54%，这一数值不到任务预期希望值的一半。

康科迪亚·维加炼油厂（"白色II"）在第93轰炸机大队的轰炸下产油量下降15%，直到1943年9月中旬，康科迪亚·维加炼油厂才恢复到8月前的水平。阿斯特拉·罗马纳炼油厂（"白色IV"）是此次行动中最大，也是最重要的目标，在第93和第98轰炸机大队的前后夹击下，该炼油厂产量下降了50%。由于厂区内存放了大量备用设备，虽然在轰炸中损失惨重，但很快被修复一新，几个月后的产量甚至超过了8月之前的产量。哥伦比亚·阿奎拉炼油厂（"白色V"）在轰炸前产量为53.5万吨，8月1日当天该厂正进行设备维护和维修，第93和第44轰炸机大队的"到访"使其生产停止了整整11个月。克莱迪图·米尼尔炼油厂（"蓝色"）

这张照片拍摄于"浪潮"行动结束的几天之后，从左到右依次为第44轰炸机大队指挥官利昂·约翰逊上校，第93轰炸机大队指挥官乔治·布朗（艾德森·贝克上校已经牺牲），第376轰炸机大队指挥官康普顿上校，第389轰炸机大队指挥官杰克·伍德上校，而第98轰炸机大队指挥官凯恩上校此时还在塞浦路斯。

左侧为利昂·约翰逊上校，右侧为约翰·凯恩上校，两人被授予荣誉勋章，中间为恩特准将，他被授予杰出服务十字勋章。

在第44轰炸机大队的打击下已经完成失去生产能力，这座炼油厂直到战争结束也没流出一滴航空燃油。斯泰瓦·罗曼纳炼油厂（"红色"）是当时罗马尼亚第二大炼油厂，在第389轰炸机大队的轰炸下，该厂产量下降100%，直到12月中旬才陆续恢复产能，但直到战争结束，该厂产量始终没能超过1943年8月之前的产量。

虽然战果与预期相比仍有差距，但轰炸普洛耶什蒂行动依旧给轴心国心理上带来了极大的震撼。此次行动第九航空队出动了178架轰炸机，但实际上最后只有127架轰炸机被真正认定为有效出击，有效出击的轰炸机必须将所有炸弹悉数投到目标上空。考虑到第376轰炸机大队只有阿波尔德少校率领的小队对维加炼油厂进行轰炸外，第376轰炸机大队其他轰炸机几乎没有实际参与到轰炸普洛耶什蒂任务中。所有轰炸机投下的170吨炸弹造成普洛耶什蒂周围炼油厂燃油总产量下降了54%。

第九航空队付出的代价是什么呢？此次行动第九航空队共派出178架轰炸机，共损失54架，其中41架被高炮和敌机击毁，6架因为机械故障或操作失误相撞坠毁，7架被土耳其政府拘留。返航的89架轰炸机中，有55架受损极为严重。有13架轰炸机在行动过程中因为机械故障被迫返航。执行完轰炸任务后，有28架轰炸机降落在盟军控制的区域，其中9架在西西里岛，7架在马耳他，12架在塞浦路斯。178架B-24轰炸机中共有1753名机组成员，任务结束后，第九航空队共失去516名陆航队员，其中76人被土耳其拘留，132人被罗马尼亚和保加利亚拘留，不少人因没有得到及时救治而死亡。

如此巨大的伤亡代价换来普洛耶什蒂周围炼油厂产油量下降54%是否值得，史学界一直争论不休，但大部分学者认为值得。此次轰炸普洛耶什蒂使纳粹德国在一段时期内获得的燃油数量显著减小，尤其是德国空军迫切需要的航空燃油。航空燃油的缺失会导致德国本土训练飞行员的进度变缓，另外也会影响德国空军的进攻势头。在"浪潮"行动之前，只要盟军轰炸机进入德国领空，德军战斗机几乎立即出现拦截，随着航空燃油储备的降低，德国空军无法像之前一样可以迅速起飞拦截来犯敌机，"浪潮"行动最大的贡献应该是对德国空军的航空燃油储备造成了较大影响。

"浪潮"行动之后，格斯滕贝格将军立即在普洛耶什蒂周围部署了更多的高炮部队，但这些部队以及配套物资是从防御德国本土的部队中抽调的，此举无疑削弱了德国本土的防御力量。"浪潮"行动也给德国人心理上造成了极大冲击，美国对于轰炸普洛耶什蒂尚且能投入如此之多的轰炸机，那就代表其后备力量可能更加强大，最让德国人印象深刻的是一波

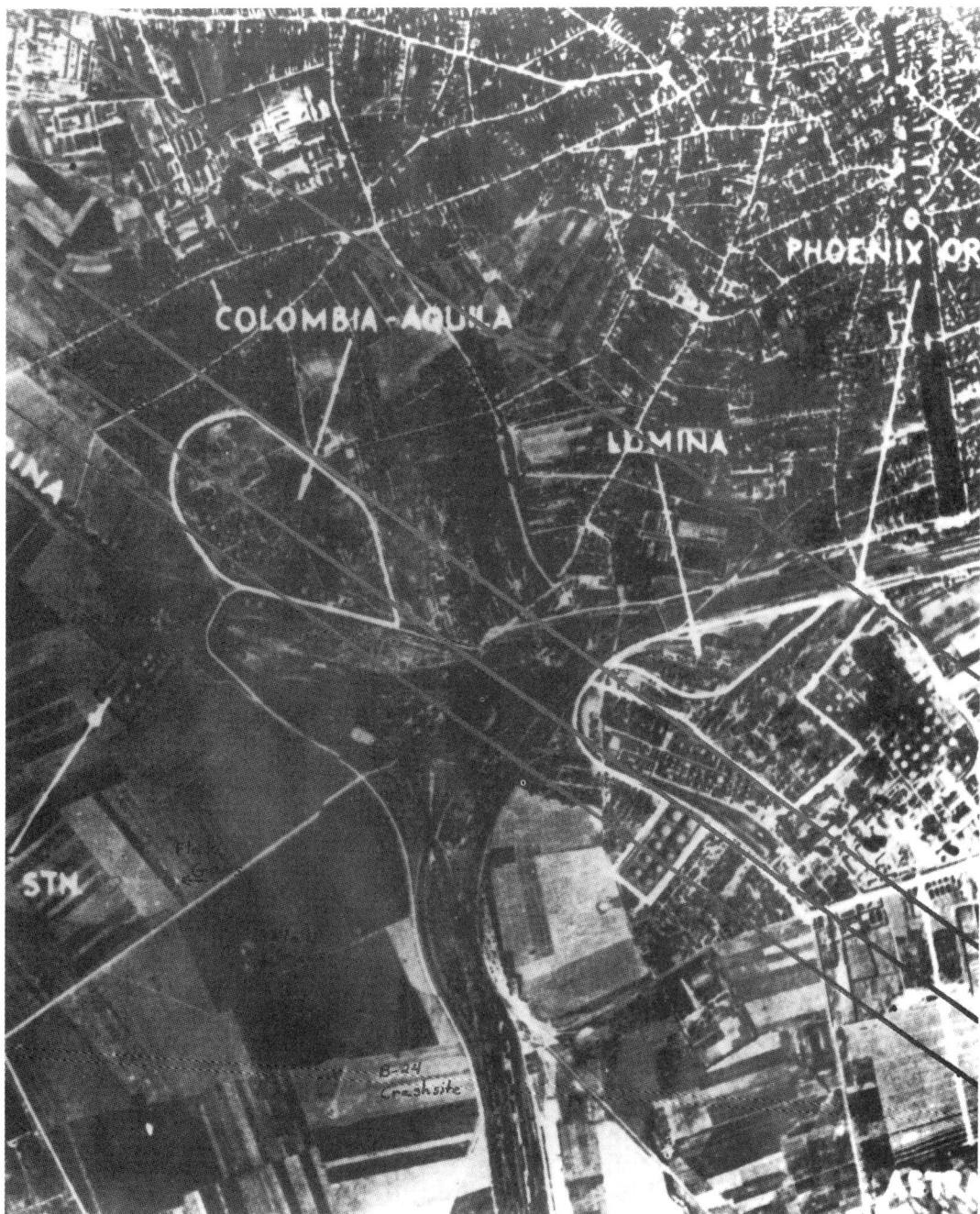

遭到第 44 轰炸机大队和第 98 轰炸机大队轰炸后的普洛耶什蒂侦察照片，照片中能看到几个高炮阵地以及 B-24 "啤酒厂货车"号迫降地点。

波轰炸机从不同方向猛扑普洛耶什蒂各个炼油厂，向着目标发起猛攻。

第九航空队此次轰炸完普洛耶什蒂之后，根据上级的部署和安排，开始重点打击德国的飞机制造工业，以此削弱德国空军力量。1943 年 8 月 13 日，第九航空队参加"杂耍"行动，从班加西出动114架B-24轰炸机飞往维也纳南部的维也纳新城（Wiener Neustadt），轰炸当地

北

0 _____ 10英里
0 _____ 10公里

坎皮纳

③③ ③①

⑧ ⑭ ⑰ ⑱ ⑲ ⑳ ㉒ ㉓ ㉔ ㉕ ㉗
普洛耶什蒂城内

⑨

⑪ ⑬
普洛耶什蒂

⑩

㉞

⑯ ①

㉚ ㉑
㉖

⑮ ㉙

㉘

⑤

㉜

④

③

②

⑦
皮亚特拉 - 奥尔特
(70公里)

⑥

⑫

布加勒斯特

	B-24	飞行员	坠毁地点
第44轰炸机大队 ●	1 "顽强Ⅱ"号	罗兰·金特里	贝尔塞尼
	2 "爱打架的人Ⅱ"号	托马斯·克里夫纳	科乔克
	3 "雪失鬼Ⅱ"号	汉克·拉帕科	布蒂马努乡
	4 "温-丁格"号	乔治·温格	波耶纳里布尔基乡
	5 "撒旦的地狱猫"号	罗兰·休斯顿	布拉齐
	6 "季·艾布纳"号	沃登·韦弗	维希纳乡
	7 "G.I.加仑"号	埃尔默·莱因哈特	皮亚特拉-奥尔特
第93轰炸机大队 ●	8 "地狱少妇"号	艾德森·贝克	普洛耶什蒂
	9 "欧洲季风"号	伊诺克·波特	普洛耶什蒂
	10 "地狱天使"号	罗尹·哈姆斯	基什奥拉尼
	11 "女士上衣"号	威廉·米汉	普拉霍瓦县
	12 "矮胖子"号	米尔顿·特尔策	奥格雷泽尼乡
	13 "棒球衫"号	沃西·朗	普洛耶什蒂
	14 "乔·奥-卡里奥卡"号	尼古拉斯·塔普里斯	普洛耶什蒂
	15 "白鬼酒吧的少女"号	休伯特·温布尔	斯特雷霍尼俞
第98轰炸机大队 ●	16 "公驴的毛线衫"号	约翰·麦克劳	贝尔塞尼
	17 "玛吉"号	克劳伦斯·古登	普洛耶什蒂
	18 "四眼"号	劳伦斯·哈德科克	普洛耶什蒂
	19 "靴子"号	劳尔斯·墨菲	普洛耶什蒂
	20 "跟随者"号	拉尔夫·辛奇	普洛耶什蒂
	21 "粗俗的处女"号	华莱士·泰勒	罗马涅什蒂
	22 "猿琐"号	塞缪尔·尼利	普洛耶什蒂
	23 "永远的菲利克斯"号	奥古斯特·萨弗洛	普洛耶什蒂
	24 "凯特·史密斯"号	詹姆斯·迪兹	普洛耶什蒂
	25 "利尔·乔"号	林德利赫西	普洛耶什蒂
	26 "老秃子"号	约翰·多雷	科莱特拉乡
	27 "风卩"号	拉马托马斯	普洛耶什蒂
	28 "锅炉制造者Ⅱ"号	特德·海林	特雷斯蒂耶尼
	29 "银图"号	爱德华·麦奎尔	伯尔克内什蒂

第376轰炸机大队 ●	30 "啤酒厂货车"号	约翰·帕姆	特特拉尼乡
第389轰炸机大队 ●	31 "渴望之鹰"号	劳埃德·休斯	坎皮纳
	32 "大负荷"号	梅尔文·尼夫	雅洛米察
	33 "三明治"号	罗伯特·霍顿	坎皮纳
	34 "查塔努加火车"号	罗伯特·奥莱利	内德莱亚

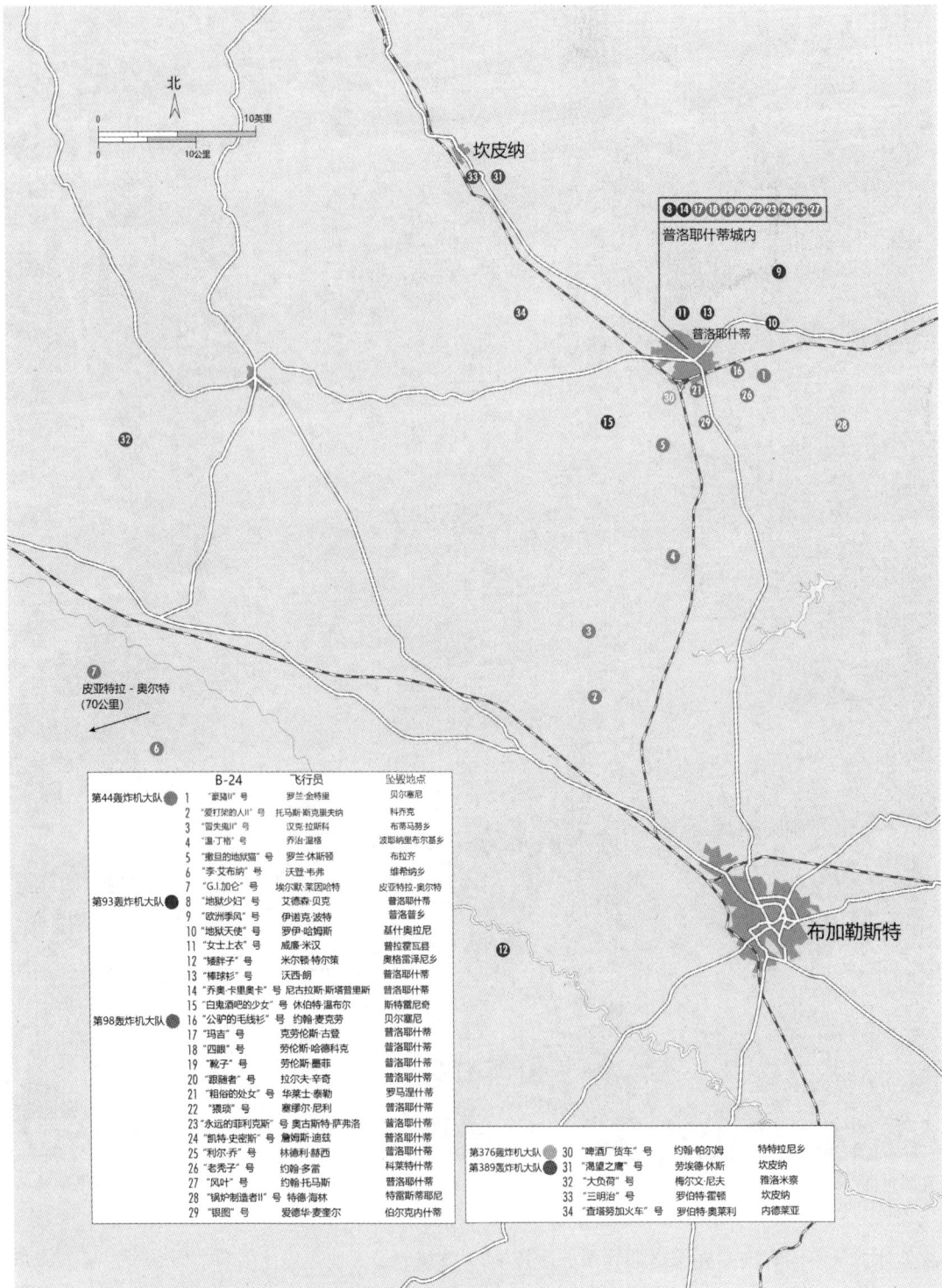

"浪潮"行动中被击落的B-24轰炸机绰号、飞行员以及坠毁地点。①

_____

① 该图援引自Steven J Zaloga. Ploesti 1943: The Great Raid on Hitler's Romanian Oil Refineries, Osprey Publishing, 2019：86.

1943 年 8 月 1 日第九航空队伤亡情况

	损失轰炸机数	拘押轰炸机数	死亡/失踪	被俘/拘押	人员损失总数
第 44 轰炸机大队	9	2	43	50	93
第 93 轰炸机大队	11	2	90	47	137
第 98 轰炸机大队	21	—	144	51	195
第 376 轰炸机大队	2	1	12	18	30
第 389 轰炸机大队	4	2	19	42	61
总数	47	7	308	208	516

轰炸结束后的哥伦比亚·阿奎拉炼油厂：1. 已经被摧毁的裂解厂；2. 被摧毁的锅炉房；3. 被炸弹命中的压缩机房；4. 被摧毁的储油罐；5. 被炸弹炸毁的房屋。

已经被彻底摧毁的克莱迪图·米尼尔炼油厂，直到战争结束，这座精炼厂再也没有产出一滴油。

的梅塞施密特飞机制造厂。"杂耍"行动结束之后，三支来自英国的轰炸机部队陆续返回英国，重新加入第八航空队。作为"霸王"行动的一部分，1943 年 10 月，布里列顿上将的第九航空队司令部迁往英国，留在北非基地的部队并入总部位于突尼斯的第十二航空队。1943 年

11 月，两个轰炸机大队加入第十五航空队，随着盟军占领意大利萨勒诺（Salerno），第十五航空队随即移驻意大利，重点负责地中海战区的轰炸任务。

第十五航空队和第八航空队组成了日后的美国战略空军，前者在当时主要负责轰炸德国

图中站立在黑板旁边的是第 376 轰炸机大队诺曼·阿波尔德少校，他正向整个大队交代"杂耍"行动细节，"杂耍"行动是第九航空队在二战中执行的最后一次作战任务。

轰炸结束后的斯泰瓦·罗曼纳炼油厂，到了 12 月份，该厂产油能力下降了 100%，直到战争结束，该厂产油能力始终没有超过 1943 年 7 月的水平。

南部和奥地利的德国飞机制造厂。1944年2月，斯帕茨上将开始制订一系列针对德国炼油厂的作战计划，重点摧毁德国合成燃料工厂和罗马尼亚的炼油厂。1943年年底，普洛耶什蒂附近的炼油厂提供的高辛烷值航空燃油已经占到德国空军所需燃油的三分之一。在"霸王"行动（诺曼底登陆）之前，关于如何使用重型轰炸机盟军高层一直争论不休，艾森豪威尔坚持要将美国陆航任务重心从轰炸德国转移到支持"霸王"行动上来。

1944年3月，盟军高层建议使用重型轰炸机打击德国合成燃料工业，特别是汽油来源，为即将到来的诺曼底行动做准备，削弱德国陆军和空军的机动力量。艾森豪威尔的助手特德爵士认为德国合成燃料工业规模太大，需要经过长时间的轰炸才能将其彻底瘫痪。特德爵士

还补充道，如果将1944年4月至5月的作战任务集中到轰炸德法之间铁路网，阻止德军调兵加强法国沿海的力量，效果可能更明显，也就是说，要重点轰炸关键桥梁、隧道和调车场。特德爵士的想法得到了艾森豪威尔的肯定，但斯帕茨和他的助手们则希望继续轰炸炼油厂。

除了"霸王"行动之外，参谋长联席会议还要求轰炸机部队要参加"十字弓"行动，试图阻止德军发射V-1、V-2导弹攻击英国本土，所以参谋长联席会议不愿意批准斯帕茨的行动。不过参谋长联席会议确实批准了一些在罗马尼亚进行的作战行动，比如轰炸多瑙河附近的炼油厂和铁路到驳船的转运点，前者主要由英国皇家空军第205中队负责。

尽管盟军轰炸炼油厂的行动有所推迟，但第十五航空队已经陆续开始行动，准备重返

直到1944年4月，美国陆航再次将注意力转移到普洛耶什蒂。1944年5月31日，第十五航空队派出包括53架B-17和42架B-24的庞大轰炸机群对康科迪亚·维加炼油厂进行狂轰滥炸，共投弹1115.6吨，此次行动美国陆航共损失16架轰炸机，有13架是被地面高炮击落的。此图为1944年5月31日战斗场景。

普洛耶什蒂。为了防止盟军再次轰炸普洛耶什蒂，格斯滕贝格将军加强了普洛耶什蒂周边的防空力量，部署了超过250架战斗机，通过保加利亚、塞尔维亚进入罗马尼亚的航线周围也部署了将近100架战斗机，炼油厂周边的防空炮火也得到了加强，增加了更多的105毫米口径和88毫米口径的高炮以及更多的防空雷达。考虑到德军加强了普洛耶什蒂的防空力量，作为对抗，盟军轰炸机开始安装新型APS-15型轰炸瞄准雷达，可以在更高的高度提高轰炸精度，为了防止被德军战斗机拦截，盟军也开始派出护航战斗机进行全程护航。1944年年初，第十五航空队的护航力量还很弱小，P-47战斗机航程不足，而P-38战斗机虽然可以全程护航，但性能不

如Bf 109和Fw 190，但到了4月份，通过加挂副油箱以及P-51"野马"战斗机投入使用后，形势就发生了根本逆转。

从1944年4月5日开始，盟军将注意力再次转向普洛耶什蒂。5月18日，由于天气情况较为恶劣，原计划出动700架轰炸机，最后第十五航空队仅出动206架B-17和B-24对普洛耶什蒂进行轰炸，但轰炸结果并不好，仅有八枚炸弹落入罗美标准石油公司炼油厂。5月26日夜间，英国皇家空军再次出动74架轰炸机轰炸普洛耶什蒂。5月31日晚是战果最多的一次，第十五航空队出动481架轰炸机，轰炸了四座炼油厂，其中156枚炸弹命中康科迪亚·维加炼油厂，直接摧毁厂区锅炉房，导致该厂停产半个月，罗美标

1944年7月15日，美国陆航第十五航空队B-24轰炸机机群正在对普洛耶什蒂附近炼油厂进行轰炸。

1944 年 6 月 10 日，驻扎在意大利福查的第十五航空队第 82 战斗机大队出动 46 架 P-38，每架 P-38 挂载一枚 454 公斤炸弹以及 1135 升副油箱，长途奔袭 2000 余公里，直扑普洛耶什蒂罗美标准石油公司炼油厂。此次任务中，共有 25 枚炸弹命中，该厂停产大约一周，但损失较大，其中第 82 战斗机大队损失 10 架 P-38，负责护航的第 1 战斗机大队损失了 14 架 P-38。

1944 年 4 月 24 日，第十五航空队第 450 轰炸机大队一架 B-24 在空袭普洛耶什蒂时刹车系统被高炮击毁，飞机迫降时整个机鼻在巨大的冲击力作用下损毁严重，一头扎进土里。

准石油公司炼油厂被命中37枚炸弹，该厂停产一个月。

在前几次任务中，重型轰炸机执行的高空轰炸未能彻底摧毁普洛耶什蒂附近的炼油厂，因此第十五航空队决定在1944年6月10日出动P-38战斗机挂载炸弹执行一次低空轰炸，第82战斗机大队出动46架P-38，每架P-38挂载一枚454公斤炸弹以及额外的副油箱，第1战斗机大队负责护航。编队飞往普洛耶什蒂上空时，46架P-38只剩下38架，而第1战斗机大队负责护航的战斗机与负责拦截的德军战斗机立即陷入苦战，前者声称击落24架德军/罗马尼亚战斗机。此次任务中，共有25枚炸弹命中罗美标准石油公司炼油厂，该厂停产大约一周，但第十五航空队损失较大，其中第82战斗机大队损失10架P-38，负责护航的第1战斗机大队损失了14架P-38。

1944 年 8 月，第十五航空队第 449 轰炸机大队第 718 中队的一架 B-24J 正在轰炸普洛耶什蒂，普洛耶什蒂附近的炼油厂腾起冲天烟柱。

盟军情报部门通过破解拦截的德军情报，经过分析得出德国空军航空燃料开始短缺，其结果就是限制了德国空军在诺曼底登陆时的活动。6月8日，斯帕茨命令第十五航空队重点打击罗马尼亚境内炼油厂，当时罗马尼亚和匈牙利境内的60多座炼油厂大约已经有一半被摧毁。6月和7月的空袭目标已经扩展到储油中心和输油管线，英国皇家空军也开始打击多瑙河运输线，防止罗马尼亚通过河运向德国输送原油。

德国空军和罗马尼亚空军在1944年6月依旧保持活跃，在6月23日的任务中出动了198架战斗机，给盟军护航战斗机部队造成了极大损失，而德国、罗马尼亚两国空军被击落24架，其中罗马尼亚空军战斗机大队指挥官的4架座机就被击落了2架。6月下旬，第十五航空队改变策略，开始派出战机重点打击德军机场。德国空军除了战斗机损失外，最致命的就是经验丰富的飞行员数量正在逐渐减少，7月28日的任务中，德国和罗马尼亚空军仅派出48架战斗机拦截飞向普洛耶什蒂的盟军轰炸机编队。

虽然防御普洛耶什蒂的战斗机力量正在逐步削弱，但地面防空火力正在逐步增强。从1944年4月至夏季，普洛耶什蒂周围大口径重型

荣誉勋章获得者劳埃德·休伊中尉。

荣誉勋章获得者，第93轰炸机大队指挥官艾德森·贝克上校。

高炮数量从142门增至253门，这些火炮散布在19公里×26公里的区域内，大部分105毫米口径和128毫米口径高炮都安装在列车上，可以随时机动，列车上炮弹充足。在7月22日的任务中，212门高炮在两个小时内共打出4.6万发炮弹。8月9日夜间的任务中，英国皇家空军第205中队的61架"惠灵顿"、"解放者"和"哈利法克斯"轰炸机中有11架被击落，损失极为惨重。

1944年第十五航空队对普洛耶什蒂的空袭，虽然未能完全切断燃油的供应，但向德国方面的燃油供应已经大大减少。1944年之前，普洛耶什蒂月产燃油约26.9万吨，到了5月份，这一数字已经降至12

1944年夏季普洛耶什蒂高炮数量

口径	高炮连数量	火炮数量
75~76 毫米	9	36
88 毫米	53	153
105 毫米	10	40
128 毫米	6	24
总数	78	253

万吨，到了8月份降至8.4万吨，基本上已经无法将燃油输送到德国本土。8月30日，苏联红军占领了普洛耶什蒂。

从1944年4月到8月，第十五航空队陆续派出轰炸机部队对普洛耶什蒂附近的炼油厂进行狂轰滥炸，累计出动6564架次，其中5229架次飞抵普洛耶什蒂上空，共投下了1.2万余吨炸弹，共损失270余架作战飞机和2800多名机组成员，其中部分机组成员获得了荣誉勋章。英国皇家空军在6月26日至27日、8月9日至10日、8月17日至18日，累计执行三次夜间轰炸行动，共出动186架次，累计投弹313吨，自身损失19架轰炸机。

1944年7月9日，第98轰炸机大队在轰炸普洛耶什蒂时，唐纳德·D.帕克特（Donald D Pucket）中尉驾驶的B-24被高炮击中，机上成员

荣誉勋章获得者，第44轰炸机大队指挥官利昂·约翰逊上校（左侧）和第98轰炸机大队指挥官约翰·凯恩上校。

从左至右依次为利昂·约翰逊、汉克·拉斯科、詹姆斯·布里顿、杰拉尔德·J.托滕和沃尔特·索伦森。

1943年8月1日空袭普洛耶什蒂时被击落的B-24的机身残骸与部分零配件，包括氧气瓶、各种燃油、液压和电动泵。

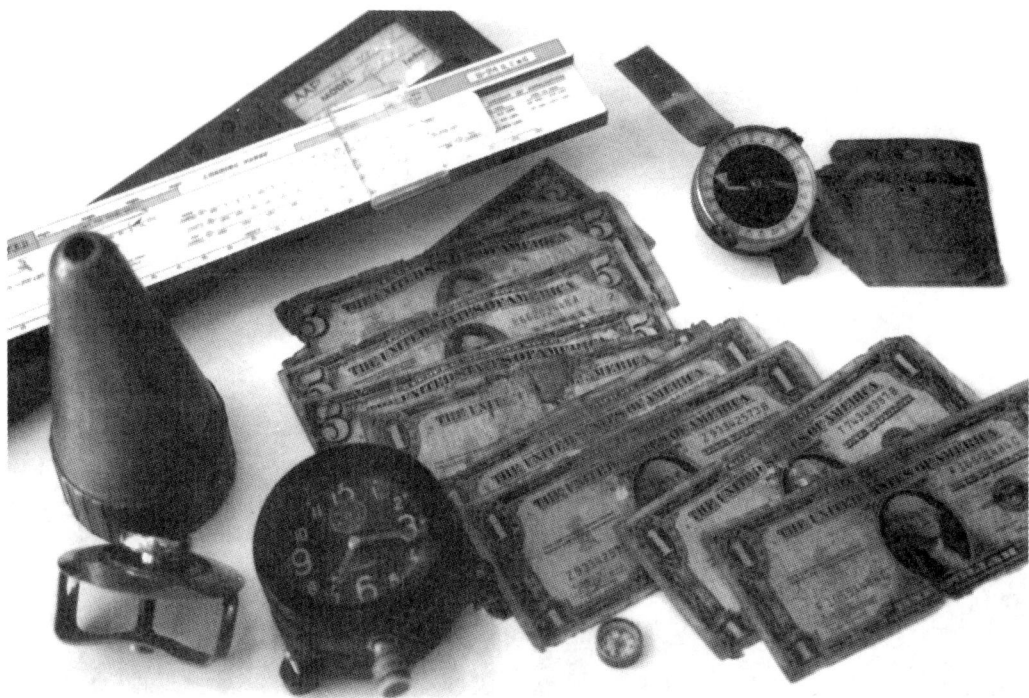

德国人从1943年8月1日空袭普洛耶什蒂阵亡的陆航队员身上搜出的遗物，包括25美金、小型指北针、计算尺、指示表等物品。

罗马尼亚运往德国燃油总量一览表

月份	原油产量	德国空军获得的航空燃油量	德军获得的汽油量
1943 年 12 月	41.9 万吨	1.5 万吨	6.8 万吨
1944 年 1 月	40.6 万吨	1.4 万吨	5.6 万吨
1944 年 2 月	38.5 万吨	1.6 万吨	7 万吨
1944 年 3 月	37 万吨	1.6 万吨	5.8 万吨
1944 年 4 月	17.3 万吨	0.8 万吨	3.5 万吨
1944 年 5 月	16.2 万吨	0.8 万吨	2.6 万吨
1944 年 6 月	7.8 万吨	0.2 万吨	1.7 万吨
1944 年 7 月	18.4 万吨	0.7 万吨	2 万吨
1944 年 8 月	12.2 万吨	0.03 万吨	1.2 万吨

1944 年第十五航空队空袭普洛耶什蒂行动一览表

1944 年	B-17*（架）	B-24*（架）	总数（架）	投弹量（吨）	轰炸机损失数量（架）	护航战斗机损失数量（架）
4 月 5 日	94	136	230	587.3	13	2
4 月 15 日	137	43	180	316.4	3	—
4 月 24 日	154	136	290	793.5	8	3
5 月 5 日	166	319	485	1256.5	19	1
5 月 18 日	33	173	206	493	14	2
5 月 31 日	53	428	481	1115.6	16	4
6 月 6 日	—	310	310	697.5	14	
6 月 10 日	38**	—	38	18.5	10	14
6 月 23 日	139	—	139	283.2	—	7
6 月 24 日	—	135	135	329	14	1
7 月 9 日	122	109	231	605	1	—
7 月 15 日	153	451	604	1480.7	20	2
7 月 22 日	132	327	459	1234.7	25	3
7 月 28 日	102	222	324	841.7	20	5
7 月 31 日	154	—	154	434.7	2	—
8 月 10 日	124	218	342	780.4	15	1
8 月 17 日	—	245	245	534.2	19	1
8 月 18 日	148	125	273	628.5	7	—
8 月 19 日	65	—	65	144.2	2	1
总数	1776+38**	3377	5191	12574.6	222	47

* 指有效出动数量，中途返回基地和未投弹的没有计算在内。

** 指 P-38 空袭普洛耶什蒂。

6伤1死。帕克特命令副驾驶员继续驾驶飞机，自己则跑到机舱中为受伤的战友包扎伤口。帕克特将不用的东西尽可能扔出舱外后，回到驾驶舱继续驾驶轰炸机。在命令机组成员跳伞之后（有三名重伤员无法跳伞），帕克特选择驾机迫降，但飞机最后撞在一个山包上，机上四人全部阵亡。帕克特最后被追授荣誉勋章。

纵观整个"浪潮"行动全过程，正如布里列顿上将在报告中所写的那样："虽然战术细节上出现纰漏，但在如此高压环境下哪怕下达的命令出现错误，也不应该借此指责或怪罪任何人。事实上，第九航空队在执行如此艰巨的任务上各方面做得非常好！"

"浪潮"行动被永载美国陆航（空军）史

荣誉勋章获得者，第 93 轰炸机大队约翰·杰斯塔德少校。

册，如果查看官方记录，我们就会发现，在1943年下半年陆航授予的勋章数量比其他任何年份都要多。整个"浪潮"行动共授予五枚荣誉勋章，其中三枚还是追授的，这可是单次作战行动中授予荣誉勋章最多的一次，参加行动的所有人均被授予杰出飞行十字勋章，另外还授予了

"哈德利的后宫"号机身残骸，现存于伊斯坦布尔穆斯塔法·拉米·考克私人博物馆，这是参加"浪潮"行动仅存的一架 B-24 机体。

430枚紫心勋章以及众多的杰出服务十字勋章、杰出服务奖章、银星勋章、铜星勋章和众多作战部队荣誉称号，虽然没有准确地统计过，但"浪潮"行动中授予的勋章、奖章和荣誉称号数量已经超过2500个。

碧空里呼啸着威武的机群，大地上密布着警惕的火网。

附　　录

参考书目

（1）Hill Michael. Black Sunday: Ploesti, Schiffer Publishing Co, 1993.

（2）Steven J Zaloga. PLOESTI 1943: The Great Raid on Hitler's Romanian Oil Refineries, Osprey Publishing, 2019.

（3）Mackay Ron and Adams Steve. The 44th Bomb Group in World War II, Schiffer Publishing Co, 2003.

（4）Hill Michael. The Desert Rats: The 98th Bomb Group and the August 1943 Ploesti Raid, Pictorial Histories Publishing Co, 1990.

（5）Ron Mackay. The Sky Scorpions: The Story of the 389th Bomb Group in World War II, Schiffer Publishing Co., 2006

（6）James W Walker. The Liberandos: A World War II History of the 376th Bomb Group(H) and Its Founding Units, 376th Heavy Bombardment Group Veterans Association, 1994.

（7）Carroll Stewart. Ted's Travelling Circus: 93rd Bombardment Group(H)·USAAF·1942-45, Sun/World Communications, 1996.

（8）Dugan James and Stewart Carroll. Ploesti: The Great Ground-Air Battle of 1 August 1943, potomac books, 2002.

（9）Vincent de Paul Lupiano. Operation Tidal Wave: The Bloodiest Air Battle in the History of War, Lyons Press, 2020.

（10）Duane Schultz. Into the Fire: Ploesti the Most Fateful Mission of World War II, Westholme Publishing, 2008.

（11）William Bradle. The Daring World War II Raid on Ploesti, Pelican Publishing Company, 2017.

（12）Michael D Hill and John R Beitling. B-24 Liberators of the 15th Air Force/49th Bomb Wing in World War II, Schiffer Publishing Co, 2006.